上海市教育委员会
科研创新项目资助

从治疗仪式到惠民思想

体育强国战略的文化诠释

路云亭◎著

華文出版社
SINO-CULTURE PRESS

图书在版编目（CIP）数据

从治疗仪式到惠民思想 ： 体育强国战略的文化诠释 / 路云亭著. -- 北京 ： 华文出版社，2025. 6. -- ISBN 978-7-5075-5709-1

Ⅰ. G812

中国国家版本馆CIP数据核字第2025CX8462号

从治疗仪式到惠民思想——体育强国战略的文化诠释

著　　者：路云亭
责任编辑：郭俊萍
出版发行：华文出版社
地　　址：北京市西城区广安门外大街 305 号 2 号楼
邮政编码：100055
网　　址：http://www.hwcbs.cn
电　　话：总编室 010-58336210　编辑部 010-63421256
　　　　　发行部 010-58336202　010-58226230
经　　销：新华书店
印　　刷：三河市航远印刷有限公司
开　　本：889 毫米 × 1230 毫米　1/32
印　　张：10.75
字　　数：248 千字
版　　次：2025 年 6 月第 1 版
印　　次：2025 年 6 月第 1 次印刷
书　　号：ISBN 978-7-5075-5709-1
定　　价：68.00 元

序言

作为仪式的体育

完成本书稿完成后，我很想借此机会回顾一下我和体育的关系，也算梳理一下自己从事体育研究工作的理路。至今，我探究体育已有数十年时间了。简单来说，我非体育院校毕业，但这并未影响到我研究体育的积极性。我就这么自在地研究体育，反倒更为顺妥一些。

杜甫讲，晚节渐于诗律细。近年来，我研究的范围也有所收敛，逐渐呈现出三个方向，分别是足球、武术、体育仪式。足球乃吾信念之所系，武术是我的家族之遗脉，体育仪式是我个体生活中不可或缺的元素，更是我精神之“解药”。这本书研究的便是体育的仪式化与仪式的体育化问题。

我研究问题习惯于从一些日常琐事入手。这里不妨列举出几个微观性的思考点。大家都知道中国经济崛起的事实，但是，中国经济崛起了，未必意味着人人活得更优雅了。这便是一个很简单的问题。当下仍有少部分中国人在公共空间会有礼仪失当行为，原因何在？这又是一个问题。当然，这些问题并不复杂，国内部分中小学也以不同的方式恢复了礼仪课程，仪式训练出现了复兴之迹象。中国一度出现过喜剧热，它和仪式有没有关系？这是第三个问题。我一直试图回应这样的问题。其实，喜剧热为时代所缔造，有人视之为娱乐巅峰，而我却认为，类似现象为宏大仪式缺位后的产物。换句话说，礼仪强大的实体很难衍生出强大的喜剧，而礼仪不强大的实体必然会催生出喜剧。人们为滑稽美学所笼罩，意味着失去了仪式赋予人类的自然的秩序性与生命的高贵感。

《诗经·鄘风·相鼠》有言："相鼠有皮，人而无仪！人而无仪，不死何为？"这里蕴含着一种自然智慧，它大约属于一种来自诗意化时代的灵魂拷问。一些中国人因为仪式缺位而感到了些许的焦虑，更多的中国人只是在静默中等待，还有一些人选择了积极性的心理干预，那是一种人工设计出来的仪式治疗程序。这便是问题的关键。类似的问题链也构建出本书的外围框架。

本书虽为一个外显性课题，却代表了我关于仪式学的思考核心。其实，人文学的研究起点往往源于研究者的童年记忆，甚至可以说，世界上所有宏大的思想皆源于此。我研究仪式现象也源于我幼年时的记忆。为历史潮流所裹挟，我们那代人并未接受过很正规系统的仪式训练。我没有叩拜过祖宗牌位，没有拜过孔子、关公，也从未以信徒的身份进过教堂或任何一种教化类场所，更谈不上接受洗礼。我和大多数我的同龄人一样，我们的思想中几乎没有多少像样的仪式化印记。

其实，仪式有确立人的身份的作用，因此，失去仪式的人很容易沦落为秩序社会的外围人。我只能说，我和那些同样失去仪式训练的绝大多数中国人一样，一度处于这个世界的边界线，或许属于一种精神的边缘人。按理说，我们原本不应再为此付出太高的代价，但是，每一个具体的人总会为历史让道。没有人可以主导历史。仪式和体育都是我年幼之时即已失去的生活内容。疏离了体育生活的人可能会变得不善行动，而失去了仪式生活的人可能会变得精神放达。从历史上看，不善行动而精神放达之人可能成为一位好的诗人、音乐家、舞蹈家，却很难成为一个合乎仪式规则之人。我也想回归自我，做一个简单而自然的人，一个充满仪式感的常态的人。这便是我研究体育和仪式的动机。

任何宏大的设想都来自细节，我研究体育仪式也和那些貌似碎屑的记忆碎片有关。准确地说，体育的仪式化和仪式的体育化构成了一种现象，它几乎完全来自我小时候做过的一个梦。上中学的那段时间，我梦见我站到检阅台上，孤独地向一大群同龄人招手，旁边有人奏乐，还有人悠然观看。我感到莫大的荣幸。我不知道那就是仪式，但我一直认为那是一种人类至高无上的大境界。或许只有遭遇过仪式缺失的人才会产生高度仪式化的心理需求，因为仪式可以治愈精神空白症，还可以帮助人摆脱孤独之境，进入常态的、自然的和健康的生活秩序。但是，对很多在特定时间段完全失去了仪式训练的人来说，他们永远丧失了一种机会。以后的日子，那种梦境经常出现，似乎在补偿我和那个时代的同龄人所共有的仪式缺失镜像。有时候我会将白日梦与夜间梦混淆，那里经常出现一些我梦绕魂萦的主题。我写文章，主体思路有一半是在梦中完成的，对我来说，这都是日常现象，不足为奇。我曾经在一篇日志中描述过一种仪式化景象：一位仪式演示者走进一个很大的亭台，民众开始接受他的演示，其中包括演示者刻意而为的缓慢步伐、前行姿态，还有那份淡定的微笑。演示者四周有乐队奏出的音乐，用以压制更远处传来的杂声，那里展示出来的是一种慢生活。其实，这就是一种原始的仪式，一种穿越了岁月节律之后而反复呈现在我的潜意识里的仪式镜像。

很多人讲，仪式是一种客观存在的文化形态。我认为，仪式就存在于每一个人的内心，它是人性的一部分。仪式还是一种人人无法脱离的自然觉醒状态，它甚至是一种泛生物的存在。出于爱好，我通过视频观看了很多野生动物的行为。野生的岩羊格斗，遵循的也是一种宛如骑士一样的绅士风度。老虎与老虎的决斗，也皆有所节制，充满了强烈的仪式感。这些是一颗又一颗信息的种子，让我为此思考。以后，我便开始关注体育中的仪式元素。其实，仪式并非万能之物，仪式也仅仅是诸多高等生物的自然习性，或者就是大自然的本体秩序的有机组成部分。正因如此，仪式很重要。我还想说，仪式是人类走向群体语境的必由之路。可以说，写体育仪式，也是写我之所缺，还是写我在十多岁时就经常出现的混合式梦境及其延伸出来的价值体系。

在社群主义者看来，个人的价值微乎其微，而在社群主义盛行的文化共同体内，任何一种个人的幸运或不幸都显得微不足道，但是，渺小的人也会进入一种假设或真实的仪式化场域。仪式可以使人变得强大。人们为了驱除孤独感而选择了仪式，这也说明，选择仪式，可以真实地告别渺小感，这就是仪式产生的核心动力。人是社群生物，因此，任何人都无法抗拒仪式。一个自然人在经历过仪式化的洗礼后会有一种焕然一新的感受，他的精神境界顿然得以提升，这便是文化学、人类学、社会学领域中人所共知的过渡仪式。任何个体或群体都可以在想象中获得一种仪式，进而摆脱不太理想的处境，而一个遭遇过仪式更迭的实体族裔，对仪式重建的需求更为迫切。

我更想说，人在最无助的时候一定会祈求仪式，人在渴望改变身份的时候还会想到仪式，人在希望变得强大的时候也会惦念仪式，这便是体育大国、体育强国之类的刚性指标诞生的学理基石。中国是拥有固有文明体系的大国，曾经有过百年患难之历史，为此，中国人需要大范围、高强度、反复化的仪式建构，借以摆脱精神之困境。我不得不说，百余年来的不幸遭遇给中国人带来了深重的精神创伤。有病须医，这是个很朴素的道理。中国民众百年精神创伤的问题无以消解，但是，究竟如何治愈？很多人都在自觉或不自觉地想这个问题。人的精神治疗分为个体性与群体性两种。通俗一点说，个体治疗找医生，群体治疗找仪式，这是个大略的态势。仪式治疗属于心理治疗的序列，是一种用于心理安慰的远古知识类型，仪式治疗不同于药物治疗，其所表达的是一种表达特定文化观念及其附属性的系列性社会行为。仪式治疗的类型多种多样，但大体可以分为三种。其一，颂歌法。用吟唱、诵读、默记的手段歌颂超人、非凡者、圣者，借以获得宛如其相同的身体与心理能量。其二，冥想法。用心想事成的暗示法来调节心理，借以达到身心和谐的状态。其三，假设法。将认定的现实偶像当作自己的化身，借以在想象力的层面化身为偶像本人。中国人借助体育达到仪式治疗的目的大体属于第三类。即以获得最高荣誉的中国体育人的英雄主义精神感化自我，也让自我同样感受到自己是享有最高荣誉的英雄人物。这种假定性可以有效地治愈自卑类的心理症状。作为一种国家共同体，中国在清亡以后至新中国成立期间的37年间之内，民国政府及其他地方当权人士都搞过大型的仪式活动，其中皆有凝聚人心、提升参与者自信心的功能，但是，时局动荡，仪式主题多变，类似的仪式治疗活动无法满足所有人的意愿，仪式治疗效果不显。新中国成立后的一段时间，很多人在相对整一性的状态下生活，个体或群体对外界的认知力受限，其思维易受到单一主题仪式的影响，类似的仪式以内部演绎、虚构情节、假定获胜、每战必胜之类的降服类、虚拟类、假设类、喜剧类演绎格调见长，此类仪式带有人类初始仪式的强大整一性精神。改革开放以来，中国民众面对世界第三次科技革命后的发展景观，内心感到震撼，心理落差加大。恰是因为心理落差大，中国民众才迸发出奋起直追、反抗霸权、争当世界一流公民的自然意愿，这也是现代中国人所共知的道路自信、理论自信、制度自信、文化自信出现的社会心理基础。从学理的角度看，自信说本身就带有仪式性，还具有强烈的精神治愈诉求。通常来说，人类个体与群体的自信心还与自身身体的强大感有关。于是，那一时段中国所有的大型仪式都难以摆脱身体性元素。中国体育的国家战略模式即源于这样的国际国内语境，同样也源于与之相关的国民心理健康水准。国家投资巨大，推出了系列化的奥运争光战略，其社会心理学的意义即在于治愈国民的精神压抑症，借以提升全民性的心理健康水平。从中国体育代表团在世界顶级的大赛中获得金牌的情况看，颁奖仪式对常态人来说是一种荣誉，对受过心理创伤的人来说是一种强劲的治愈过程。中国体育的类似的战略设置也便具备了惠民的意味。于是，治愈性与惠民性之间的逻辑链就此产生。

从生物学的角度看，人是群居类生物，其中的集体仪式带有原始主义的诸多元素，且具有身体主义的鲜明符码性。于是，人们最终发现，置身仪式治疗程序中的人会获得一种快速、高效的治愈效果，这便是中国体育的仪式化和仪式化体育现象的存在根源，也是中国举国体制式的体育得以存在的缘由，更是中国的各种体育策略诞生的民族性社会心理基础，亦为我书写本书的原始动机。

2025 年 1 月 12 日于上海

目　录

第一章

体育在道德国度的存在样态

第一节　复合游戏界域中的中国体育人

中国近代体育指的是1840年至1949年之间的中国体育，而1950年至今则为现代体育阶段。现代体育是近代身体主义潮流崛起后的产物，两者皆有丰富的身体主义元素。身体主义是一种以身体为切入点，借以阐释世界本体意义的文化体系。在近代化的身体主义觉醒的旗帜下，现代体育正在播扬一种浩大的身体主义的信息群。从仪式治疗的角度看，现代体育更像是一种拯救大众、媒介乃至国家的力量。改革开放以后的中国体育界主体上实行的是计划性体育的策略。体育从自然游戏到国家策略的演变本身就具有独特性，而要言说其中的缘由，则需要追溯一下中国体育人的原发历程。

中国的射箭活动很快演化为射礼，递进为道德教育的手段。《仇英款射箭图》，中国体育博物馆藏

中国的体育人在很长一段时间都处于一种自我化、自语化、微循环化的语境中，体育人也就此成为一种榜样人、自然人与

边缘人的复合体。造成此现象的原因较为复杂，但主体原因还在于儒家文化中一直隐含着一种尚简朴、废奢靡、崇人伦、弃神异、求秩序、反差异的传统精神。中国历史上并无严格意义上的体育人，而与之类似的则是游戏者、尚侠者、养生者、献艺者以及尚武者群体，他们都有喜好游戏的特质，亦可统称为游戏人。这里需要指出，体育和游戏的区别在于：体育是近代化的身体竞技行为，具有严明的法哲学意义，带有科学性、法条性和规范性品质；游戏的概念则较为宽泛，带有自然性、教育性与风俗性内涵。整体来说，游戏是体育的前身。中国的游戏人也是中国体育人的前身。他们大体上属于道家、墨家以及自然人的序列，其行为理念与源于耕读文明的儒学的价值观并不完全兼容。从竞技体育的角度看，中国的竞技者与汉以后武士的后裔属于同类人群，中国竞技体育人的前身在主体上为武士群体，他们也是中国游戏人的主导性力量。探究此类人群的前世今生，可以反观中国体育人内在的丰富而深邃的精神世界。

一、游戏语境的缺位导致中国体育人的地位下移

彻底厘清体育在人类生活中的教化性和自然性功能仍有难度，因此只能将其放置到一种微观的、具体的、可控的范畴内探讨。近代以来，体育被划分到教育学的领域。时下，中国的体育院校以及设有体育院系的综合性和师范类大学大体仍将体育学当作教育学的分支学科。体育和教育的关系应当从游戏学的领域谈起，或可将游戏看作一种沟通体育学和教育学的媒介。按照古典教育学和近代教育学的原则来划分，教育可以分为教化性教育和自然性教育两种，两者用途各异，且互有优长。受到儒家伦理精神影响，中国并无法定的宗教仪式活动。中国历来重视德化教

育，此传统沿袭至今，当今中国学校体系内的思政课即为教化教育的衍生体，而中国的文宣、娱乐以及体育机构都承担有一定程度的道德教育功能，它们联合构建出现代中国的道德文化体系，仪式化的道德与道德化的仪式相结合，生发出一种强固国家意志以及稳定国民精神的功能。

任何国家的宗教、教化、教育都有丰富多彩的族裔性集体意志的含量，它时而框限人的意志，时而安抚人的精神，时而又激发人的想象力。儒教文化高度强调无神论的普泛性意义，宽容人的合群性意愿，而不鼓励那种漫无边际的超人世的想象力。历史上，儒家伦理主义精神浸润下的中国受教育者相对来说也不倚重那种超现实的想象力，少却以想象力为支点的心理动能。造成此现象的原因很多，主要缘由还在于中国的教化教育理念和自然教育理念并未完全分离。从心理学的角度看，自然教育与教化教育界限模糊化的直接后果便是消减自我意识的发挥空间，进而限定了人的自主性想象力。这种习惯也影响到中国体育的发展。且以足球为例。足球需要超凡的自主性想象力，正因如此，其在中国的发展一度受阻。这便引发另一个问题：体育究竟是一种教化性力量，抑或自然性力量？其实，这也涉及人类有史以来两种具有同等影响力的体育观。对中国人而言，它更像是两种体育流派，一种属于道德体育，而另一种属于自然体育。

人和许多猎食类动物一样，必须通过学习才可以掌握生存之道。但是，人的学习过程要比其他动物的学习程序更为复杂。人的学习大致可以分为两类。其一，自然性学习，用于掌握生存与生活技能。其二，教化式学习，用于优化、改善与族群、社会以及大自然的关系。这便涉及体育的知识类型问题。体育属于教化知识还是自然知识？回答此问题并不容易。从本质上说，当学习变成一种教化行为后就会压低学习者的自主性程度，学习资源就会变成一种符码化讯息，从而导致学习的教化性和学习的自然性的混搭现象。顾准曾说：“一切第一原因、终极目的的设想，都应该排除掉。而第一原因和终极目的，则恰好是哲学上的一元主义和政治上的权威主义的根据。”① 其实，顾准并未看清传统中国以儒家思想为中心的一元主义文化所蕴含的道德性、教化性及其同一性内涵。

体育在很多国家一度是一种教育资源，当下的中国体育也时常被人解读为一种道德体育，体育的教育功能在此得以强化。换句话说，体育的道德教化功能不仅早已存在，且在可预见的将来依旧会发挥其既有的功用，原因在于体育的道德律就深藏于体育自身的理性化层面。中国原本就是道德国家。改革开放促进了中国体育的发展，但也给中国体育人带来一个误区，竞技标准变成了评判体育运动的绝对依据。这样的体育可以让人快意一时，却很难给公众带来理想的幸福感。优秀运动员对社会有贡献，但其礼仪道德的表现则经常成为人们议论的话题。造成此现象的原因在于中国体育仍停留在“器”的阶段，尚未进入“道”的境界。中国体育的内部教化未能完全进入训练学的体系，致使一些运动员的道德感难以完型。按照杜维明的说法，这个时候的中国体育迫切需要一种教化来调节价值取向。教化是中国社会生活中的一种高价值范式，渗透在中国社会中的诸多层面，构成了一种软性伦理。② 文化、制度、习俗都有传承性。新中国成立后，原有的带有意识形态意味的仪式体系退出了历史舞台，而失去旧有

① 顾准：《顾准文集》，贵州人民出版社 1994 年版，第 346 页。

② 赵峰、张振华、雷震：《教化：体育强国的起点与守成》，《安徽师范大学学报》（自然科学版）2011 年第 3 期，第 300 页。

的意识形态必然要构建新型的意识形态，新型的道德主义的理念则会因时而起，借以替代原有的价值观，而其身体主义的元素则亟须补进，这也是现代仪式化体育崛起的原因。

儒学本身是一种富含哲学意味的文化流派，然而，儒学有其定向性的意义主张，罢黜百家、独尊儒术之后，儒学的教义化格局所构成的淡化游戏之现象渐次呈现，类似现象的古典性意义直到近代才为人们所关注。换句话说，只有在近代西方理念的映照下，儒学不鼓励人参与全域类竞争性游戏之现象才为部分精英人士所议论。现代体育来自英国的自然法系，其所恪守的是进化论的律则，英国人创立的职业体育其实是新教伦理精神在身体学方面的拓进结果，带有偶发性特质，理由很简单，除英国外的世界各国都没有培育出近代化的职业体育，其游戏形态大体仅仅停留在自然游戏、儿童游戏、教育游戏以及风俗游戏的层面，以儒学为主导价值观的中国却将游戏推高到一种教育游戏和风俗游戏的范畴，这已是一种极高的文明符号。以耕读文明及其游戏类型为主导的知识体系属于中国人对世界文明的最大贡献。

认同西方游戏学延伸性价值的人士认为，失去了游戏精神也等同于失去了创造力，而作出如此断言的理由也很简单，游戏文化中蕴藏有丰富的创造力，进而演进为一种带有现代性元素的社会与文化形态。荷兰文化史学家胡伊青加说得很清楚：“我们已经不难证明：在整个文化进程中都活跃着某种游戏因素，这种游戏因素产生了社会生活的很多重要形式。游戏竞赛的精神，作为一种社交冲动，比文化本身还要古老，并且像一种真正的酵母，贯注到生活的所有方面。”[①] 胡伊青加强调了文明起源过程中的游戏功能。游戏对儿童创造力的养成作用很大。“游戏和创造力似乎可以通过人格因素和认知过程联系起来，这些认知过程包括在内控制、隐喻思维、意象和幻想、注意力广度、好奇心 / 探索和象性活动。通过探索和游戏，孩子们获得了基本的认知和经验。”[②] 海蒂等人虽然讲述的是针对特殊儿童的创造力激发的问题，而其中的原理则具有普遍性。依照这样的原理，人的创造力主要来自游戏，而游戏属于自然生活的组成部分，而正常的自然式教育都会鼓励个体性、思想性和独创性价值。

相反的情况也在呈现，人类社会的稳定性能量来自教化式教育。教化式教育体现的是一种整一性能量，不鼓励差异性。从终极意义上考量，世界上各种各样的教化式教育都在压制非教化体系内的任何个体自主性思想及其价值，它使得受教育者的个体创造力暂时进入一种隐匿状态，类似的做法获得一种社会稳定性，这也是世界上主流教化力量的存在机理。中国当下倡导的体育大体属于教化式体育，它的主体价值体现在维护仪式化体育的规程稳定层面，如此语境中的中国体育可能会散发出一种整一性文化能量，却较难释放出一种成熟而带有自主创新性的信息。由此可知，中国当下所倡导的体育始终维持着一种游戏性、身体性、个体实验性价值，同时也兼有道德性、教化性和威权性内涵。

中国自然人的游戏精神和世界上其他任何一个国家的国民都无明显的差异。古代中国的士人、庶民、僧侣以及流民的游戏方

① [荷] 胡伊青加著，成穷译：《人：游戏者——对文化中游戏因素的研究》，贵州人民出版社 1998 年版，第 222 页。

② [美] 海蒂 · 杰拉德 · 卡杜森、[美] 唐娜 · 坎格拉西、[美] 查尔斯 · 谢弗主编：《在游戏中治愈：针对儿童的个性化游戏治疗》，上海社会科学院出版社 2023 年版，第 237 页。

式皆有属于自己职业和阶层意味之类的特点。中国士人历来有游学的传统，而其中的纵横家几乎就是浪迹江湖的社会演说家。中国庶民也大都爱好到山水佳绝之处逗留，中国的僧人亦有游走四方的习俗，流民的生活方式更离不开流动。古代中国人的生活方式正和全世界崇尚游戏之道的人士精神暗合。此种类型的中国人构建出一种游戏者群体，这里不妨称之为游戏人。游学、游玩、游方、游走和游说便成为中国的游戏人群体持久的生活趣味。然而，游戏需要必要的物质保障，即便对富裕人士而言，终生游戏的生活方式也很难实现。游戏的本质是自由。游戏的理想受到现实困境遏制之时，人们只能将其转移到另一种领域。人类的游戏、远行、探险精神还在延伸，现代人仍在游浪，其中包括了对未知世界的探索意愿。中国体育人其实便是那种以身体技艺为媒介的游浪者，置此之境，其与西方体育人的本体价值实现了融合。体育的主体是人，而人的身体乃至想象的最高境界仍在于游浪。

二、中国体育人与儒家文化的交织性融通

从中国士人精神的发展史的角度看，中国士人的游学与僧人游方、官僚游宦一样，他们代表了中国地缘文化学的核心创造力，维持着中国地理人类学意义上的活力机制。游浪的理想未曾游离出中国游戏人的生活传统，而在以伦理为核心的文化传统里一直潜藏着一种鼓励民众不远游的因素。子曰："父母在，不远游，游必有方。"从这里已经可以看出中国人和西方人在理解体育生命价值乃至体育精神方面的差异。西方 18 岁的成年人就须离开家庭独立生活，这种习俗与狮子、老虎、豹子、狼等猎食动物一样。中国的儒家传统将孝道当作一种至高理想，追求数代同

堂传统的中国古人一度将无视父母意愿而独立出游的行为视为一种失德之举。失德行为在古典时期曾经是一种民间意义体系中的重罪，而绝不仅仅是被视为一种伦理层面的道德缺位现象。农耕社会中人的思维方式更近似食草动物，正如狩猎社会中的人的思维方式近似猎食动物一样，由此可知，农耕文明的教义中就蕴含深刻的食草性元素，而缺少猎食性元素，由此可以推衍出一种价值递减图式。中国的儒家伦理更崇尚善的价值，或以善为价值核心。西方人尊重恶的本原性，崇尚恶的合理性。中国人更近似道德修养完善的人，西方人更接近法制意识强大的人。在低端的道德价值体系里，中国人近似精神内省的人，而西方人则近似意志外倾的人。游戏和尚武不能完全画上等号，一个精神内省的民族也可以活得很安逸，但是，一旦遇到意志外倾的民族，其竞争力隐遁之态势就尽显无遗。好在中国也有意志外倾类人士，他们就是人所共知的游戏人中的武者、纵横家以及一些身体技能卓越的江湖人，不同之处在于中国人一度选择了精神内省类价值体系作为全民族的思想和行为范本，这种范本就是儒家文化。于是，儒家文化的能量开始定向性释放，并成为一种克制寰宇之内所有意志外倾性族类行为的强劲因素。中国历史上的职业游戏人在儒教文化的覆盖下一度失去了高端话语权，其实，近代西方人主张的扩张主义和中国人恪守的守成主义在竞技体育领域更容易得到融通。

中国体育人是中国游戏人的精神后裔，此类人士在很长一段时间内无以获得合法的社会身份，且一直生活在一种其意志难以充分舒张的社会环境中。Susan Brownell 曾对西方体育在近现代中国的衍生过程作梳理。“在普通话中，‘体育’一词被看作一种由 19 世纪末的日本和西方传入中国的体育新方法的标签，它是‘身体教育’的缩写。在此之前，‘体育’一词包含了体育与军事双重含义，如‘武勇’‘武艺’。最早的体育形式是由日本和德国引进的，他们自己也在发展新的身体观念，借以为壮大国家的事业服务。”[①] 近代体育引入中国之时已带有国家主义的元素。类似现象的积极的历史价值显而易见，在失去国家机器对游戏人理想的支撑后，作为中国体育人前身的中国的游戏人一度丧失了融入主流社会的机会，进而失去了决意天下的意志力。从历史的角度看，近代中国主流社会对游戏精神的无视仅是一种表象，其深层意义体现在中国核心竞技力的位移层面。中国在近代一度失去了话语权，根本性的原因还在缺少科技创新力，而科技创新又源于自然游戏、自然法系以及与之匹配的自然仪式，由此可见，游戏精神的缺位压制了中国的终极竞争力。

儒学有中、高、低三种，高层讲礼法，中层讲谋略，低层讲孝道。处于社会中下层的游戏人则构建出一种介于谋略学与孝道之间的中合化处事观念，其所倡导的隐形规则则构建出一种更具普泛性的竞争关系。很多人认为，中、低层儒学可以代表东方人格，其实不然。截至 19 世纪末，中国的高层儒学借助经学的统治地位一直发挥着主导作用，而中、低层儒学则有更多的实用理性元素。中、低层儒学所信奉的谋略论、孝道其实是介于经学、游戏学以及仪式学中间的一种混搭式观念体系，其行事的游戏化与游戏的传统化构建出一种简约而直白的民间智慧，因此，由中、低层儒学所催生出来的谋略论与孝道不可能永远居于游戏人所捍卫的规则论之上。近代以来，中国开始步入法治国家序列，

① Susan Brownell.Training the Body for China:Sports in the Moral Order of the People’s Republic.The University of Chicago Press, 1995: 17.

谋略论逐渐被推到了文化的审判台，孝道则被赋予新的意义，中国游戏人也因此在很大程度上取得了理应属于自己的合法身份。这也说明，中、低层儒学的谋略论与孝道在现代主义的环境中无法获得太大的成长空间，规则论者则在强大的法制精神的支撑下实现了历史性的翻盘，而中国游戏人一直处于两者之间，并在两千余年的自然时间中扮演过特殊角色。

仍须回到游戏的语境。美国心理学家海因茨·科胡特曾经阐释过科学家从事科研活动的游戏性价值："理想是指标，而不是神祇。如果它们变成了神，就会压制人类游戏的创造力；它们会阻碍人类精神中某一部门的活动，而这部门指向着最有意义的未来。"① 在缺乏现代心理学知识的中国古代，人们无法分清楚游戏和玩耍的差别。"游戏与玩耍有着密切的联系。从本质上说，两者都是以直接获得快感为主要目的，且必须有主体参与互动的活动。当然，玩耍所强调的是做轻松愉快的活动。从这个意义上说，游戏也是玩耍，但游戏又不全等同于玩耍。这是因为，游戏，并非仅仅为娱乐而生，而是一个严肃的人类自发活动，怀有生存技能培训和智力培养的目标。按照我们一般的理解，而不将游戏概念过于泛化的话，应当说，游戏的意识性、组织性、协作性以及复杂性等在程度上通常都要比玩耍高些。"② 在现代中国社会，游戏得到了新的赋能性命义，它也就此获得了很大的发展空间。游戏的成年化倾向已经成为现代中国社会的新潮流，且以游戏管理的领域为例。"根据游戏要解决的问题类型，可以将管理游戏分为会议游戏、销售游戏、创造力游戏、破冰游戏、团队

① [美] 海因茨·科胡特著，许豪冲译：《自体的重建》，世界图书出版公司北京公司 2013 年版，第 223 页。

② 孙大君、殷建连：《手脑结合的理论与实践》，吉林大学出版社 2012 年版，第 391 页。

建设游戏、压力缓解游戏和激励游戏等。游戏中涉及的管理活动范围也相当广泛，包括市场营销管理、财务管理、人事管理和生产管理等。因此，管理游戏可以全面考察被试者的团队精神、适应能力、领导能力、理财能力、思维敏捷性、情绪稳定性和在压力下的工作效率等多方面的素质。”[①] 竞技体育是最高范式的游戏，并以竞争性见长，参与者想要获胜，则须有很强的创造性能力。

身体性游戏是一种极为自然的泛生物的行为，它构成了兽类游戏及人类原始游戏的主体。胡伊青加曾经描述过动物的游戏情境：“正如我们前面指出的，游戏——不管是个体的还是团体的——所有基本因素，都已出现在动物的生活中，此即竞争、表演、展示、挑战、打扮、炫耀与卖弄、佯装与结合的规则。鸟类在体现这些基本因素上尤为明显，尽管它们在种系发生史上如此远离人类。山鹬表演舞蹈，乌鸦保持双飞，亭鸟和别的鸟装饰它们的巢，歌鸟婉转啼叫。所以，作为取乐的竞赛和展示并不是从文化中产生出来的，它们完全先于文化。”[②] 现代中国人也对此有过记述：“游戏并非只有人类才有，动物界里，特别是高级动物，比如说一些哺乳动物，也普遍存在着游戏。游戏对于动物的生存有着重要的意义。游戏，伴动物而生。在动物世界里，游戏是各种动物熟悉生存环境、彼此相互了解、习练竞争技能，进而获得‘天择’的一种本领活动。”[③] 在此意义上观照，游戏也是人类生物链条中的一环，人类所念念不忘的兽性，其实便是人类本真的自然性。

---

① 王淑红主编，赵琛徽、周新军副主编：《人员素质测评》，北京大学出版社 2012 年版，第 268 页。

② [荷] 胡伊青加著，成穷译：《人：游戏者——对文化中游戏因素的研究》，贵州人民出版社 1998 年版，第 58 页。

③ 孙大君、殷建连：《手脑结合的理论与实践》，吉林大学出版社 2012 年版，第 391 页。

顾拜旦是一位天主教徒，还是一位优雅的贵族，他坚决反对体育的非理性化存在形态：“运动本能并不是一种动物本能。进步和危险可称为运动本能的两极，好像非动物所有。猫和参加马球比赛的马表面上看来最爱运动，但除比赛之外却一无所求，它们的肌肉使它们自娱，仅此而已。运动本能却完全是另一回事，首先，它是一种权力本能，我自己得出这样的结论：它不是来自人类同武器的接触，而是人类同马的联系。全副武装的人并不一定非是运动员不可；骑在马上的人却必须成为运动员，不管他愿意还是不愿意。”① 受到儒学教义的质的规定性影响，以东亚地缘实体为核心的儒学文化共同体很难成为身体类游戏的原始生发基地，礼仪制度的倡导者更强调身体与精神的定向性连接态势。因此，以经学为主体信仰对象的儒家思想家打开的是有限性竞争游戏之门，即一种优雅而自我完满型的游戏类型，其以太极拳为代表。然而，崇尚极限竞争的现代游戏学家一度站到了儒家思想的对立面。在现代游戏学家的视野中，代表农耕文明基本价值取向的儒家思想家们早已领悟到游戏的超社会性张力，进而将其纳入一种规整化、精细化、自然化的游戏序列当中。耕读文明中的耕作是劳动，而在儒学家的眼中，耕作也是游戏，而读书的行为更是与超然的精神提升过程相关联，充满了更为高尚的游戏精神，人们在唐诗宋词中可以轻易地体味到此种雅趣。在职业游戏学家的眼里，游戏的最高境界是增值性、市场性与创造性。在儒学家的眼里，一粒白菜种子长大后还是一棵白菜，没有任何变化，而在一位游戏人看来，一棵白菜可以换来一把货币，而货币还可以

① [法]顾拜旦著，詹汝琮、邢奇志等译：《奥林匹克理想——顾拜旦文选》，奥林匹克出版社1993年版，第60页。

换来其他的物资。这里不仅呈现出游戏的人与工作的人的自然差别，还体现出农耕文明与商业文明的代际差异。很难说两者之间有优劣之分。

还应回到西方的语境中，瑞士心理学家皮亚杰曾将儿童的游戏划分为三个阶段，即练习性游戏阶段、象征性游戏阶段和规则性游戏阶段。练习性游戏是为了获得功能性快感，如同各种体育项目中的基本功训练。"象征性游戏是儿童通过假装、假扮的方式表现他们幻想中的世界。早期的假扮游戏往往是通过用一个物体来代替另一个物体来实现的，比如儿童可能会用一个手里拿着的杯子来代表一顶帽子，或是一块木头表示一只小猫等等。"① 象征性游戏近似后来的戏剧或其他类型的表演游戏；规则性游戏更接近成人仪式，是一种让游戏者懂得遵守规则的游戏形态。皮亚杰的游戏观体现出现代教育学层面上的游戏理念，其与古典主义的游戏观本身就有差异，自然也属于为传统儒学思想家所无以完整触及的知识类型。

儒家思想家重视道德的绝对价值，但是，道德同样是游戏学家的关注对象。胡伊青加一度对游戏中的道德元素不予重视，但在讲述完人类文化中的游戏现象时终于认识到了道德的终极性作用。"我们最初说，游戏是存在于道德之外的。游戏本身既非善亦非恶。但是，假如我们必须决定，我们意志迫使我们去做的行为是严肃的义务呢，抑或只是游戏，那么，我们的道德良知立即就会提出检验的标准。"② 游戏与道德的分离可以彰显人性的自然性，而游戏与道德的融合则构建出一种关于人性与信念之间的张

① 孙大君、殷建连：《手脑结合的理论与实践》，吉林大学出版社 2012 年版，第 393 页。

② [荷] 胡伊青加著，成穷译：《人：游戏者——对文化中游戏因素的研究》，贵州人民出版社 1998 年版，第 272 页。

力场。如果说中国近代体育是游戏体育或自然体育的话，那么，中国现代体育则是道德体育或教化体育。儒家文化无法为体育预设理想的生存空间，反倒是体育极有可能包容儒家文明，这便是奥运会在中国风行的原因。类似的现象已然对中国儒家思想形成一种反向激励。儒家思想与体育以及游戏的博弈并未终止，那里寄寓着一种终极性的悲情叙事。如果儒家思想获胜，那么体育或游戏将面临困境。如果体育与游戏获胜，则中国传统的人文精神会走向边缘化。中国文化一度步入一种重构、重组、重塑的十字街头，任何一方的获胜或失败都会变成一种建构新型中国文化的动力。就目前的情况看，体育的道德化赋能则是一种复合儒学意义的还原性选项。

三、中国体育人对游戏学的全新拓展

游戏具有泛生物的意义。胡伊青加十分看重人类原始文明中的游戏元素："文化是以游戏的方式产生出来的，即文化从一开始就是以游戏的方式来进行的。甚至那些目的在于直接满足生存需要的活动，比如狩猎活动，在古代社会也是倾向于采取游戏的方式的。社会生活也被赋予了超生物学的形式，即被赋予了游戏的形式，这就提高了社会生活的价值。正是通过这种游戏，社会表达了它对生活与世界的解释。"① 一般意义上的人类特定族群的文明萌发都以文字使用为标志，它昭示了文字霸权的独特意义，但是，人类文明史并非完全以文字为标志。"人类的文明史，开始于文字的发明，在时间上最早不过七八千年，这几千年只占人

① ［荷］胡伊青加著，成穷译：《人：游戏者——对文化中游戏因素的研究》，贵州人民出版社1998年版，第57页。

类史的百分之一而已。”[①] 在文字使用之前，人类社会中最具活力的仪式性、自然性、功能性交际符号是肢体语言。“就像激烈的肢体游戏可以锻炼我们的身体肌肉一样，各类自由发散的艺术游戏也能锻炼我们的脑力。”[②] 这里需要指出，人类交际活动最为直接的目的便是让彼此了解对方的意图，而高度仪式化的符号就成了最为明确的实用性交际语汇。

仪式是人类和许多动物共享的文化品类，人们在犬科动物、猫科动物以及昆虫类动物的活动中都可以找到大量的仪式化元素。胡伊青加十分认同动物的游戏性及其可贵的仪式性价值。“动物游戏正如我们人类。我们只需观察小狗，就能看到人的游戏的所有要素都已表现在它们快乐的嬉戏中了。它们以某种态度和姿势来相互邀约做游戏。它们遵守着不咬对方耳朵或不使劲咬对方耳朵的规则。它们佯装变得很愤怒。但是，最重要的是，在所有这些表现中，它们完全地体验到巨大的乐趣和享受。小狗的这种蹦跳嬉戏只是一种比较简单的动物游戏。”[③] 人类尊崇的仪式类规则未必完全是一种理性化的事物，它也是人类与生俱来的习性。体育亦然。人类和动物的自然与仪式活动彰显了生物界的基本活力，而仪式还是一种沟通动物和人类之间的规则体系。古特曼曾经讨论过规则的起源问题。“我们意识到，原始社会是一个充满图腾和禁忌的社会，有着成百上千规则的限制和约束。除了原始社会的规则以外，比赛规则的性质比那些规则的

① 胡郁主编：《不断进化的生命》，安徽美术出版社 2013 年版，第 197 页。

② [荷] 乔纳森·歌德夏（Jonathan Gottschall）著，许可译：《好故事如何掌控思维》，中国纺织出版社 2023 年版，第 28 页。

③ [荷] 胡伊青加著，成穷译：《人：游戏者——对文化中游戏因素的研究》，贵州人民出版社 1998 年版，第 1 页。

数量更能奠定现代体育规则的基础。规则的起源和地位各不相同。”[①]古特曼显然已经看到了规则的演变历史与人类进化历史的同步性现象。“现代体育在马克斯·韦伯的目的理性观念中得到了合理的解释，即手段和目的之间存在着一种逻辑关系。为了做这件事，我们必须做那件事。游戏的规则对于我们来说只是达到目的的手段。更重要的是，只要当参与者感觉到游戏的方便比原始规则的保守更为重要的时候，新规则就会被发明，而旧规则就会被舍弃。规则是文化的产物而不是神的指示。”[②]仍须回归人类社会。胡伊青加认为人类的政治生活中也充满了富有仪式感和规则意识的游戏性。“法庭与公共论坛被认为是可以学到辩论术的地方。这种辩论术，再加上军事暴力、劫掠与僭主政治，构成了柏拉图在《智者篇》中所说的‘对人的追猎’。”[③]在此视界上讨论问题就显得十分轻松。从人的身体自觉的意义体系上考量，西方人的身体觉醒和游戏形态在世界文明史上占据着重要地位。

胡伊青加曾经阐释过游戏的跨文化意义。游戏不仅是人的本能，同时也是一种人和其他动物兼有的身体行为。人类智力超强，正因如此，人类的游戏尚有超越身体的一面。“人类社会中的那些伟大的原型活动，从一开始就渗透着游戏。”[④]不仅如此，胡伊青加还看到了人类社会中的泛游戏现象。在现代心理学家看来，游戏是社交活动的基础，其中包括成人与儿童之间的肢体游

① [美]阿伦·古特曼著，花勇民、钟小鑫、蔡芳乐编译，袁旦审译：《从仪式到纪录：现代体育的本质》，北京体育大学出版社 2012 年版，第 44 页。

② [美]阿伦·古特曼著，花勇民、钟小鑫、蔡芳乐编译，袁旦审译：《从仪式到纪录：现代体育的本质》，北京体育大学出版社 2012 年版，第 44 页。

③ [荷]胡伊青加著，成穷译：《人：游戏者——对文化中游戏因素的研究》，贵州人民出版社 1998 年版，第 110 页。

④ [荷]胡伊青加著，成穷译：《人：游戏者——对文化中游戏因素的研究》，贵州人民出版社 1998 年版，第 5 页。

戏。“通过肢体接触、我们能够与儿童的自主神经系统产生共鸣，这对于培养儿童自己的情感意识是非常有益的。我们也鼓励父母积极参与这类肢体游戏，让他们的抚慰能够在平时让儿童感到安全和放松。”[①] 游戏的治疗功能带有更为广泛的意义。从历史的角度看，游戏的世界具有扩张性，进而催生出一种职业游戏人，其中包括体育人与文化人。真实的情况也是如此。来自古代的中国游戏人群体时而试图成为身怀道德感的君子类人物，时而成为一种笃信自然哲学的在野的群落，独立成一种社会边缘人，他们宛如那种足以缔造出超越传统文化精神的新型部落，并先期构建出一种为现代体育人所完整承袭的精神、品格与社群生活的范例。

新中国构建出一种气象万千的社会。在全新的社会和文化理念的支配下，许多固有的禁忌失去了效力，而不少新的禁忌开始跃出水面，成为一种公开的社会或文化现象。就中国体育的范畴而言，金牌战略本身就是道德的化育功能与实用理性相结合的产物，其背后的文化界面更值得人们关注。金牌主义的价值在于一种绝对的胜利。胡伊青加曾阐释过游戏中获胜的意义：“一场运动的结果表明某人为优胜者。然而，此种优胜的证明却倾向于使获胜者具有一般优越性的假象。就此而言，获胜者赢得了多于该游戏的东西。他赢得了尊敬，赢得了荣誉，而这种尊敬和荣誉立即又引起获胜者所属团体的利益的增进。”[②] 对当年有获胜需求的中国人而言，中国运动员夺取金牌就等于给国人带来一种民族自信心，金牌也具备了济人以精神危难的高尚的道德寓意，如此情境

① [美]戴维·A. 克伦肖（David A.Crenshaw）、[美]安妮·L. 斯图尔特（Anne L.Stewart）主编，王晓波译：《游戏治疗》，中国轻工业出版社 2020 年版，第 141 页。

② [荷]胡伊青加著，成穷译：《人：游戏者——对文化中游戏因素的研究》，贵州人民出版社 1998 年版，第 62 页。

中的中国运动员就成了道德高尚者的象征。中国体育人在张扬道德的无形张力的同时，也提前宣告了一种新道德时代的到来。

游戏是一种联通的力量，它可以轻易地移除时间与空间的阻隔物。中国古代文化是一种融合了儒、墨、道、法等各种文化力量的复合型文化系统，且一直自成体系，其自身具有制度性的绝对活力，但在具体的某一时间段，则由其中的一种文化或思想潮流占据主导性地位。儒、墨、道、法各类思想盛行的语境中往往存在一种严肃的文化论证过程，但是，在游戏学家的眼里，文化论战仍然是一种表演，其中不乏一种无序化的现场展演元素。中国语境中的金牌有用论与金牌无用论同时存在。较诸中国的文化的宏大叙事，体育一度显得并不重要。改革开放以来，中国的文艺优先论和体育优先论才出现了此消彼长的态势，此格局为社会变革的杠杆作用所致，更是一种文化性游戏规则变异的必然性结果。人们终于找到了一条消解中国现代文化非均衡化发展的道路并在教化生活和自然生活的大视野中看到了两者良性演进的希望，而近代化的均衡化体育观和文艺观则是值得再度认识的文化样板。

游戏当然可以轻易地打破人类社会与自然社会的边界，由此可见游戏的延伸性价值，然而，游戏本身也有边界。就人类世界而言，游戏的类型化实体决定了文化共同体形态，游戏的质的规定性甚至可以直接决定文化共同体的本质。中国学者曾解读过西方话语霸权：“自地理大发现开始，西方国家依靠侵略与扩张进行原始积累，相继进入资本主义制度。随着资本主义经济的发展，其以强大的经济与军事为基础，开始了一套维护自己本国利益以‘自由与民主’为框架的话语体系，并引领了世界话语潮流，在国际交往中逐渐垄断了世界话语权。这一局面曾被第一个社会主义国家苏联的诞生和中华人民共和国的成立而暂时被削弱过，但是随着苏联解体、两极格局的结束，美国成为唯一的超级大国，‘一超多强’局面形成，以美国为首的西方话语体系进一步得到巩固，在近百年的历史中，西方国家的话语权仍极其强大，影响世界格局，一直处于西方的话语体系主导之中，处于一种相对不合理的国际政治经济秩序之中。”[①] 体育领域亦如此，中国体育仍处在以西方话语体系为主导的格局中，在普泛性的西方话语霸权面前，中国人一度拿不出足够有说服力的材料来论证并讲述完自己文明历史中身体游戏的特殊意义。于是，中国体育只能在道德领域实现突围。时至今日，中国体育在国家语境中获得了理想的生存境遇，中国体育对国家的依赖性很强。体育富含浓郁的精神元素，中国体育也便很好地为国家意义上的文化体系提供了动能，中国国家体育的非自然体育的附属价值从未旁落。中国体育人的游戏性价值只能在仪式、教化、道德乃至信仰的高度去认知，而无从回归到身体游戏的层面。

中国在近代以后一度失去了世界性话语权，造成这种现象的原因很复杂，其中最深刻的原因之一还在于中国人旁移了游戏的重心，它使得中国人的创造力出现了隐遁之迹象。随着改革开放时代的到来，中国的社会经济体系发生了巨大变革。经过中国人数十年的努力，中国取得了惊人的经济成绩，且在带有强烈游戏性能的竞技体育领域内获得了比任何预想都要好出很多的业绩。然而，中国文化中原先不被人关注的游戏的非均衡性元素也逐渐开始发酵，并直接催生出一种与本土文化的抵牾性的元素。从中国男子足球队在 21 世纪以来的境况中就可以看出，现代中

① 苏丽杰、刘荣主编：《思想政治理论课实践教学研究》，云南大学出版社 2020 年版，第 202 页。

国体育人真实的处境比日常言谈中所描述的场景还更为令人费解，中国迄今为止依然存在这样那样的和现代性不完全相符的风俗、习惯以及诸多仪式化细节，中国的道德化体育与西方的自然化体育仍有差别，中国的文化艺术的游戏性深陷于道德律的巨型旋涡，人们对其只能作出旁置化、隐遁化和遮蔽化处置。然而，体育具有超意识结构的诸多优势，其在公共空间的表演性能量依然强大，于是，当表演的公共性与道德的公示性相遇之后，两者必然要生发出一种融合性反应。如何促进两者的深度融合仍是一个考验诸多人士智慧的问题。

四、结语

中国曾经拥有辉煌的游戏史，却在游戏文明更迭的时空中一度位列世界的后位。游戏现象十分古老，正因如此，游戏仍有一种凌驾于一切体育精神之上的至高的价值含量。在很长一段时间之内，中国人并不以游戏为重。现代体育传入中国后，逐渐延伸出了自然体育与道德体育两条线索，自然体育激发了中国人的解放精神，而道德体育则巩固了中国人的家国情怀。民间人士更看好体育的家国情怀，并将其当作一种大国崛起的标志性符码。检阅一下相关的文献与田野调查资料便可知道，在失去了强大的帝国地位的前提下，不少现代中国人仍旧心仪罗马帝国的强大、盛唐时代的繁荣、当今美国的昌盛，却经常忽略罗马人、盛唐人、美国人对人的游戏系统的尊崇习惯，而将其繁荣的根源归结为一种充满了现代性元素的教育程序。解读罗马帝国、盛唐、美国体育与国家繁荣的关系是一种更大的论题。强盛的国家中必然蕴含高度的自由游戏精神。

第二节　中国现代体育人的变通性游戏精神

体育的起源较为复杂，其中以游戏说、战争说、狩猎说、模仿说和教育说较为流行。其实，体育的价值与其起源关系紧密，体育的真正价值仍在于自然、自在、自由的游戏过程，正因如此，体育起源于游戏的说法具有更大的说服力。中国长期以来都是农业国，农业国的食物来源多为谷物，含热量较低，正因如此，人民养成了勤俭节约之习，受此生活习俗的影响，中国人更多地接纳了实用主义理念，逐渐养成了一种远离高强度、竞争性游戏的做派。就现代体育领域而言，中国的传统体育一直无法完全摆脱儒学教义的统摄，维持着一种节能型身体竞争强度，其所折射的是一种更为适合自己所处生态环境的身体诉求。儒家文化拥有自己的游戏理念，而中国的民间社会同样流行着各种各样的游戏形态，从业者则属于传统意义上的游戏人。中国的游戏人不仅是现代中国体育人的先辈，他们还构建了中国传统体育的本体性雏形，中国体育的宏大叙事亦须从他们的身体行为说起。

一、中国体育人对儒学教义的认知与超越

游戏是一种极为符合人的本性的身体行为。游戏带有泛生物行为的特质，正因如此，作为地球上常态物种的人可以拒绝任何一种文化门类，也可以放弃任何一种社会职业，却做不到终生不参与游戏。游戏可能是这个世界上最令人愉快的事，它深刻地撬动着人的本能，具有自然的合理性和生命本体的自然性。胡伊青加曾经描述过游戏的实用性，而游戏对实用性的超越体现在快感方面。胡伊青加曾经引述过他人对游戏快感的疑惑性描述：“即令如此，但游戏的乐趣究竟是什么？何以婴儿要愉快地嚷叫？何

以赌博会沉浸到激情中去？何以巨大的人群会为足球比赛而兴奋得发狂？”① 现代游戏学家也曾尝试回答这样的问题。“游戏一代代传递。一个人喜爱的游戏可以追溯到他的父母和祖父母身上，并且能传给他的孩子。相应地，除非得到成功干预，否则他的孩子又会将这些游戏教给下一代。游戏分析要考虑到宏大的历史背景，往前可以追溯 100 年，往后可以预测至少 50 年。打破这条涉及五代以上的传播链条有可能造成几何级的进步效果。很多在世的人有超过 200 名的后代，游戏在传递的过程中可能会被淡忘或受到调整，但即便同一家庭的后代玩的游戏不是同一种，游戏之间也往往存在强烈的内在关联。这是游戏的历史意义。”② 如前所述，游戏乃人类和其他多种生物的共享之物。游戏的世界气象万千，而体育仅仅为游戏之一种。

从游戏自身的起源看，游戏是为了所谓的严肃的工作而准备的，或者说游戏是严肃工作的一种彩排或表演。胡伊青加也认可此理：“游戏必然服务于某种不是游戏的东西，游戏必然具有某种生物学目的。”③ 体育是人类社会化生活的派生物，也可能是一种对社会实际工作的终极性、象征性、符号化模仿行为，因此，参与体育活动也变成了一种对所谓的严肃工作的纪念、鼓励或简单化的模拟活动。因为游戏充满了不确定性，且带有无限度的想象成分，它也就此成为人类社会中最令人愉悦之事。胡伊青加曾将游戏和文化、语言、教化、法律、战争、知识、诗歌、神

① [荷] 胡伊青加著，成穷译：《人：游戏者——对文化中游戏因素的研究》，贵州人民出版社 1998 年版，第 3 页。

② [美] 艾克·伯恩著，田宝、王筱璇、牛媛媛译：《人间游戏：沟通困境的背后隐藏着无数心理游戏》，九州出版社 2022 年版，第 193 页。

③ [荷] 胡伊青加著，成穷译：《人：游戏者——对文化中游戏因素的研究》，贵州人民出版社 1998 年版，第 3 页。

话、哲学、艺术紧密地联系在一起，还对游戏与西方现代及当代文明的关系作出梳理，借以阐述一种气势恢宏的泛游戏的理论体系，构建出一种跨学科的宏大体系。游戏的五种类型几乎可以区隔出人类文化的基本框架，其中的自然游戏、儿童游戏、教育游戏、风俗游戏与现代体育几乎囊括了现代人文学科的主体结构，体现出现代人文学科的主干形态。自然游戏是人和诸多生物共享的游戏，儿童游戏属于一种不完全具备契约精神的游戏，且缺乏成人游戏高强度的随机性和身体的极限探索价值，教育游戏属于一种人类所有技能、文化、思想的传、帮、带行为的总和，风俗游戏则是一种高度仪式化的游戏，而现代体育则在法哲学、随机性和极限性方面均达到最大化，且可以体现出人类游戏的终极性价值。

无论是近代体育模式还是现代体育模式，体育的主体永远是人，而中国体育人在近代和现代也经历了近乎完全对立的两种境遇。从本质上说，中国的近代体育大体和国际接轨，整体上隶属于英美法系。这便涉及法系意向的归属问题。就目前的情况看，人类社会大致通行五种法系。其一，英美法系。其为英国首创，美国在19世纪以前一直是英国的紧密追随者，因此，两者合体而为英美法系。英美法系确立了职业竞技的法学体系。其二，大陆法系。其源头为近代的德国、法国以及受此

站立观球显示出中国球迷与国际接轨的一面。路云亭2017年6月21日摄于上海虹口足球场

风气影响的日本的法哲学精神，其代表性体育类型是奥运会。其三，中华法系。为中国目前流行的法系，其中以传统文化与马克思主义意识形态为主导性因素，其最大的亮点在于构建了中国的道德体育的法系类型。其四，自然法系。以非洲、南美、澳洲的土著部落的自然法为代表，其显性亮点体现在如马拉松之类的较为原始的跑步类项目以及一些史前表演仪式层面。其五，其他法系，其中包括部分由固有信仰体系支配的法系。现代体育的法系的主体来自英美法系与大陆法系。法系的差异性会导致文化演示形态的异形化生成现象，同时也会对特定游戏类型参与者的精神实施干预。中国是文明古国，同时也是一个拥有丰富体制遗产的大国，强大的固有思维惯性反倒影响了中国人对体育理念的认同。

二、自然主义身体观在中国的沉浮状态

对中国体育影响较大的分别是英美法系、大陆法系和中华法系。三者的相同处在于都鼓励竞争性，且皆富有鲜明的尚力倾向。三者的差异也有。英美法系更强调培育超级精英，并借此缔造出一种先觉性价值观。大陆法系则一度承续了古罗马的帝国式思维，并将其演化为一种务实的做派。中华法系则继承了东方式国家体制的遗脉，尊崇权威的合理性，并力求在绝对权威的框架下展示出更大的自主权益。大而言之，法系的差异性反映了人类族群在不同环境中的进化状态，各种法系之间的差异主要体现在对具体环境的适应强度层面。

在体育的范畴内审视，英美法系、大陆法系以及中华法系仅仅是流行于世的三种制度性法系。且以被大陆法系支配下德国的现代化进程为例。较诸英国和法国，德国属于后进国家。19 世

纪初，德国人承认英国和法国是他们学习的对象，德国的启蒙运动也源于其近邻法国。英国和法国的先进性体现在三个层面，分别为理性主义、个人自由以及政治平等。任何一个国家的民族自尊心都是一把双刃剑，自尊心受挫后的人或国家往往首先会显示出一种谦逊的特性，而一旦超越了谦逊的极限，那种由自尊心缔造的动能就会转化为一种逆反的力量。换句话说，一种谦逊的力量随时都会递进为一种攻击性力量，原先受人羡慕的对象会在瞬间变成敌人。作为欧洲的后进国家，德国一度遭到英国和法国人的嘲讽，德国人的民族自尊心受到伤害。德国精英认为，类似的伤害比被拿破仑征服更为严重。德国人开始憎恶英法所代表的西方体系，转而拒绝了外向化的国家发展模式，而试图在本土文化内部寻求自己的民族符号。德国开始走向一条非现代化的发展道路。他们奉行个人服从国家的政策，崇尚集体主义、民粹主义以及引发二战的纳粹主义理念。带有部落文化特征的图腾主义风潮在德国一度复活。可以看出，德国在 20 世纪二三十年代并未向英国和法国让步，也不愿意再向英法学习，而是摆出了竞争性态势，其中就寄寓着一种自尊心受到伤害的动因。从根本上说，为了对抗英国和法国，德国全民族的帝国思想、帝国气度和帝国意志再度回归，而帝国思想、气度和意志的回归使得德国成为另一种主导世界的力量。直白而言，英美法系、大陆法系以及中华法系隶属于三种法系，三者本无绝对的优劣高下之分，却有顺时而为的风行程度之别。换句话说，三者皆提倡自然竞争，而非无端谦让，其终极性的竞争结果便是缔造一种基本的国际秩序。正因如此，英美法系、大陆法系、中华法系皆为一种绝对实力、权力以及强力意志的维护者。以古代奥运会为代表的西方传统体育项目在经历了英美法系的滤导后，几乎全部变成了现代体育，而中国传统体育则出现了全新的征象。从本质上说，包括武术和蹴鞠在内的中国传统游戏项目皆属于自然游戏的类型，其中多数带有自然游戏的特征，并最终演进到风俗游戏的高度，这已是人类游戏种类中仅次于现代体育的最高境界。武术在武打电影中获得生机，并在世界电影工业界获得了独一无二的类型化身份，成为中华文化序列中带有强劲国际竞争力的一张王牌，由此可见，风俗游戏的真正出路在于电影化改造。以此类推，蹴鞠在现代社会中的主体性展示场域应该是电影工业，而非现代体育。从当下的情况看，武术除却在现代电影工业中取得身份外，其在中国的身体化道德示范的范畴也获得了相应的身份。有学者阐释过中国传统体育项目的处境。“农耕文明在中国的历史上起着决定性作用，中国文化也是有别于西方文化的另一种文化类型。中华民族传统体育项目大多来源于老百姓的生产活动，是非政治、非主流、非精英文化。虽然受礼教影响，在等级森严的古代社会曾出现过诸如‘射礼’等带有阶级性质的体育活动，但这些贵族专权的体育活动相对于博大的民族传统体育整体而言，实在是凤毛麟角、吉光片羽。且就流传下来的民族传统体育项目来看，那些贵族阶级的传统体育项目已随着贵族阶级没落而消失殆尽，现如今传承下来的传统体育项目都具有平民化、大众化的草根特征。”① 从广义文化学的角度看，中国传统体育项目呈现出个性化、多元化、系列化特征，其所承载的贵族性或草根性皆为一种外属性符号，其真正价值体现在待开发的隐性的文明演进的层面，人们在此不仅可以看到未能脱离教化性仪式的原始游戏形态，还可以领略到其中的非游戏性的庄严仪式的品格，尚可看到具有极限仪式内涵的

① 常朝阳：《体育强国战略背景下中华民族传统体育的原生价值及其走向》，《西安体育学院学报》2015 年第 3 期，第 342 页。

集约式欢乐的演艺形态。中国传统体育项目既有反荷尔蒙主义的演艺倾向性，又有高度张扬荷尔蒙主义的竞技性元素，这种价值追求全部隐含于中国传统体育项目的本体之中，而解读中国传统体育项目的基因图谱应借助更为新颖的技术手段。当人们将其置放于更为广阔的领域之后，其所携带的文化基因便会释放出令人惊艳的审美因子。在可预见的未来，蹴鞠、脚斗士、打耳、跳绳之类的传统体育项目都有可能成为电影、电视、短视频、电子竞技乃至动漫工业中的主角。

以西方体育项目为代表的现代职业体育表现出了完整的人性至上的动能，西方体育项目中最重要的因素是胜负关系，而非简单的、带有童趣般的快乐。进入职业体育时代伊始，西方体育人就更换了既有的游戏理念，开始将游戏看成一种新型的职业。其实，高度强调胜负关系的职业体育已然将游戏中的自由精神提纯出来，使游戏本身一度出现异化迹象，即便从事西方体育项目的人也很难体会到其中的游戏性乐趣。理由很简单，西方体育项目大多数已经进入高度职业化的发展阶段。职业体育的至大快感来自对锦标的攫取，这便很容易将游戏的自然快乐性降到最低程度。中国现代体育人和世界上大多数职业运动家一样，更容易接受斯巴达克式体育精神，往往不认为运动中自然嬉戏具有多高的快乐元素，其终极快乐来自仪式化的锦标以及他者赋予的荣誉，这便给道德体育的生存提供了空间。从国家符号的层面来说，中国的体育人很像一个构建理想国的专业性很强的教化团体，他们处于一种反抗游戏的状态中，而并不完全属于游戏的人。准确地说，他们更像某种由身体行为催生出来的文化导师、精神领袖、道德楷模、时代榜样，而非身体技能和游戏方式的示范人。从文明范式的角度看，中国体育人呈现出了自己的主体性符号。

这里所说的中国式语境，主要指的是中国传统文化的内涵、外延及其散发出来的多维度的能量，其中主要指的是儒学的文化精神。客观而论，儒学在促进中国及其他儒家文化圈所属国家和地区的社会、文化的进步方面作用明显，儒学还缔造了一种高雅、温和、精致的生活方式和艺术形式，并最终创建出举世皆知的东亚文明形态。时至今日，儒学文化圈已经成为堪与佛教文化圈、基督教文化圈以及伊斯兰教文化圈并列的世界第四大文化圈，随着当下中国力量的崛起，儒家文化开始再度散发出强劲的活性，其综合性影响力也与日俱增。儒学在世界文明史上的积极意义十分明显，但儒学也有其相应的文化选择性，儒学中的身体观带有农耕文明的诸多特征，与外域世界的身体观不完全相同，甚至还有一些超越性倾向。所谓超越性的身体观指的是一种仅仅符合自身文明体系的身体观念，儒家的身体观即带有这样的属性。

儒家文化有其固化的价值，它和古典主义时代诸多文明体系所倡导的教义一样，十分强调人的心性的扩张力、道德的完整度以及伦理的规范性，其身体观也带有文雅化的诸多特征。法国学者乔治·维加埃罗认为："历史上对于身体的关注，首先重构了物质文明的核心，诸如行为和感觉的模式，对技术的投入，与自然界的对抗，'具体的人'，就像吕西安·费弗尔所提到的那样'活生生的人，有血有肉的人'。"[①] 从《周礼》《仪礼》《礼记》之类的涉及儒家身体观的典籍中可以得知，儒家文化所培育的人与西方近代社会的人不尽相同，却与西方古典社会中的人很相似。

① [法]乔治·维加埃罗著，张竝、赵济鸿译：《身体的历史》卷一《序》，华东师范大学出版社2013年版，第1页。

齐志家认为："人类有一个显见和突出的现象：他们有身体并且他们是身体。就社会思想而言，在与社会有关的个体的性质的讨论及理解中，身体只是被给予了一种神秘的表象。"① 儒家的游戏化的身体就是被赋予神秘表象的一种。儒家的身体观带有一定程度的价值选择性，这便导致中国的身体美学理念出现了超越化现象，如中国古代的人物画水准远低于其山水画和花鸟画水准，中国古代未出现高度精细化的解剖科学，画家们从无参与解剖活动之机会，无以根据解剖学的原则从事人物绘画，中国人物画的理论原点更多地体现以算命为目的的骨相学方面。中国山水画意外地发展出一种写意范式，很好地填充了世界绘画史的空缺。有宋以来，传统中国宫廷画中的人物画中不乏纤弱、清秀、柔美的身体形象，但在民间绘画的序列里，却有大量的壮硕、威猛、粗豪式身体造型。敦煌石窟中但凡表现人体壮硕之美的绘画和雕塑作品多为北魏、唐朝之作，而儒教文化占据统治地位的王朝所呈现的人物雕塑和人物画皆为反健壮美学的典范。这种游离出进化论主体法则的身体观在很长时间内使得中国人具备了两翼齐飞式的身体审美构成，结果导致正确的身体观受到排斥。常态化的宏大型身体美学适时退场之时，隐逸型身体文化理念便及时登场，展示出一种刚柔相济、道儒互补的存世格局。儒学的价值理念充满了独立性，它在缔造出优雅化生活方式的同时，还将其身体美学置于一种反抗崇高性审美格调的新境地，其对特定历史语境中人的身体美学的解读也充满了相同的意趣。

解读儒家文化漠视高强度竞技现象的原因十分令人期待，其中可供参考的答案很多，这里不妨列举三条。其一，儒家文化崇

① 齐志家：《时尚与身体美学》，人民出版社 2015 年版，第 263 页。

尚简朴化生活理念，其所制定的教义中一直以反奢侈化为准则。其二，儒家文化并不鼓励毫无现实意义的冒险行为。其三，儒学将过量的食物消耗看作是不恰当的行为，从而竭力贬低大量消耗食物而不从事生产的人。明恩溥曾经评述过中国近代民众的生活状况："在中华帝国这样一个人口稠密的国家里，生活水平往往仅能维持在最低程度上，是不折不扣的'活命'。为了活下去，就得有维持生命的必需品，这就意味着，每个人都必须竭尽其所能。"[①] 其实，中国的体育人的主体行为同样得到了儒家文化鼓励效率的内在精神影响。值得思考的是其中的复杂性。且以主管中国青少年精英体育训练事宜的少体校为例。少体校在中国的地位带有相对的独立性。在很长一段时间之内，其与中国的高考体系尚未完全接轨，带有一定程度的游离性，这也意味着其具有更多的独特价值。古希腊也有类似后来中国所设立的体校，那里的训练者不排斥文化课。"竞技训练场的意思大约是'体校'，即一所进行体育锻炼的学校，希腊竞技训练场是专门为运动员训练设立的，此外他们在那儿还可以一起洗澡和学习，学习的内容不仅限于体育运动，也包括音乐和哲学训练。但体育一直是占主导地位的。"[②] 古希腊的体育一直有一种相对的均衡性，既无对身体的歧视，亦没有对类似音乐、哲学之类学科的排斥现象。古代希腊体育的均衡性原则一直延续至今，并成功地演化为一种现代体育形态，且始终蕴含一种稳健而优雅的内质。古希腊体育学校的教育与中国西周时期六艺式教育规制很相似，却又有超越六艺式教育的身体

① [美]明恩溥著，刘文飞、刘晓旸译：《中国人的气质》，东方出版社2014年版，第134-135页。

② [德]沃尔夫冈·贝林格著，丁娜译：《运动通史：从古希腊罗马到21世纪》，北京大学出版社2015年版，第38-39页。

对抗性内容。其已显现出两者的本质性的分野。这里需要说明，中国的道家思想始终保留着与古希腊精神相一致的身体观，中国体育最终在道家思想的体系中获得再度反证的机会。

三、中国体育人在儒学文化环境中的精神秩序

从人类进化的历史看，人类的采摘业、狩猎业、种植业以及畜牧业都包含了征服动物和利用植物的元素。在简单的求生主义者的眼里，猎食与被猎食只能算作一种生活常态。人类对待野兽的态度一直有三种，分别视之为食物、对手或伴侣。前两者和动物界一致，后者则为人类所独有。一头豹子不会将捕获的羚羊当作长期的玩伴，原因在于豹子的能力有限，它们无法饲养动物，而只能是现抓现吃，这样的生活方式使豹子保持了超强的身体素质。畜牧业是人类独有的求生之道，宠物业则是畜牧业的延伸。宠物业建立在畜牧业基础上，却又超越了人类的基本生存需求，构建出一种更为奢侈的生活方式或生活理想。现代宠物业已很发达，出现了宠物医院和宠物美容院之类的机构，由此可知，宠物业是畜牧业的变异形态。宠物与家畜的区别在于前者用来观赏、游戏，宠物满足的是人的精神需求，而家畜可用来帮助人类工作，也为人类提供食物来源，它满足的是人的生物性欲望。马克思曾说："社会——不管其形式如何——究竟是什么呢？是人们交互作用的产物。"[①] 人类储藏食物的思维导致了畜牧业的出现，人类的群居习性则致使宠物业出现。从游戏性、聚会性和互动性的角度看，宠物业更近似体育业，宠物业所蕴含的心理抚慰功能

① 中共中央马克思恩格斯列宁斯大林著作编译局：《马克思恩格斯选集》第 4 卷，人民出版社 1972 年版，第 320 页。

也类似电视和网络传播领域的镜像体育。在此意义上衡量，人类的畜牧业变成了一种简单的求生技术。类似的体育则较难，需要合作才能实现的体育活动具有仪式要求，而人类社会中的宗教、道德、信仰之类一直具有直接、强硬及排异性的特质，它会导致受排斥者群体产生持久的精神落寞感。从心理学的角度看，人对自身身体的抑制欲求是一切孤寂感中最具原始性的元素。体育正好弥补这一困境并促使人回归常态。中国现代体育界具有世界范围内的独创性特质，按照中国国家机构的构建惯性，国家体育总局属于中国体育的最高组织与管理机构，它将传统观念意义上的游戏者群体整合在一起，这样的游戏者群体构成了中国现代体育人的基础。国家投入巨资建构体育总局亦为时势使然，国家体育总局建构者显然看到了体育所蕴含的特别的社会功能。于是，在世界顶级赛事中赢得金牌不仅成为国家体育总局的功能性追求，也成为中国体育人走出传统游戏人的落寞之境的一种积极的行为与价值选择。

以中国游戏人为基础的中国体育人群体的真实的心理要远比人们想象的复杂。他们对高度仪式化的工作更为倾心，理由很简单，大型仪式可以高光化地确认体育人的合法身份。在此意义上考量，体育绝非小事，因为体育是身体的哲学，更是一种身体抗争之利器，还是一种具有鲜明仪式感的心理稳定体系。“仪式既不是物质的范畴，也不是人脑的观念，而是一种有意义的特定行为方式。广义的仪式，是被行为者及其所在社会群体看作具有一定意义的交流手段或表演的形式，包括人际交往的规范与行为，如见面与道别的日常礼仪，以及开幕式等政治典礼。狭义的仪式，则专指宗教的祭祀与礼拜仪式，早期人类学所指的仪式多与宗教信仰有关。”[①] 研究中国体育当以身体的道德性出发。道德性源于自然秩序，其以人的行为仪式为核心。身体的道德性得到高强度确认后，中国体育人的精神本体就会浮出水面，呈现出其真实的风貌。

作为中国游戏人的现代继承者，当代中国体育人有独特的求生法则。中国体育人还是一个务实的群体，他们对中国的金牌战略一度抱有三重心理倾向。其一，自励型心理。中国体育人进入举国体育的体制内后，并未完全消减其自身身体的心理自为感，而这种自为感源自外在的文化张力，拥有这样心理的体育人反倒更加愿意在纯粹的身体对抗的领域寻找价值实现的机会，并最终确立自己在运动场域内外的复合性优势地位。中国现代体育人的这种思维惯性一直延续了数十年，至少在 2008 年的北京奥运会之前，一度是中国体育人的主流想法，他们为国效力的宏大理想很可能为一些简约而朴素的微观意志所支撑。其二，对奥运奖牌的渴求之欲。1932 年的第十届奥运会在美国洛杉矶市举行时，刘长春得张学良 8000 元赞助，成为中国唯一参加奥运会比赛的运动员。由于长途旅行的劳乏，刘长春没能在短跑项目中跑出自己的最好水平，在预选赛中即被淘汰，如此的镜像已经被中国的各类媒体定格为一种全民族的记忆，并由此推演出一种很大的国家式心理遗憾。此后很长一段时间，中国体育人以及关心此事的诸多中国人每每论及此事都无以避免地陷入一种心理焦虑状态，这种焦虑感不仅给中国体育人的精神世界带来大量的非常态化元素，还打乱了中国体育人常态的社会和文化判断力，成功地

① 王敬群、张志涛、井凯、马骥：《仪式与心理治疗》，《江西师范大学学报》2012 年第 1 期，第 117 页。

降解了中国体育人的日常性逻辑能力，使得中国体育人在百余年的时间内培植下强迫性心理导向的根苗。其三，成为奥运会举办国的愿望。近代中国包括晚清与民国两个时段，属于新旧权力过渡期，身处此境的中国人很难获得完整的国家意识。当年的中国普通民众对奥运会及其所属的文化理念所知甚少，了解奥运会的人为数寥寥，且多为上层社会精英。中国举办奥运会的愿望在精英阶层中一再发酵，最终酿成一种百年梦想。同样是在 2008 年之前，这种渴望得到而终无回报的群体心理给中国的精英阶层以及受到此信息影响较深的特定群体带来了长时间的精神压抑感和煎熬感，而解救中国人内心煎熬感的恰是一群源于自然世界的游戏人的实体与精神继承者。需要指出，2008 年的北京奥运会也就此成为中国体育人完成自我超越的必然选项。

四、结语

研究中国体育人及其生存现象是一个很特别的课题，其中既充满了挑战性与艰难度，也有很大的愉悦感和收益性。大而言之，人类社会的群体大致可以划分为两种，一种是不处于道德、信仰、教化核心区域的人，这类人士大体属于游戏的人，而从事道德、信仰和教化工作的人则为非游戏的人或曰另类游戏的人。两者之间尽管充满了互动性，但基本上壁垒分明，互不干涉内务。近代中国的体育人很显然属于游戏的人，而现代中国的体育人则在国家意志的干预下完成了身份的逆袭，他们大体属于非游戏人或另类游戏的人，其所从事的体育活动已经出现了很大的变化。现代体育人由此也大体上可以归入教化派人士的行列，其所从事的工作更贴近道德、信仰、教化的领域。从整体的情况看，中国体育人在中国式道德的领域更容易获得支持，正因如此，中国体育人很好地完成了从竞技人到仪式人的转型工作，成为一种新型的仪式人。

第三节 中国体育人对游戏的升华性理解

西方体育传入中国后，体育从业者一度遇到儒学教义信奉者的陌生化解读，但是，体育在以沿海口岸城市为代表的狭长地带的发展十分顺畅。进入20世纪以后，中国沿海城市以及一些传统意义上的内陆型大都市先后涌现出一批杰出的体育人，其中既有体育的实践者如李惠堂、陈汉强、刘长春，也有西式体育的教育家如马约翰、吴蕴瑞、袁敦礼。在整个内陆地区，传统意义上的游戏人、武人以及新崛起的体育人仍旧不能够顺畅地成为自然游戏的主导者。只要略加考量就会发现，近代以来也只有一些接纳过现代主义精神的大城市才给予了从事体育的人士一种合理的身份，而人数更多的从事中国传统体育的人士则一直处于一种边缘人的地位。他们尚无现代体育人的社会符号，其古典仪式人的社会地位也近乎消亡，此类人士始终维护着族群内部游戏本位的基本价值观，借以确立自己的临时性身份。因此，近代中国体育人的处境已然成为一种超游戏的文化论题。

吴蕴瑞是上海体育大学的第一任院长。直到现在，人们还在讲述这位首任校长的故事。路云亭摄于2015年4月25日

一、中国体育人的精神跃进

当今世界已进入经济一体化时代，高强度的经济与文化竞争更容易让人联想到人与人之间的简单而真实的对抗关系，于是，体现身体本然竞技力的竞技体育就成为一种更为抽象的关于文化、武力、商业对抗的非典型性的仪式化符号。胡伊青加认为："自从有了表示战斗和游戏的词汇以来，人们就习惯于称战争为游戏。"①专门的战争游戏制品的人士也在用另一种方式解读战争的游戏性与游戏的战争性。"战争游戏通常介入或者回避当今时代一些最具争议的政治话题，例如刑讯逼供、使用无人机斩首或破坏恐怖组织等行动的有效性和道义性，先发制人的战争政策令人怀疑的正义性，附带伤害和创伤后应激障碍的现实恐怖，如此等等，不一而足。"②竞技体育给信奉优胜劣汰游戏规则的人带来了强力的刺激源，生存于当世的任何一个族群都难以逃脱这样的终极裁决。

中国体育人一度无法获得奥运会金牌，中国也一度无法获得奥运会举办权，在较长一段时间内，中国人还额外地承受着"东亚病夫"的不实之名，这便是近代以来中国的实际情况，其中涉及中国的体育、文化乃至民情领域中的诸多面相。由于儒家文化对竞技体育的禁忌化预设作用，体育在近代中国的地域内开展得并不顺畅，当年的中国体育人间或会淡忘奥运会存在的合理性。抗战时期更是如此，当年中国的主体意志是救亡，在救亡压倒一切的语境中，中国人对于奥运会体系内的体育运动的想象之门几

---

① [荷]胡伊青加著，成穷译：《人：游戏者——对文化中游戏因素的研究》，贵州人民出版社1998年版，第112页。

② [美]马修·托马斯·佩恩（Mathew Thomas Payne）著，满莉译：《游戏战争：9.11后的军事视频游戏》，民主与建设出版社2020年版，第1页。

乎完全关闭。胡伊青加对战争和游戏有过清醒的判别。“战争作为一种文化功能，总是预设了约束性的规则，而且，在某种程度上，它还要求对其游戏性质的承认。”[①]只要考察一下战争史就会发现，除却一些极端情况，战争中的仪式感往往比和平时期还要鲜明。“只有当战争的参与者彼此承认为具有同等权利的对手时，我们才能说战争是一种文化功能；换言之，战争的文化功能有赖于它的游戏性质。”[②]20世纪30年代至40年代的抗战期间，中国人面对的是民族存亡的危机。当面对真实的战争威胁之时，民众参与自然游戏的动机就会降低，甚至会暂时性消失。在此特殊的语境下，中国人在自觉或不自觉中暂时性地终止了身体游戏。暂时终止游戏或许可以使儒学理念的信奉者获得解脱感，却无以给身处此境中的人士带来健康的精神和体魄，任何一个中国人其实都不愿意长期地充当阿Q式的精神自慰者。延伸到文化领域来说，阿Q现象是低层儒学信奉者精神退化时的产物，并非一种恒久性的存在，更非一种社会常态。抗战胜利后的很长一段时间仍旧是中国人渴求证明自身强大的时间节点。在近代以来的很长一段时间内，中国体育人的精神自救与身份提升事宜并未兑现，而真正帮助他们实现精神自赎与身份自新的恰是新中国确立的大国体育体系。往大里讲，中国的国家体育总局所制定的各种体育政策的最大受益者亦为中国体育人。

就现代体育的发展实情来看，当下中国体育所具有的国际影响力源于举世皆知的举国体制所提供的制度性保障。举国体制并

① [荷]胡伊青加著，成穷译：《人：游戏者——对文化中游戏因素的研究》，贵州人民出版社1998年版，第113页。

② [荷]胡伊青加著，成穷译：《人：游戏者——对文化中游戏因素的研究》，贵州人民出版社1998年版，第113页。

非中国所独有。早在20世纪80年代至90年代，世界上很多国家就开始研究中国的举国体制了，其中以日本、韩国、英国为代表。2012年伦敦奥运会以后，欧洲国家也开始关注并借鉴中国的做法，搞起了类似中国举国体制式的国家集训制，其中英国在自己国家的体育制度内适当地引入了一些类似中国的举国体育的做法，结果在2016年里约奥运会上取得了明显的效果，并以27枚金牌的数量位居世界第二。2013年以后的日本乒乓球界也曾经效仿中国的训练体制，凭借搞“举国体制”而取得了飞跃式进步。在2016里约奥运会上，日本男团以1∶3输给中国队，获得男子乒乓球团体赛亚军，其中水谷隼以3∶2击败了中国的许昕，水谷隼还在男子单打比赛中获得一枚铜牌，日本女子乒乓球队也在团体赛中获得了铜牌。在纯竞技的世界里，任何一种制胜之道皆源于其独特的生长与发育环境，都有共存在的合理性，制胜之道的举国体制即属此类。

从历史的角度看，举国体制本身并无任何过错，世界上流行的体育体制五花八门，都有其存在的意义，它们共同展示出体育制度的生态多样性。从本质上说，任何一种体制下的体育都是特定政治、经济、文化生态下鲜活的因子，竞技体育始终维持着一种求胜论的格调，在此观念的支配下，竞技体育参与者旨在获胜，而其终极的获利者并非优胜者一方，而是体育本身。奥组委是一个高度捍卫体育纯洁性的国际高端体育组织，其对中国的举国体制也极为认同，理由很简单，中国为奥运会的发展提供了新颖的发展模式。中国的举国体制也有改进的空间，关注中国体育发展模式的学者曾阐释过举国体制和联赛的关系：“目前中国职业化、规范化运作的代理机构数量少、规模小，其发展壮大必然有一个长期的过程。由于中国竞技体育特有的举国体制，体育赛事运作管理机构自身身份难以长期保持，使得它们与代理机构的关系经常是短期的，甚至是断裂的，彼此之间缺乏信任，难以建立融洽的合作伙伴关系，这也阻碍了代理机构营销优势的发挥。而这些问题一方面有待于国家宏观政策及体育市场体制机制的转变；另一方面体育赛事运作管理机构也应提高自身意识，加强与代理机构的沟通与合作，以双赢为目标，同时也要通过法律、经济的手段去防范合作中的风险。”① 在奥运会组织委员会官员的眼中，无论中国的举国体制发展到何种状态，最终的胜利者也只能是奥运会、奥组委以及全世界所有信奉或认可奥林匹克理想的民众。在此视野上考量，中国所积极倡导并执行的举国体育并非像一些人认为的仅仅是拿纳税人的钱搞政绩工程，它也未必仅仅体现中国式集中精力办大事的行政惯性，其所展示的是体育制度的多元性价值。

在英美法系的视野下，或许现代中国的举国体制的确存在各种各样的问题，但举国体制对类似中国这样的具有古老文明体系的国家来说则是一种有益的保障性体系。任何一种体育体制都有其优长，当然也有其附属性、旁溢性、分支性作用，举国体制体育的非主体功用在于它经常催生出一种单一文化品种的过度发育乃至遏止邻近文化品类的现象。试举一例，中国的举国体制式体育有可能忽略掉中国道教哲学中个人化的逍遥精神和儒教文化中的学养至上以及反游戏主义的理念，并由此而导致非隐秘化、个人化、多元化社会机构活性的相对下降，其所制造出来的单一文化品种的过度发育现象值得令人关注。

近代以来，世界上的主要大国都试图在文化领域获取话语

① 李晓霞：《当代社会体育赛事流程策划研究》，中国农业大学出版社 2018 年版，第 135 页。

权，而中国一度失去了这样的机会。清朝末代皇帝溥仪曾经回忆过他和英国人庄士敦的特殊情感关系。“后来在我眼里，庄士敦的一切都是最好的，甚至连他衣服上的樟脑味也是香的。庄士敦使我相信西洋人是最聪明最文明的人，而他正是西洋人里最有学问的人。恐怕连他自己也没料到，他竟能在我身上发生这样大的魅力：他身上穿的毛呢衣料竟使我对中国的丝织绸缎的价值发生了动摇，他口袋上的自来水笔竟使我因中国人用毛笔宣纸而感到自卑。自从他把英国兵营的军乐队带进宫里演奏之后，我就更觉中国的丝弦不堪入耳，甚至连丹陛大乐的威严也大为削弱。只因庄士敦讥笑说中国人的辫子是猪尾巴，我才把它剪掉了。”① 一代皇帝对自己的文化尚无太大的自信力，平民百姓对自己文化的自负感也很难具备，而中国社会在随后爆发出来的一系列抨击、否定、批判传统文化的行为，其根源在于对本国传统文明体系的羞耻感。姚国华曾用精神病理学的原理剖析过类似的现象。“一个世界上人口最多、历史最悠久的国家，在人类思想的海洋中却没有声音。为什么会这样呢？因为中国人集体处于一种脑震荡状态，没有自己的时空坐标、语言体系，独立思索就消失了，按照康德的逻辑就是不可能有思想的。”② 至少在20世纪之前，很多中国人有一种源于近代以来特殊际遇的精神压抑感，时而涌现的历史受辱感给大批中国人带来了较长时间的判断力迷失症，而医治这种病症的方法多种多样，其中包括体育赛事的仪式治疗作用。一度遭受过儒家文化抑制的体育人最终反倒会利用获胜仪式给儒家文化体系中的诸成员施行集体性心理医疗，并构建出一种弱势的体育人给强势的儒家文化的笃信者群体的拯救工程。历史的自

① 爱新觉罗·溥仪：《我的前半生》，东方出版社 2007 年版，第 108 页。

② 姚国华：《概念陷阱与思维误区》，《天涯》2006 年第 4 期，第 46 页。

然律已经给中国开了个玩笑，一种充满奇幻性的反讽就此呈现。历史本身就有文化滤导机能，而历史的镜面式反观价值也就此得以呈现。

二、自然主义体育的高光时代

任何一种健全的文化都充满了均衡感。中国文化一度难以找到新的制衡点，其所缺失的并非一种柔靡化、奢华化和婉约化的生活理念，亦非一种高亢化、简单化、粗野化的刚性素质，而是一种兼具两者的均衡状态。作为现代实用主义思想支配下的大型体育赛事以其自带的均衡性见长。以奥运会为代表的现代体育中蕴含刚烈型和柔美型两种审美取向，它不仅可以给中国人带来阳刚性、开放性和强悍性人格品类，同样会强化一种极具流行音乐元素的自然性、私密性、娇柔性的婉约之风。

虚拟的战争机构无法给中国人带来真正的强大感，因为真正的强大是一种安静、悠闲、静好、柔美之境。在传播学意义上看，姚明在中国和美国的形象都很好，姚明的最大特点是安静。美国《新闻周刊》记者 Brook Larmer 就强调了姚明的上海情结，Brook Larmer 进而认为："目前，唯一确定的是姚明将继续成为太平洋两岸的象征。他已经是美国现世的最著名的中国人了。作为中国的第一位 NBA 明星，他是美国商业和体育进入'中央之国'的通道。"[①] 中国学者朱华也注意到了姚明身上所散发出来的沉静气质。"在美国人眼中已经是中国人形象代表的姚明，他在 9 年的 NBA 职业生涯里，只有一次被裁判驱逐出场，技术犯规的

① Brook Larmer.Operation Yao Ming: The Chinese Sports Empire, American Big Business, and the Making of an NBA Superstar.Penguin Group (USA) Inc. 2005: 324.

次数也屈指可数。遇到对手故意挑衅，姚明会用一笑了之去化解。他的大度、谦和、内敛不但为他迎来了更多的尊重，还让世人看到了在东方文化熏陶下成长的中国人的高尚品格。美国华裔作家陈耀豪从姚明深受老子道家思想的熏陶和良好家教的视角来探讨姚明所代表的中国价值观与文化在美国掀起的波澜。也因为姚明，越来越多的美国人对中国文化产生了兴趣。体育还是一种文化艺术，参与体育就能得到美的享受。"① 通常而言，安静型人格是真正内心强大的标志，而姚明也的确体现出一种内外合一的心理与行为状态。

为深入探讨中国近代体育发育缓慢的原因，不妨进入一种场域性理论语境。在游戏至上的文化境遇中，中国近代体育的主导权仍旧掌握在传统意义上的士人手中，而士人的精神得到解放后，首先获得高度发展的是士人的传统技艺，即那种优雅化、精致化、婉约化的文化类别。事实也是如此。进入 21 世纪以来，中国的文化界一度掀起了一股探索民国文化特质的潮流，"民国热"的背后寄托着一种人们对逝去的美好文明形态的怀念意向。其实，近代士人所缔造出来的堪称辉煌的文艺业绩以及生活化的体育形态都显得十分自然合理，充满了自由主义的思想和天真烂漫的色调，而现代体育人所从事的游戏更多地带有严肃性、实用性、功利性，也更接近胡伊青加所说的被神圣领域所吸收的游戏种类，是一种教化性、群体性、非主体性的游戏，而非世俗性、个体性与主体性游戏。

就是在近代，中国人的游戏精神也仅仅体现在哲学、音乐、文学、美术等层面，体育一直是近代文化中的损亏性元素。造成

① 朱华：《文化强国与体育强国的关系探析》，《体育与科学》2012 年第 5 期，第 71 页。

此现象的原因除却近代士人集团不太重视身体美学之外，还和近代士人对游戏类型的选择有关。中国近代是一种武士精神和文士理想融合得很好的时期。中国近代文士大多恪守自己的文化传统，捍卫非冲突行为的正当性。中国近代士人最常见的休闲行为仅是远足、踏青之类的非竞技性活动。

中国现代体育崛起是中国近代革命的产物，也是中国现代社会转型的附带性结果，更是国家主流思想更迭后派生出来的现象。尽管遇到西方文化，中国的本土思想也仍然有其自我完善的动能。20 世纪以来，儒家思想渐次隐遁，法家和墨家思想以一种显性或隐性的方式复活，并部分替代了原先的儒家和道教思想。法家思想的强力主义、墨家思想的尚侠主义，都成了中国体育的后援性精神力量，儒学与士大夫文化有天然的联系，两者一度构建出无产者文化精神的对立体。这也使得兼容了法家、墨家思想精神的中国国家体委以及后来的国家体育总局的存在具有了文化演进的合理性。然而，单一的本土文化已难生长出全域式现代性元素，法家和墨家思想的回归在给中国文化带来活力的同时，也导致中国的现代性文化本体出现了相对单一的迹象，并最终使得中国现代文化出现了主干缺位、本体变形、背景换位、品种逆转现象。中国现代体育的崛起具有必然性动能，因为它为中国人带来了仪式性的胜利以及胜利后的愉悦感，然而，它也夺取了中国文化中另外一极的能量，在客观上抑制了柔性文化的发展空间。胡伊青加在论述艺术中的游戏因素时曾对音乐、舞蹈、雕塑艺术的游戏性作过阐释，连接各种艺术游戏性的媒介则是仪式。胡伊青加曾说："一切真正的仪式，都是被唱着、被跳着与被玩着的。我们现代人已经失去了对仪式和神圣游戏的感受。我们的文明在岁月中耗损并变得过于老成。”① 如果从教化学、仪式学和表演学的高度考量，体育和艺术的界限几乎消失。中国近代体育和近代的文化艺术呈现出高度和谐性，两者在游戏性上不仅具有同质性，并且一直呈现出一种协同发展、共生共进的格局。

近代中国体育的非锦标主义思想看似不符合现行的国际惯例，却高度吻合了中华文明体系中的基本价值观，同时也符合体育的游戏性特质。从整体上看，中国的近代体育和近代文化艺术始终维持着一种微妙的平衡关系。分水岭反倒出现在现代中国，国家体育运动委员会的出现标志着体育作为一种独立文化类型的意义得以确立，中国文化从此需要建构一种新型的平衡状态。顾拜旦曾经阐释过人类文化平衡感的绝对价值。“我们正处于历史的转折关头。人类渴望进步，但又常常因某个正确思想被夸大而被引入歧途。青少年往往为陈旧、复杂的教学方法、愚蠢的放纵和鲁莽的严厉相交替的说教以及拙劣肤浅的哲学所束缚而失去平衡。我想这就是为何要敲响重开奥林匹克时代的钟声的原因。”② 真实的情况更加令人感动，世界上绝对不存在可以放之四海而皆准的至高无上的社会理想、法学体系以及价值观念。顾准曾说：“哲学上的多元主义，就是否认绝对真理的存在，否认有什么事物的第一原因和宇宙、人类的什么终极目的。”③ 在此原理上推演，最好的价值观首先要适合固定的人群，其次要有多元化的呈现方式，再次则须有相互转化的空间。

还应回到近代。中国的近代体育一直存在于一种体育和生

① [荷]胡伊青加著，成穷译：《人：游戏者——对文化中游戏因素的研究》，贵州人民出版社1998年版，第204页。

② [法]顾拜旦著，詹汝琮、邢奇志等译：《奥林匹克理想——顾拜旦文选》，奥林匹克出版社1993年版，第73页。

③ 顾准：《顾准文集》，贵州人民出版社1994年版，第346页。

活、体育与时尚浑然不分的语境中。中国的近代体育仅仅缺失的是锦标至上的理念以及获取锦标的实力，然而，它也并非一种专门为获得锦标而刻意打造出来的体育模式。作为英美法系的代表，中国的近代体育的地域性存活重心在大都市，体育一直是近代大都市民众日常生活的一部分。人们可在顾拜旦在1896年第1届奥运会正式报告《恢复奥林匹克运动会的必然趋势》一文中找到奥运会和大都市紧密关系的论据。“重建奥运会被一致通过。我们提议首次举办奥运会定在1900年，但是，在比凯拉斯建议下，认为把日期提前到1896年是可取的，雅典被选定为它的开幕地点。第2届奥运会计划1900年在巴黎举行，然后将每隔4年轮流在世界各个大首府举行。”①依照这样的标准来看，中国的上海显然符合这一条件。拍摄于20世纪30至50年代的电影《体育皇后》《化身姑娘》以及《不夜城》中就出现过体育镜像。三部影片程度不等地展示出20世纪30至50年代上海市民的体育生活，同时也表现出体育与社会生活广泛融合后所生发出来的优雅之美。现代美术理论家已经意识到了体育的美学价值：“体育与美术都是人类本质力量的显现，体育是人类体质与力量的完善与展现，体现了力量之美；美术是人类思想情感的表达，以情感的力量动人心魄。虽然原始体育与原始美术不同于现代意义上的体育与美术，但二者都是伴随着人类的诞生而存在，因而，以美术的力量表现体育的力量是一个永久的题目。”②中国的近代体育仅仅失去了人们津津乐道的锦标，其所捍卫的是一种体育的原始意义。在快乐性、自然性和实用性层面考量，中国近代体育并非处

① [法]顾拜旦著，詹汝琮、邢奇志等译：《奥林匹克理想——顾拜旦文选》，奥林匹克出版社1993年版，第18页。

② 潘鲁生：《说画：潘鲁生美术评论集》，山东教育出版社2013年版，第330页。

于一种没落的态势，它所呈现的恰是一种反锦标至上主义的常态化能量，展示出其与当时的社会文化发展程度相吻合的格局。中国近代体育的普适性还体现在与相关文化类型的高度匹配方面。当近代中国体育处于世界低端地位之时，中国的近代文化却展示出朝阳般的气象，出现了严复、胡适、鲁迅、曹禺、茅盾、老舍等世界级的文化人群体。医学和科学领域也才人辈出，涌现出了医学家林巧稚、汤飞凡、张孝骞，物理学家钱学森、邓稼先、钱三强，数学家熊庆来、华罗庚、钱伟长、苏步青，天文学家张钰哲，化学家侯德榜，水稻专家丁颖，建筑学家梁思成，地质学家李四光等集群性的世界级科学人才。艺术世界更是涌现出一大批明星，他们中不乏齐白石、张大千、黄宾虹、徐悲鸿这样的大师级画家，音乐界则有黎锦晖、陈歌辛、聂耳、阿炳、贺绿汀等。而集音乐、绘画与文学才能于一身的复合型人才更是令人感到惊艳，他们以李叔同、丰子恺师徒为代表。

中国近代文艺昌盛而体育缺位，这种现象已经构成一种非均衡性的文化发展态势，而隐藏在其背后的叙事性机理更值得人们关注。不难看出，中国的近代社会仍是一个尚文的社会，近代体育界的情况也是如此，在失去了国家集约式干预的前提下，个体性的体育人的价值便会脱颖而出。近代中国缔造出的体育理论家中不乏马约翰、吴蕴瑞、方万邦、袁敦礼、宋君复诸人，而现代体育体系可以培育出朱建华、姚明、李娜、刘翔、林丹这样的杰出运动员，却尚未培育出高端的体育理论家。现代中国整体上已然摒弃了近代以来形成的单向度的尚文之习，还一度步入一种普泛的显性或隐性的尚武化时段。类似的尚武风尚包含了团队合作性、纪律性、科学性元素，如此品质则为近代中国所或缺者。

三、现代体育人对近代体育价值观念的超越

在仪式学的质的规定性的框限下，现代体育尽管有脱离原始游戏的趋势，却并未脱离游戏的本体。其实，体育不可能成为一种孤立的社会存在，体育赛事本身是一种强力型仪式，而每一项成熟的体育项目也都有其鲜明的仪式感。在游戏核心的场域内，中国近代体育并未体现出高强度的竞争力，受到尚文思想的影响，近代中国文化的游戏性仍旧体现在文化和艺术领域。近代文化大体维持着一种均衡性、多元性和兼容性原则，与之对应的则是现代体育。不妨这样认为，现代体育所取得的极高成就，完全是将游戏的多元性价值分解后的产物。现代性不会凭空而来，现代性带有重构既有秩序的意义，艺术、科学乃至体育的系统性重构意味着文化共同体中的游戏精神比值的重新分配。在此意义上审视，中国人在现代体育领域取得的成就体现的是对既有学科属性的重新划分的意向。近代体育弱势化状态为文化体育的代差性所致。

深度解读中国近代和现代体育的本质是一个宏大的课题。中国近代文化艺术繁盛而竞技类体育不兴的现象亦为游戏品类失衡态势所致，而其背后则是儒家和道家文化能量外溢化的结果。儒家的文儒化教化理念和道家的逍遥性文化给近代士人提供了大量符合国情的文化养分，那些源自国学体系的文化养料滋润并催生出一大批文儒化的学者和艺术家，这种文化机制浸润出浓郁的传统游戏的色彩，并连带影响到近代体育界。近代体育人如马约翰、吴蕴瑞、李惠堂都是中英文俱佳、诗文功底很好、文化造诣深厚的体育人，他们总体上属于文化人的行列，其知识结构与中国现代体育人有很大差异。换句话说，近代体育人是一些具备了

复合性素质的文化人，而现代体育人的队伍呈现的是一种更为纯粹化、专业化、身体化的体育性诉求。现代体育人更接近传统中国社会中武士的身份，其所强化的是一种道德感意义上的尚力思想。这样的差异看似无足轻重，却深刻地勾勒出近代体育人和现代体育人的根性分野。由于游戏重心的差异，中国近代文化不同于现代文化，中国的现代文化一度浮现出法家的优胜论及墨家的尚侠思想，而法家的优胜论思想和墨家的尚侠精神都与体育极为匹配，或者说直接为体育提供了健康生长、充分发育和优先发展的优质条件。它们构成了现代体育的本土性文化养分，中国体育的本土化特征也就此得以显现。

中国现代体育是中国现代文化的组成部分，中国现代文化则是中国历史发展到一定程度的伴生物。从文化史的角度看，中国文化原本就有高度的宽容性，展示出一种雍容之美，又为中国内部分属性文化类型此消彼长、循环占先、交替领跑的能量互换机制所促成，其所展示的是一种互补互偿的社会发展定律。中国近代文化艺术强大而竞技体育隐遁，原因在于文化艺术经历了新文化运动的启蒙，而体育启蒙则因抗战的到来而未及完成，中国体育的启蒙直到新中国成立后的改革开放时代才得以继续。启蒙后的中国现代竞技体育空前强大，一度使得中国现代文化艺术成为体育的“背景板”，两者的成因则具有同理性。

受到中国固有的士文化传统的影响，近代的中国体育人和文化人大体属于同一群体，其所缔造出来的体育与文化艺术看似属于不同的两种事业，其实有其同一性，因为两者的缔造者出于同一社群，它们是同一社群所作出的两种职业或价值选择之结果。近代中国的武士阶层几近消亡，而一部分喜好体育的文士却意外地开创了近代体育的先河。中国近代体育在主体上展示的是文人世界的尚武理想，但现代体育显现的则是全民族的尚武气概，其中以无产阶级的奋斗精神为主旨。两者之间存在较为明显的差异。文士化体育属于自然体育，富含丰富的日常性、优美性和时尚性元素，它大体属于一种世俗性、身体性和谐谑性的价值体系。武士化体育衍生出竞技体育，其所显示的是从业者的悲怆主义、牺牲主义以及祭献主义原则，它属于一种神圣性、道德性和善性的价值体系，其所遮蔽的是体育中的世俗性内涵。顾拜旦走的是第三条道路，他一直致力于将体育和文艺融合在世俗生活中。体育与文艺的亲缘关系可以在顾拜旦的言论中找到根据。“不管在什么范围，以何种形式，艺术和文学都将参与到现代奥林匹克庆典之中，与体育一起受益，并获得自身的升华。这有双重目的：一方面在奥运会中组织艺术和文学的协作，另一方面在各地的体育活动中推动艺术、文学和体育之间的长期合作。”① 胡伊青加专门论述过艺术中的游戏因素，认为艺术也来自游戏：“我们看到，游戏在诗中是如此内在，诗的每一表现形式与游戏结构的联系是如此紧密，以致两者之间的结合被认为是密不可分的。在甚至更高的程度上，游戏与音乐的结合也是如此。”② 中国的情况也一样，近代中国体育人和文艺人的生活志趣已无差异，悠游于世、游戏天下恰是两者的共同价值追求，两种人群生活志趣的差异在现代职业体育领域遇到了挑战。

尚需回到由不同的游戏准则制约下的文化场域。中国近代一度拥有过高度均衡化的文化场域，而中国现代则出现过叠加式

① [法]顾拜旦著，詹汝琮、邢奇志等译：《奥林匹克理想——顾拜旦文选》，奥林匹克出版社1993年版，第19页。

② [荷]胡伊青加著，成穷译：《人：游戏者——对文化中游戏因素的研究》，贵州人民出版社1998年版，第203页。

社会变革现象，文化的发展与近代有对冲之势，呈现出更具现代意义的专业分工化趋势。中国现代文化在整体上属于一种规划性行为，其所指向的是一种确定性目的。且以中国现代化的发祥地上海为例，现代上海有姚明、刘翔这样的国际体育巨星。Brook Larmer 曾经这么描述姚明的巨星形象："没有什么能比得上位于南京西路 1376 号的波特曼丽思卡尔顿酒店外的广告画——离方凤娣的旧训练场只有一英里远——在那里，一个巨大的锐步广告比拥挤的街道高出近七层楼。这张照片围绕着豪华酒店的整个弧形立面，让每一个路人都能看到中国最大的出口产品在树梢上的肌肉弹力。"① 由此可见，姚明所替代的是近代上海一度拥有的胡蝶、阮玲玉、周璇这样的软派巨星。现代中国也一样，中国有数以百计的奥运金牌选手，而催生文化、艺术与科学大师的土层尚在积淀之中。文明的博弈正以悲喜剧交织的形态反反复复地在中国上演，谁来扮演中国式悲喜剧终结者的角色？人们仍在观望，而隐藏在观望者身后的则是一种游戏均衡性原则的消隐图景。

作为一种可与世界广泛接轨的强大的现代文化品种，体育在构建新文明体系中的杠杆作用堪称巨大，而现代中国体育人急速提升的社会地位已成为一种打破既有文化均衡性的动能，现代中国体育人则以一种全新的方式激励中国儒学精神信奉者思想的跃进，也使得中国传统文化获得一种现代性重构的机会。西方式体育和中国传统文化的博弈是一种文化新生命诞生的前奏，却也是一种全新的文化秩序到来前的悸动现象。在失去了儒家思想的文雅化品质和道家思想的逍遥精神呵护的前提下，现代中国的文化

① Brook Larmer.Operation Yao Ming: The Chinese Sports Empire, American Big Business, and the Making of an NBA Superstar.Penguin Group (USA) Inc.2005: 324.

人、科学家、艺术家反倒获得一种充分解放的机会，中国的体育人也在法家的优胜论理念和墨家的尚武思想的伴生下意外地获得生机。随着奥林匹克精神深入人心，中国人对奥运会的心理依赖势头还在强化，诸如奥运会这样的现代体育中蕴含的强烈的道德感联通着中国人的精神，中国体育人就此获得了更大的文化话语权，并发起了新一轮的覆盖原先属于文化人的生存空间的运动。这样的文化景观再度强化了两种文化共生共兴的发展态势。

整体看来，中国的近代体育人更像一种执行游戏精神的群体，而中国的现代体育人则更像一种贯彻教化精神的群体。近代体育人的灵魂寄寓于精英阶层，而现代体育人的精神则寄托于普罗大众。认同体育的教育功能的学者认为："教化是'体育的促进剂'。从文化论的高度看，体育有两个维度：一是向下的（技术）维度；二是向上的（思想）维度。为此，体育强国的发展不仅要关注必然王国——形而下的实证知识和技术层面，而且更要关注自由王国形而上的文化和精神层面，敦化体育之'魂'。因而，未来体育强国的发展问题，也是一个礼德教化发展的问题，应是体育强国建设与发展的基本内容。"[①] 在此意义上看，中国的现代体育一度属于一种机制性、人文性与文化性的创新现象。在强大的教化内涵的冲击下，体育的游戏性得以升华，游戏具备了家国情怀，并开始向内置性修养方向演进。现代学者对狂欢现象的认识已很清晰。"狂欢是社会性、集体和公共的，是大众的娱乐盛会。狂欢提供了一种反中心主义、从单一或统一的语言霸权中解放出来的新模态，它崇尚的是无中心的、自由而开放的行

① 赵峰、张振华、雷震：《教化：体育强国的起点与守成》，《安徽师范大学学报》（自然科学版）2011年第3期，第300页。

为。同时，狂欢具有颠覆真理和等级秩序的特征，它对一切事物采取冒渎不敬的态度，使神圣与粗俗、崇高与卑下、伟大与渺小、聪明与愚蠢合为一体。”① 近代体育人的强大感体现在践行者层面，而现代体育人的存在感则源于家国情怀。近代体育向现代体育的过渡并不平稳，而其中游戏的精神在升华，游戏的本体在跃进，游戏的模式在变易，游戏的纲领在更换，游戏的网络在重构。这里呈现出一种同一语境直接竞争的态势，现代中国体育的超常态的发展模式对相关行业具有大面积的促动作用，其中的经验值得今人再度总结。

四、结语

游戏学是一门跃升到体育学之外的更为宏大的学术体系。原始游戏带有非强迫性，而任何一种现代游戏在本质上也远离了强迫症。东西方美学家皆已高度认可游戏的解放人性的价值。只有游戏的人才是自由的人，同时也是自然的人。基于同样的原理，唯有游戏的人才是合格的现代人，同时也是一种维持着现代性准则与要义的人，而游戏的人往往也是人类处于最高感知境况的人。尚可认为，置身深度游戏状态的人是高度自在的，而非游戏的人或另类游戏的人是高度不自在的。前者的功能在于创造新颖文化，后者的功能在于维持既有秩序。一切尚以游戏为分野。依据现代主义的原理，体育、游戏、尚武精神的日常性和道德性仍有继续分解之必要性，否则会带来社群意义上的生态性后果。中国体育人的现实处境不仅体现出现代中国国情的特殊性，还在构建创新性国家的视野上具有多元的参照价值。如何解决中国体

① 陈晓媛：《对话后现代建筑》，哈尔滨工业大学出版社 2023 年版，第 136 页。

育人与非体育人的阶层重构、价值观通融以及社会职业的联通等问题仍是一个很现实的人文性与社会性课题，而溶解此纠结点的核心元素则是游戏及其附属的文化精神。

第四节　西方体育在中国的发展变化

中国是文明古国，文明古国最显著的特征便是有深长的文化延伸体。正因如此，近代中国虽然很快进入一种国体变易、社会转型、文化革新的阶段，但自身的文明体系仍旧保留得较为完整，来自西方的体育在中国只能落地，尚难生根。中国的地域文化差距也较大，西式体育在中国呈现出非均衡性分布与发展态势。整体而言，近代中国的少数沿海城市和内陆大城市尚有一些体育活动，整个内陆地区的乡村则一度看不到体育的影子。纵向比较也会发现很多问题。如果以现代奥运会的标准来衡量的话，中国近代体育则近乎一张白纸。与之相反，中国现代体育却取得了举世皆知的成就。在锦标主义者、优胜主义者和金牌至上论者看来，中国近代体育几无成就可言。中国的近代体育和中国现代体育就形成了两种截然对立的现象，两种体育对各自时代相应的文化发展影响颇大。在文化或文明进化平衡器的视野上考量，中国近代和现代体育的价值值得重新评估。

出版于1904年的《体育图说》，展示出西学东渐过程中诸多鲜活的历史细节。中国体育博物馆藏

一、在陌生化游戏语境中徘徊的中国民众

近代体育有两种指向。一种是以李惠堂、孙锦顺、谭江柏、刘长春、郑吉常等人为代表的体育实践家所从事的体育，另一种则是以马约翰、吴蕴瑞、方万邦、袁敦礼、宋君复等人为代表的体育文化人所认知的体育。按照当下的术语来衡量，两种体育都属于体教未曾分离、体育与文化均衡发展的体育存在模式，它展示出体育的自然性、健康性和融通性价值。客观而言，那是一个令人怀念的时代，中国拥有自己的从事自然体育的参与者群体，而现代中国则一度稀释了那样的文化氛围，而比失去如此的氛围更值得关注的是对这种氛围的相对淡然的态度。

由于中国传统文化与奥运文化兼容度良好，中国体育的重心仍在于奥林匹克体育范式。顾拜旦曾经将人的身体和灵魂的关系解释为一种相互依存的物质互动链。“我无需再来概述体育运动产生的灿烂壮观——你们比我更知道这一点。体育馆的生活是人体内的两组力量之间斗争的极妙妥协。一旦这种力量的平衡被打破，就很难再协调一致，肌肉与思想兄弟般共生一起，看来，这种和谐是如此完善以至把老年和青年联合起来。”[①] 且以竞技体育为例。体育绝非小事，人处在压抑状态下才可能准确地感知到体育的真实价值。顾拜旦试图在体育中寻求一种解救式力量。[②] 中国近代体育虽未达到顾拜旦所称颂的那种高度，但其所蕴含的体育与文艺的融合之态却已然展示出体育本体的常态化品格。较诸体育，文艺影响人精神的方法较为舒缓。西式体育传入中国以

---

① [法]顾拜旦著，詹汝琮、邢奇志等译：《奥林匹克理想——顾拜旦文选》，奥林匹克出版社1993年版，第9页。

② [法]顾拜旦著，詹汝琮、邢奇志等译：《奥林匹克理想——顾拜旦文选》，奥林匹克出版社1993年版，第9页。

来，体育和文艺日渐融合，经过各种社会潮流的浸润后，两者的交汇组成了一种全新的身体才艺品类，并共同构建出一种充满现代感的娱乐文化主潮流。体育与艺术的融合展示出很强的活性，类似的组合一直影响至今。

受到特定社会形态的制度性制约，现代中国体育以及其他文化类别都由相应的政策支配。新中国的体育与文艺政策决定了国家体育与文艺的发展方向。换句话说，中国的体育与文艺政策指向哪里，哪里就会出现相应的体育与文艺风貌。从宏观的角度看，现代中国的体育与文艺政策已经成为中国的体育与文艺从业者们共同的精神归结点。从现象本位的角度看，体育和文艺政策的影响力往往要比体育人和文艺家自身的创造力强大无数倍。在大众媒体传播的作用下，文艺和体育也的确出现了融合之趋向。英国利兹大学社会学教育家 Rodanthi Tzanelli 认为："奥林匹克艺术存在于国家和跨国领域中，具有多种功能。表现力和技术投射力的结合使奥林匹克艺术品可以像任何电影一样进入全球市场。"①从视觉艺术生发学的角度看，中国近代体育诞生于电影工业初起时代，但也依然可以看到两者的融合态势。体育是衍生于人类身体的最高动作美学，并因此而成为影视工业的重要素材，这种惯性一直延伸到当下。竞技体育在现代视听媒体的烘托下，正朝着娱乐的路径急速迈进。

只要仔细观察就会发现，中国的体育和文艺政策并未涵盖中国的所有身体游戏与娱乐项目。从道德至上的立场上看，中国的体育和文艺都属于身体性、体感性和欲念性文化，两者都不属于道德教化的主干元素。中国的非道德类文化类别还有许多不可知

① Rodanthi Tzanelli. Olympic Ceremonialism and The Performance of National Character: From London 2012 to Rio 2016. Basingstoke: Palgrave Macmillan, 2013: 22.

因素在起作用，中国的传统道统网系一直贯彻的是一种可控性文化生发机制。中国古代与近代体育发展不畅之现象并非一种孤例，类似现象带有全球普遍性特征，例如中世纪的欧洲同样出现过体育发展迟缓之现象。儒学的教义并未对游戏、竞技、身体行为作出明确的指令性限定。有鉴于此，中国人并不需要彻底清算儒家身体学的消极作用，在士绅集团并未解体的时代，儒学的隐性化存在形态十分稳固，作为一种日常化生活信条的儒家文化已然渗透到中国人的思维深层。为文明类型的差异性所致，中国人未曾缔造出类似职业竞技体育那样的绝对独立的体育范式，却创造出了一种更具普泛性意义的相对独立的游戏思想。如果考量中国的道家、墨家乃至法家文化中多元化体育文化基因，则会看到儒家文化中更为清新可喜的文雅化的轻度游戏的普适性价值。中国的传统文艺一度充满了游戏性，貌似强大的道德化规制并未完全消解中国传统文艺的游戏特性。熟悉中国近现代文艺发展历史的人都很清楚，中国的文艺无以游走到国家的道德过滤体系外围。道德过滤体系一直是一种中国文艺制品生产流程的组成部分。中国现代体育之所以得到较大的展示口径，主要还在于体育无涉观念形态，如果说体育也蕴含观念形态的意义元素的话，那么，这样的体育只能是一种单纯的身份变更仪式，而这种仪式又为中国全民族所急需。

人的思想为适应自然之产物，既有文化也往往生发于特定的地理空间。体育观念和自然环境的关系十分紧密。“现代奥林匹克运动起源于古希腊。和中国‘天人合一’的‘和谐观’相比，中国古代社会是建立在三面环山、一面临海的相对封闭的地理特征之上的自给自足的小农经济，他们不需要征服海洋、征服自然，只求能和自然和谐相处，风调雨顺就能够过上很好的生活。古希腊则是三面环海、一面环山的相对开放的地理特征，恶劣的地理环境迫使他们为了生存，必须征服海洋、征服自然，也造就了他们勇于冒险、开拓进取的民族性格。”[①] 华夏文明诞生于黄河流域，而黄河流域是农耕文明的地理性原点。中国人一直信奉民以食为天的准则，如此信条的背后隐藏着一种对节约型生活方式的强力诉求。早期儒家已然开始反对无限度的身体游戏活动，此风一直延续至今。中国的道家也提倡尊重自然环境，并构建出另一种身体文化体系。这里需要论及庄子所言之养生主群体。养生主群体在名义上注重养生，实质却提倡过一种吸风饮露式的极度淳朴的生活。养生主群体是中国体育人的另一种带有隐性化特征的生发点，因此，其所信奉的理念对中国人行为的影响更为明显。从排斥猛兽类动物行为方式的维度上看，儒家和道家的思想达成一致，且一直影响到现代中国社会。

现代中国人一度坚守的“节约闹革命”的思想，其所展示的恰是儒道文化的精髓。且以赛车为例。中国人大多数不太接受赛车运动，人们漠视赛车，不仅因为赛车高度浪费能源，还因为它脱离了体育运动中身体本位的根本原则。其实，早在 1908 年，顾拜旦就意识到世界上很多国家的人对赛车的反感。“新的运动会在形式上必须是全新的。例如，如果要复兴赛车项目，却没有考虑到大多数年轻人对此不感兴趣，其结果将仅仅是建造一个竞技场，并将参加该项目比赛的人变成低劣的演员。”[②] 中国人对待赛车的冷漠态度一度十分明确，其背后则是一种来自儒家文化的禁忌学的条则。整体而言，儒家的禁忌学内涵要大于道家。儒家的身

① 余方亮、成守允：《体育强国进程中的中国传统文化》，《运动》2011 年第 4 期，第 138 页。

② [法] 顾拜旦著，詹汝琮、邢奇志等译：《奥林匹克理想——顾拜旦文选》，奥林匹克出版社 1993 年版，第 27 页。

体禁忌学元素在现代社会中已然消减，但并未消亡，其延伸形态仍旧较为完整地存活。

传统的儒家或道家式生活方式皆无法与西方竞技体育文化完全兼容，而其自身的价值则需要经过现代性律则的过滤后始可体现出来。这里仍须首先了解西方竞技文化的本质价值，且以现代体育为例。现代体育是西方文化的一种，其与欧洲的骑士精神有血缘关系。现代体育学者一贯欣赏体育活动的绅士风度："绅士体育是在西方宗教改革及文艺复兴之后产生的，并且在英国逐渐成为体育形式中的一个典型。这一体育形式中，不仅有西方先进的教育思想的成分，还体现出了资产阶级求实精神及西方人文主义精神。绅士体育的提出，与社会发展是相适应的，这样，不仅对国家历史的实现有帮助，还能满足绅士的幸福需求。"① 顾拜旦在肯定骑士的高尚性的同时，也强调了奥运会运动员的基本精神，而类似的精神在中国的武士阶层体现得并不明显。中国传统武士的社会化属性并不明显，无主动性参与社会事务的动机，他们对具体的资助者、施恩者、赐食者的忠勇精神很强，强调对自我化尊严的遮蔽。这一点与早期西方骑士的价值选择一样，但是，随着城邦国家的建立，西方骑士开始关注公共秩序。从《水浒传》中鲁智深、武松的事迹中可以看出，中国武士也有关注公共秩序的意向，但依旧保留了一些对恩主的感恩。中国武士的行为做派仍带有原始正义的因素，却尚未缔造出一种全然关注公共秩序的时代。在此意义上看，中国现代体育人的家国情怀则是此类意向的延伸品。

现代体育宛如从外域移植到中国的一棵树，它本身就带有外

① 彭仁兰、王根深、赵鹏东：《体育教学改革创新与信息化教学研究》，中国书籍出版社 2022 年版，第 96 页。

域化的身体文化特质，于是，这样的移植过程也给中国人带来一种假象，不少中国人仍以为当今中国社会中流行的所有的身体文化项目都是西方的舶来品，且与本土文化无关。这便形成一种误区。无以否认，现代中国人司空见惯的各种运动方式大都是西方的产物，或者是以西方文化为准则的改良品和替代品。笔者曾提出足球是中国传统体育项目的论点，如此简易的论点却一度遭到一些足球教练员和其他足球理论工作者的拒绝。这便涉及中西方体育规则体系的话语权问题。笃信西方体育理念的人士认为，西方体育思想更具普泛性，其强固的能量几乎可以打穿现行的各种非议西方体育中心论的观念壁垒。其实这是一种假定性、虚饰性、虚构性观念，而造成此现象的缘由则在于人们事先接受了西方体育的观念化规则体系。姚国华认为："还有一层，表明中国体育上的强势，仍然是整体上依赖于西方主导的文明体系。在体育竞赛上，我们通常用西方人的规则，与西方人较量，我们在很多项目的技巧上的确可以超过西方人，我们得到的冠军荣誉越来越多，但是，我们中国人却很少有一种游戏、一种规则、一种玩法让西方接受。我们只能在西方人既定的游戏规则基础上，在技术、技巧上追逐人家。"[①] 中国人、西方人以及其他各地的人已经在这个星球上生活了数百万年，人类在形成规模各异的部族群体后，每一个部族都生发出了原本属于自己族群的独特的游戏形态以及与之匹配的身体语汇和禁忌条例，中华传统游戏即属于其中一例。贝林格曾说："尝试定义什么是体育运动，迄今都是吃力不讨好的事。因此，新近的社会理论得出一个理智的结论，体育运动首先是一种'社会构造'。但是，不应该再从本体论上探究什么是体

① 姚国华：《概念陷阱与思维误区》，《天涯》2006 年第 4 期，第 49 页。

育运动，而是要‘根据上下文的具体情况’询问‘体育运动意味着什么’。这并非真有说服力，因为这实际上再次需要以体育运动的定义为前提。从历史学家的角度看，结论是：不同社会模式产生不同体育运动模式。”① 一味地以西方标准来衡量非西方地区丰富多彩的身体运动行为，只能拱卫出西方中心论的既有格局，却无法再现历史的真相。

二、中国人对自由游戏的异化性体认

体育有两种属性，它不仅融含有竞技、抗争、尚武、尚力的内涵，还有休闲、嬉戏、玩耍、娱乐的价值，中国人所漠视的游戏形态则包含了上述两种价值取向。于是，问题再度出现。中国人很容易在自己设计出来的身体观念体系里陷入一种矛盾心态。宗教、风俗或信仰对特定族群具有很强的渗透力，信奉儒教教义的中国人骨子里漠视身体类的游戏，却又在真实的内心世界里认可身体游戏的内在价值，因为任何自然人都无法摆脱游戏的本真控制。在儒家文化语境中，中国人对待体育仍有矛盾心理。从本质上说，中国近代体育理念繁杂、流派众多，大体近似一种自然游戏，而现代体育则统一规划、集中训练，更接近一种国家主义意义上的规定性游戏。

如同诸多非西方文化共同体一样，古代中国并未出现西方体育式的游戏方式。但是中国已然缔造出一种相对独立的身体性游戏体系，不同之处在于它仅有与西方体育相似的神圣观念，尚无西方体育式的规则意识以及身体极限内蕴。体育蕴含自由的成

① [德] 沃尔夫冈·贝林格著，丁娜译：《运动通史：从古希腊罗马到 21 世纪》，北京大学出版社 2015 年版，第 5-6 页。

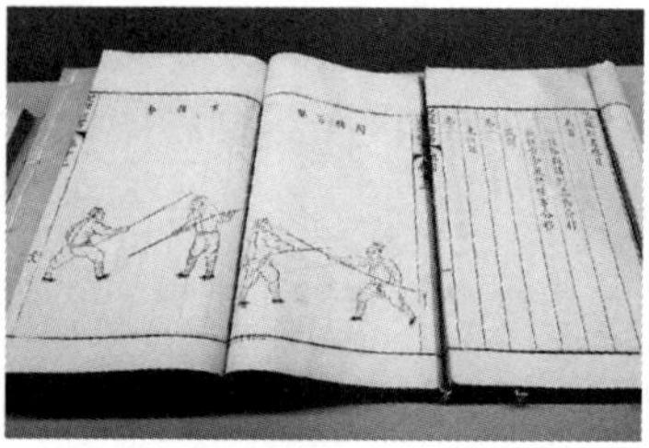

游戏的名类很多，如儿童游戏、原始游戏、教育游戏、风俗游戏、体育游戏。武术属于风俗游戏。清代出版的《纪效新书》亦未将武术视作战斗技巧。中国体育博物馆藏

分，但那是一种规则意识统摄下的自由。古特曼曾说："正如他们一样，我们也以我们自己不那么引人注目的责任与成绩合作着。我跑过网球场，将球以对于我来说似乎是最为完美的一次击球打过去了，正确的一次击球，在网球的规则之下的一次击球。我将我自己屈服于网球的规则之下，自相矛盾地，我有一种广阔和自由的欣喜若狂的激动感觉。"[①] 自由与规则存在于同一种文化中，构成了现代体育的核心价值观。儒学原本并无明确的神学至上论元素，其核心功能体现在教育层面，这也就此很好地与奥林匹克体育中的教育理念相融合，然而，儒学的人类中心论平抑了体育的自然中心观念，儒学的孝道思想限定了体育中平等理念的发育。中国式体育必然要呈现出另外的面目。退一步而言，中国无体育之说可能仍是一种文化性误读之结果。真实的情况与此相反，中国古代的确一直有属于自己的体育语汇，仅是在名称、内涵和存世形态等方面与西方体育有差异。

从体育地理学的角度考察体育文化的差异性很有必要。由于地理气象、山川湖海、人伦信仰存在着巨大差异，中国人固有的身体游戏形态不可能和以西方体育为代表的游戏形态完全一

① [美] 阿伦·古特曼著，花勇民、钟小鑫、蔡芳乐编译，袁旦审译：《从仪式到纪录：现代体育的本质》，北京体育大学出版社 2012 年版，第 182 页。

致，中国的本土游戏相对而言发展迟缓，还一直存在一种循环演绎、旁支外溢、因果自洽的品格。央视5套节目一度播出的脚斗士比赛就属于此类。脚斗士比赛大约属于12岁以下的儿童玩耍的游戏，参与者一旦超过此年龄，这种游戏的失衡性即尽显无遗。原因很简单，脚斗士比赛的儿童性与参与者的成人性之间有很大的对冲感，成人参与儿童游戏带有扮演性，而类似的角色错位式扮演性恰是现代竞技体育的天敌。央视直播的脚斗士游戏收视率很快下降就是明证。儿童游戏转化为现代体育需要有鲜明的法哲学精神以及身体极限变形性元素的支撑，脚斗士并不具备这样的条件。顾拜旦曾经明确表示，儿童并非体育的主导者："未来属于那些敢于首先改革青年教育的人们。因为是他——而不是儿童——把握并支配命运。"[1] 儿童游戏演进为成人游戏难度很大，然而，类似脚斗士这样的传统体育项目完全可以在非物质文化遗产的序列中展示自己的价值。中国其他的游戏形态也大体如此，其中包括中国传统武术。较诸现代竞技体育项目而言，传统武术显得拙稚而古朴，具有远古修行者的行为特性。同样为东亚国家的韩国和日本都已经将自己国家的国术推入奥运会，日本还在2020年的东京奥运会上展示了作为新增奥运项目的空手道的独特价值。中国传统武术带有更多的文化原创性元素，其在非遗序列中更容易找到自己的生存空间。从纵向与横向的角度看，世界各国的体育项目之间充满了差异性，其价值显现渠道无以完全统一。古特曼曾说："在给出比赫伊津哈更详尽的有关游戏、有组织游戏和竞赛的定义之后，我们可以延续二分法，把非功利性

① [法]顾拜旦著，詹汝琮、邢奇志等译：《奥林匹克理想——顾拜旦文选》，奥林匹克出版社1993年版，第155-156页。

的竞赛分为身体技能的较量以及智力的较量，而体育就是前者，即‘游戏性的’身体竞赛。（尽管我们说‘身体的竞赛’，但很难想象完全抛开智力的体育活动。）按照我们的定义，国际象棋是一种竞赛，但并不是一种体育活动，尽管《体育画报》将其囊括其中。”① 体育项目之间的差异源于人类进化过程中人种及其相应的行为习惯的多样性现象。由此可知，中国传统武术较难成为奥运项目，而竞技武术的民族特色又不够鲜明，同样不适宜成为奥运项目。中国武术自成体系，其文化性要大于体育性，作为一种集行为、意义、仪式于一体的动作语汇，武术的内涵和外延都大于奥运会。换句话说，武术可以在文化形态上替代整个奥运会。这里体现出一种全新的解读武术人类学价值的意向，从目前的情况看，放弃这种处置方式会直接造成武术价值谱系混乱之现象。当一种大于奥运会的身体语汇失去与奥运会平行发展的机会的时候，其所激发出来的错位性镜像更值得人们深思。在文明生发学的角度上看，武术入奥几乎构建出一种“伪命题”，其中的道理很简单。依照奥运会的标准来说，武术仅是一种竞技性难以测准的身体游戏。中国武术无以走进奥运会，其中的原因很复杂，但主要原因还在于其内在的生命本体、法系原则、动作张力皆具有鲜明的非体育特征，有很明显的价值、行为与意义指向的独立性，其本然的体系与西方体育精神不完全兼容。巫、武、舞不分的中国武术并不适宜溶解于现代体育世界，却可以在增魅时代显现其超然的文化与艺术价值。中国传统体育项目大体深潜于文化学的层面，它们更近似一种文化遗产，而未必适合体育化改造。

① ［美］阿伦·古特曼著，花勇民、钟小鑫、蔡芳乐编译，袁旦审译：《从仪式到纪录：现代体育的本质》，北京体育大学出版社 2012 年版，第 9 页。

古特曼在阐释现代体育和信仰的关系时曾说："从宗教传统导致非科学的，甚至是反科学的倾向这一方面来讲，民间游戏向现代体育的转变会受到抑制和阻碍，但是这种抑制和阻碍的原因和宗教信仰另一方面积极影响的关系都很小，反而与现代科学中的消极评价关系甚大。"[①] 美国体育社会学家杰·科克利认为："19世纪晚期以来，在一些西欧社会中出现了一种趋势，那就是，基督教会开展了体育活动以及一些个人把宗教信仰（往往是基督教信仰）和他们的体育参与联系起来。"[②] 现代中国体育界一直致力于推广中国传统游戏形态，目的是获得自己文明体系的现代性身份认可。美国心理学家 Karla D.Carmichael 认为："胡格－赫尔姆斯还指出，喜欢做剧场游戏或戏剧表演类游戏的儿童通常表现出强烈的表现欲。她认为：参与戏剧表演、游行队列、葬礼、体操、运动反映出了儿童'强烈渴望受关注和自我暴露'的愿望。"[③] 中国人竭力在竞技体育的领域寻求自己的存在感，其实恰是出于一种表演、表现以及自我展示的意愿，而推出并宣传国产化的游戏机制则显示了中国人的雄心。然而，在成熟而完备的西方游戏精神的辐射下，中国的传统体育项目中丰富而完备的文化性反倒成为其加入体育序列的阈限。就蹴鞠和英式足球来说，前者更像生活画卷，后者更像竞技体育。

在西方体育话语权面前，中国人反复阐释的中国古代的体育精神约略等同于一种散发着古典主义文化精神的现代语言符号。

① [美]阿伦·古特曼著，花勇民、钟小鑫、蔡芳乐编译，袁旦审译：《从仪式到纪录：现代体育的本质》，北京体育大学出版社 2012 年版，第 92 页。

② [美]杰·科克利著，管兵、刘穗琴、刘仲翔、何晓斌译，刘精明审校：《体育社会学——议题与争议》，清华大学出版社 2003 年版，第 593 页。

③ [美]Karla D.Carmichael 著，王瑾译：《游戏治疗入门》，高等教育出版社 2007 年版，第 8 页。

中国学者已然关注到体育的现代性问题。“西方文化推崇‘个人’奋斗，使‘个人主义’成为一种人生哲学，人自我价值的实现成为一种价值标准。表现在体育运动中就是强烈的‘利己性’，充分肯定了个人奋斗的价值，将个人英雄主义推至极致，而不顾国家、集体的利益和荣誉。”① 包括中国在内的非西方国家和地区的体育皆与西方体育存在质的差异，前者具有另外一种独特的体育理念。

文化的发展离不开内部的律动，文化的留存及传播则需要有一种相对稳定的环境作基础。中国在汉代以后，武士集团受到打压，但在民间及隐性社会中一直蕴藏着抗拒儒学本位的小型化、辅助化、间歇化的武士文化，以宋元话本中的“朴刀赶棒”类题材为代表的武侠文学也一直有扬喻豪侠、鼓吹武事的各种描述。这种文学或文化传统一直延伸到现时代，而此时的体育已然在文化领域内获得了部分话语权，由文学、艺术和体育构成的新的文化场域中就出现了权力重构现象。较诸文学和艺术，体育所蕴含的西方强势文化的基因显得更为纯粹，体育开始参与干预中国武侠文化制品的事宜中来。就在与竞技体育进入中国社会的同时，中国传统文学艺术的整体结构开始松动，其中受影响最大的则是中国武侠文艺及其伴生的文化类别，在中国一度风行的武侠影视和评书艺术也步入相对没落之境。从目前的情况看，西方竞技体育已成大观，而中国的传统游戏并未分解出新型体育形态，中国传统的身体游戏大多数维持着其既有的文化品格，相关人士在口述性、观摩性、实验性领域与西方游戏形态展开对话，渐而失去了与源自西方理念的系统性游戏的联通能力，且远

① 余方亮、成守允：《体育强国进程中的中国传统文化》，《运动》2011 年第 4 期，第 138 页。

离了其朝大型竞技体育赛事转型的可能性。没有了市场机制的激励，中国的传统演艺类体育项目的现实影响力也在消解，开始进入一种博物馆展品式的半休眠状态；与之相反，受到市场机制的激励，西方的竞技体育赛事则展示出朝阳气象，其影响力远超任何一种传统演艺项目，可与其媲美的只有同样源于市场化运营的大型现代音乐会。

20世纪末至21世纪初是人类演艺形态的一个重组时代，原先在演艺领域占据主导地位的文化类别如戏曲、话剧之类，开始走向衰落，而原先并非表演艺术的文化类别如竞技体育之类，开始成为新型的演艺类型。世界各国各行各业的人开始在表演领域寻找生存空间，表演业开始重新分割势力范围。古特曼指出："一个国家接受和引进现代体育的能力本身就是该国家工业发展的一个指数。尽管历史传播的过程中存在例外，并且这样的调查本身也存在不确定因素，但现代体育组织的传播如何与工业主义的兴起联系在一起，依然值得关注。"① 体育作为一种极具现代性的文化品类在其中占据了主导性地位。具体到体育传播的行业领域而言，中国人的体育解说水准和观看赛事的水准

民国《彩绣婴戏百子图》。中国体育博物馆藏

① [美]阿伦·古特曼著，花勇民、钟小鑫、蔡芳乐编译，袁旦审译：《从仪式到纪录：现代体育的本质》，北京体育大学出版社2012年版，第69页。

都达到了国际级，人们参与体育活动的意愿仍不显强，中国人倡导的体育生活化的理想大体停留在口头或纸面，无法完全变成现实，原因在于中国一直有稳定的游戏观众群和深厚的戏曲与评书艺术传统，而未曾出现过成熟的身体对抗性的游戏形态及其价值体系。从传播学的角度上讲，中国的体育观众人数众多，数量上已属世界第一之规模，而参与身体对抗游戏的人则较少。中国的体育市场仍处于一种从简单模仿到全新复制的进程中，且有望步入一种成熟而健全的境地。中国的体育观众和评述身体游戏的传统有望缔造出一种观众学和游戏评述学的新范式，并成为促使中国传统体育步入现代文化序列的助推剂。

三、身体游戏可以固化中国人的创造力动能

人类是一种泛游戏生物种群。在人类庞大而强有力的游戏体系面前，体育几乎是渺小的。这里需要在更高的视野上考量游戏的价值。具体到人类世界而言，人类的诸多非凡的发明创造都和游戏及其附属的文化相关。人类核心创造力的真正动力有三种，分别为梦幻、童趣与游戏。先说梦幻。弗洛伊德以后，梦幻遭到图解，梦幻的优美性、唯一性、不可重复性的特性昭然若揭。梦幻的价值异常重大，它构成了人类生存下去的终极动力。再说童趣。人类个体在度过成年期后，仍旧会在睡梦里再现童年和少年时的场景，这种现象折射出人类对于梦幻的依赖情境。漫长的帝制体系将中国人的注意力集中在庙堂内外，然而，高度礼仪化的庙堂秩序未能给中国人留下更大的自由意志的延展空间，中国人由此而忽略掉了本不应忽略的原野性蛮力精神，这是中国几千年文明演进的实况。从根本上说，人类引以为荣的高等级动物的价值在于创造力，而催生创造力的动力往往源于很简单的童趣。推

演到极端的形态而论，无童趣则无创造。Karla D.Carmichael 对儿童游戏的社会功用作过精微的论述："游戏可以使儿童从各种各样不同的驱力中摆脱出来。胡格－赫尔姆斯所提出的理论是驱力导向的，心理咨询师不能从目的论或操作概念的角度来理解游戏。如果将游戏限定为有目的的或可操作的，则会削弱游戏所表现出的驱力和动力的重要性。自由的游戏更像是经过压抑、置换、浓缩、符号化、个性化、合理化的梦境和幻想。游戏来源于真实的情境，但儿童在游戏中会将现实进行变换，使消极方面变为积极方面。通过范式的改换，儿童可以减轻在生活中正常模式下未能得到疏导而导致的后果。"① 就普遍性的日常现象而言，世界上部分文化共同体压制童趣的合法性与合理性往往也意味着放弃了族裔本体自发的创造力，其生产力水准以及社会和文化的进化程度也相对低下。还要说到游戏。游戏的重要性已经得到了诸多学科学者的认可。胡伊青加认为游戏蕴含巨大的快感："任何肯动脑筋的人都能一眼看出游戏是一种独特的东西，即使他的语言还找不到一般概念来表达这种东西。游戏是不可能被拒绝的。如果愿意，你可以拒绝一切抽象事物：正义、美、真理、善、心灵、上帝。你可以拒绝严肃，但却无法拒绝游戏。"② 美国学者约翰·雷恩认为："创造力是我们与生俱来的权利，是我们的天性，也是简单生活中一个不可分割的要素。生物学家布赖恩·古德温认为，创造力是内在的生物需求和进化需求。从小孩子们的游戏、欧洲和美洲的民间艺术、世界各地各传统民族的装饰天赋中都可以看

① [美]Karla D.Carmichael 著，王瑾译：《游戏治疗入门》，高等教育出版社 2007 年版，第 7 页。

② [荷]胡伊青加著，成穷译：《人：游戏者——对文化中游戏因素的研究》，贵州人民出版社 1998 年版，第 4 页。

出，创造性的想象力属于我们所有人，属于每个男人、女人和孩子，而不只属于少数几个人。”[①]20世纪50年代以后，美国逐渐成为世界头号强国，美国在此后一直都是世界秩序的维持者，同时也是科技创新的带头者。美国的强盛有其复杂的背景，或许还带有一点偶然性因素。但是，最大限度地鼓励游戏行为却是美国的国家传统。从终极的意义上考量，美国也因此走到了世界的前列。现代心理学家认为：“通过游戏，世界会因我们改变，还能创造出许多新的学习经验。”[②]游戏和创造的关系已经被现代人当作一种常识。“马克·吐温曾说他的一生从来没有工作过一天，而他所做的每一件事情都是游戏的一部分。当然，我不能这样评价我的工作和游戏是这样的关系，但是晚年所做的许多事情都是在自由、轻松、愉快中进行的。我无时不思、无日不写已成为我的存在方式和生活方式。这些都是游戏的形式，也是我创造的源泉。”[③]人类的自然游戏和世界顶级创新项目充满了惊人的相似性。“不论是在科学领域、艺术领域，还是在我们的日常生活中，所有创造性的努力都是游戏、兴趣和工作的结合体。课堂和书本知识的学习使我们获得历史遗存的各类知识，而游戏则会培养我们的创新知识和技能，并发现自我潜在的能力。特别是对于青少年的成长来说，游戏极为必要。”[④]只要略加考量即会发现，儿童的幻想与科学家的想象力几乎一致。哪吒的风火轮几乎是世界上所有科幻型战车轮子的原型，孙悟空的筋斗云比翼装飞行还有诗意，

---

① [美]约翰·雷恩著，容冰译：《自愿简单》，中信出版社2004年版，第137页。

② 安妮主编：《潜意识——改变命运的超级力量》，外文出版社2013年版，第238页。

③ 于光远、马惠娣：《于光远马惠娣十年对话：关于休闲学研究的基本问题》，重庆大学出版社2008年版，第103页。

④ 于光远、马惠娣：《于光远马惠娣十年对话：关于休闲学研究的基本问题》，重庆大学出版社2008年版，第102页。

双手合十咒语不断的唐僧和某些心中忐忑不安的现代军事人员按动导弹按钮的动作惊人地相似。现代世界上很多人都将尊崇进化论法系的实体看成一个科学昌盛的社群。类似社群的技术创新及其相应的制度更值得人们关注，尊崇进化论法系的实体的繁盛是建立在严格的专利制度的基础上才得以实现的。人类社会同时也是法制社会。现代法系是一种人们游戏力量的保障措施，更是一种高尚的制度性力量。人类社会的专利制度几乎就是一种保护人的动手能力的制度，而动手能力的基础则是身体的自然游戏本能。"所有创造性的努力都是游戏、爱和工作的结合体。此外，游戏还是'新事物从何而来'这一问题的答案。我们的知识是通过学习得到的，而游戏则会让我们创新知识和技能，并创造出新颖的艺术品，又何乐而不为呢？对当今世界而言，游戏对学生是更加必要的项目了。"① 这里不得不说到尊崇游戏与非尊崇游戏实体之间的差异。世界似乎跟这两种文化实体开了个很大的玩笑，最富有游戏精神的文化实体变成了世界上最富有创造力的社群，而放弃了游戏精神的文化实体自以为可以抵达更高的境界，却意外地落入后进地带。在尊崇游戏精神的人士看来，当年中国人的儒家化生活方式仍然是一种道德生活，带有很强的修炼性、修为性与归依性。古典时期中国人的自然生活远不及道德生活那样充满活力，这便是中国教育乃至自然生活体系中的关键问题。自然世界是一种身体文化高度开放的世界，而道德世界则是一种充满社会戒律的世界。出于秩序化社会构建之需，中国人很长时间都将戒律化的世界设定为一种真实的世界，从而创造出一种超稳定的社会形态。高度道德化的生活虽然在一定程度上限定了人的自然游

① 安妮主编:《潜意识——改变命运的超级力量》，外文出版社 2013 年版，第 237 页。

戏精神，却使得中国社会整体的运行维持在一个良性化的状态。道德仅仅是一种关于人的心性的修炼程序，并不涉及任何技术和科学活动，类似的心性修炼法存在于任何一种古典文明体系中，其在儒学领域中还经常表现为一种更为通达的自然精神，而这种自然精神并未妨害自然游戏、儿童游戏、教育游戏以及风俗游戏的发育进程。有鉴于此，儒家文化内极有可能会孵化出另外的体育体系，类似的体育形态自带仪式且自成方圆，构建出一种完全符合东方大陆架人种行为惯性的身体游戏方式，这便是蔚成大观的中华民间体育的多元性谱系。

西方体育传入中国后，同样面临着道德化改革和科学化处置的两难选择。西方体育在中国先后经历了近代化和现代化的演进、融通和变更过程，最终形成了近代体育和现代体育两种流通或传播形态。中国现代体育和近代体育差异很大，中国的近代体育完成的是其世俗化改造过程，而现代体育几乎完全中断了近代体育的传统而另起炉灶，构建起一种全新的体育运动的发展模式，并在此基础上创造了尽人皆知的举国体制式的体育制度。古特曼曾说："19 世纪早期，现代体育——像资本主义本身一样——是一股进步力量，要比它所取代的中世纪体育更加民主，但是工业资本主义的发展导致了剥削形式的产生，这比封建主义的剥削方式更加严酷无情。体育开始承担着一个保守落后的角色，其中的一个征兆就是，除中国和苏联以外，体育的极度商业化。"① 当下中国的举国体制一度在世界上有过良好名声。从根本上说，中国的举国体育代表了国家意志的重塑意向。在体育大国策略的鼓舞下，中国体育已进入一种全新的运行状态。

① [美]阿伦·古特曼著，花勇民、钟小鑫、蔡芳乐编译，袁旦审译：《从仪式到纪录：现代体育的本质》，北京体育大学出版社 2012 年版，第 70 页。

中国体育始终无法脱离非自然性的运行程序。部分体育学者认为中国在国际主流体育项目中的竞争力仍不强，体育总局采用了中国历史上著名的田忌赛马的策略，专门苦练一些在欧美不是很流行的体育项目，并将其作为金牌突破口。持此论点者显然是将体育看成了一种自然生活，甚至将其当作一种纯然的身体行为，却忽略了体育内在的教化本性。从本质上说，中国的现代体育完成的是一种体育的体系性改造工程，又在更高的层面上促使体育朝高度道德化的路径发展。中国人时常讲起的奥运精神就带有强烈的道德内蕴，它和近代中国体育的温情化、日常化、时尚化的世俗精神截然相反，展示出中国在构建新型权威型国家体制上的崭新风貌。从教化至上的视野考量，中国的体育大国策略并无迥别于其他国家体育及文化策略的特殊之处，它只是在别样的层面上再现了身体的道德感化功能。

四、结语

进入 20 世纪下半叶以后，英美法系在北美地区获得了实验性成长，并构建出一种更为流行的所谓的普世价值观，而大陆法系则遭到现代理性力量的过滤，从而处于宗主国隐遁、精神实体转移、新型内蕴更迭的存世状态。随着中国力量的崛起，中华法系也开始受到人们所关注。人类历史上一度存在一种苏东法系，即以苏联、东欧和中国为代表的德治式威权法系，这种法系还相应地催生出一种体育机制，即苏联式举国体育机制，其基本的存世格局迥异于当今世界中绝大多数英美法系的国家。20 世纪中叶，苏联式的举国体育体制对中国现代体育制度的形成作用很大，它在提升中国体育人社会地位的同时也意外地激活了中国体育人的小众化的存世格局。在如此的境遇下，中国体育人很难彻底变更其原先在古典时期的固有身份。中国体育一度受到英美法系、大陆法系以及苏东体系的影响，然而，中华法系对中国体育的影响带有原生性意义，正因如此，中国体育终极的演进结局只能是一种高级的道德形态而非其他。任何一种文化都有其固定的基因配置脉络，中国体育的现代性最终也会让位于其文明性主体，最终熔铸为一种中华法系中的身体性元素。

第二章

奥运理念与中国文化的自然对接

第一节　中国人对奥运理念的选择性接受

文化传播历来是一种融通性元素和抵触性元素的结合体。正如任何一种现代文化品类一样，奥运会及其附属的价值观传入中国充满了艰涩感。欧洲文化进入中国的主体通道为沿海城市，而最先的接纳者必然是一些和西方文化有交集的中国人。奥运理念在近代传入中国的主体内容为游戏行为、狂欢精神和规则意识，但在现代则主要是理性主义精神、道德的高尚度及其附属的信仰内涵。经过百余年的时间，中国人最终接纳了奥运会及其理念体系。按照正统儒家的伦理观念来衡量，奥运会中所蕴含的身体行为、游戏作风和狂欢精神皆难成为专门的学术研究内容，体育从业者也难以成为令人膜拜的对象。现代体育包括两种体系，除却奥运会之外，还有发展势头迅猛的职业竞技体育。相对而言，奥运会与中国本土文化的兼容度更高。奥运会本身就有很大的富含弹性的解读空间，其在全世界传播的过程中已然派生花样繁多的新文化元素，这也体现出了奥运精神的本体价值。

一、奥运理念中的军事性元素对中国文化的干预

在游戏学、仪式学和文化学相互融合的层面认知，现代奥运会已然发展到了极为高端之地步，在此维度上可以更好地梳理其超现实的价值。通常而言，体育和军事在文化上有血缘联系。奥运会原本就蕴含高纯度的英雄主义精神，这和古希腊的

教育模式有关。“遵照巨人们的野兽般的教育，英雄式的少年教育是严厉的、粗野的、残酷的，正如文盲的斯巴达人的教育原已如此，而斯巴达人正是希腊的英雄们。斯巴达人为着要教会儿子们不怕痛苦不怕死，就把他们拖到狄安娜神庙里痛打，孩子们往往在父亲们鞭笞之下痛极倒地死去，至多以不死为度。这种独眼巨人式的父主权威在希腊人和罗马人中间都还保持着，使他们可以杀死刚出世的无辜的婴儿。对比起来，我们现代人对孩子们就很宽容放纵，这就养成了我们（近代人）的全部温柔性格。”①罗马人的幸福观建立在身体主义的基础之上，其以极限性的感性体验为主导。“当时体育运动和娱乐都是很吃力的，例如摔跤和赛跑往往也是危险的，例如骑马用长枪比武和猎取野兽。为着训练体力刚强，就轻于舍身。奢侈，文雅和安逸在当时简直是无人知晓的。”②顾拜旦于1892年在索邦神学院的演讲中界定了现代奥运会的勇武精神：“必须保持过去体育运动的特点，即高尚和勇武的性质，这是为了使体育可以继续有效地在现代社会的教育中起着希腊大师曾给它确定的值得赞美的作用。”③早期人类社会中的竞技类体育都带有一定的军事元素，这种传统经过文化过滤得到了变异性保留。冷兵器时代的体育与军事的关系十分紧密，基于同样的道理，中国的近代体育从其诞生时代起就带有军事化的内涵，其以源于德国的军国民体育为表征。中国的现代体育亦然。在整个20世纪后半叶的前期，许多中国人心目中的体育便是军事体育。笔者于20世纪70年代开始上小学，整个中小学时期，

① [意]维柯著，朱光潜译：《新科学》，商务印书馆1997年版，第375页。

② [意]维柯著，朱光潜译：《新科学》，商务印书馆1997年版，第376页。

③ [法]顾拜旦著，詹汝琮、邢奇志等译：《奥林匹克理想——顾拜旦文选》，奥林匹克出版社1993年版，第2页。

我从未见过铅球、铁饼、标枪之类的投掷物，只投过实心的手榴弹，也用残缺的老式步枪在田间地头练过卧倒瞄准。完全可以这样认为，那一时期的人对投掷手榴弹的熟悉程度超过了扔铅球、标枪及链球，对使用步枪打靶的熟悉程度超过了飞碟射击。从传播与接受的对应关系层面看，中国人接纳奥运会带有几分孤立性的意味，普通的中国人一度无法知晓奥运会的基本意义，接纳现代体育无法摆脱独特的国情因素的干预。

顾拜旦并非奥运会精神的纯然传播者，他首先是一位现代奥运会的设计者。顾拜旦并不排斥奥运会的尚武精神，他在《奥林匹克宣言》中讲述过特定时期德国体育的军事本性："只要去参观一所德国的大学，参加一次德国大学生的聚会，看到他们在一声'干杯'令下一饮而尽的情景，你就会明白狂热地崇尚纪律对这个民族的影响。社会党人在他们这个革命党派的章程中，就注入了某种军国主义的思想，这种思想在本世纪曾渗透了整个德国。"① 顾拜旦不仅从未忽略奥运会的军事特质，还对体育与军事的关系作过阐释："用体育锻炼的方法使军备完善和富有活力的观点是很古老的。"② 中国人对待奥运会的态度并不保守，且往往能在本土文化中找到与之相似的联想点，并对其实施必要的过滤式加工。作为一度遭受帝国主义压制的中国人，其之所以接受奥运会，原因有三点。其一，看重奥运会中的尚武精神，其中不乏某种虚拟式复仇或其他寻求心理平衡的动机，借以治疗国民的自信心缺乏症。其二，秉持"师夷之长技以制夷"之心理，以便

① [法]皮埃尔·德·顾拜旦著，何振梁审校：《奥林匹克宣言》，人民出版社 2008 年版，第 5 页。

② [法]顾拜旦著，詹汝琮、邢奇志等译：《奥林匹克理想——顾拜旦文选》，奥林匹克出版社 1993 年版，第 60 页。

为建设强大的现代化国家服务。其三，构建新中国的国家仪式。就主体层面而论，中国人在接纳现代奥运会的过程中也将中国式军事思维与欧洲的尚武精神相互融合，从而构建出一种新的价值观。

近代中国体育的军事化特质与德国的军事体操传入中国有关联。中国体育的发祥和欧洲类似，都以身体主义为生发点。其实，经典的古希腊奥运会并不完全以战争为出发点，它反而带有极为强烈的反战属性。“古代奥林匹克运动会渊源悠久，古希腊人主要是通过这种独特的祭礼形式，来促进和平、反对战争、庆贺丰收、祭祀神灵和祈求福佑。”① 现代学者显然意识到了奥运会起源的二元说。从竞技为上的视角上看，古希腊和古罗马的竞技活动具有相似性，不同之处在于古罗马竞技保留了更多的野性主义的极端性元素，而古希腊竞技则更为完整地延续了人性的全方位的真实性。古希腊的体育本身就有超越当时世界其他地域的规则体系。古特曼认为：“在规则的理性化方面，古希腊体育位于原始体育与现代体育之间。”② 顾拜旦早就关注到了两者的差异：“人的缺陷总是倾向于把奥林匹克运动员变成马戏团的角斗士。我们必须从两种互不相容的体育运动方案中作出抉择。”③ 顾拜旦一度将古罗马竞技场上的竞斗看作一种人性黑暗的象征：“由于金钱的干预，体育运动的哲学逐年退入极度黑暗之中；体育降到

① 韩志芳：《点燃圣火：现代奥运之父顾拜旦》，四川文艺出版社 2002 年版，第 3-4 页。

② [美] 阿伦·古特曼著，花勇民、钟小鑫、蔡芳乐编译，袁旦审译：《从仪式到纪录：现代体育的本质》，北京体育大学出版社 2012 年版，第 46 页。

③ [法] 顾拜旦著，詹汝琮、邢奇志等译：《奥林匹克理想——顾拜旦文选》，奥林匹克出版社 1993 年版，第 2 页。

低贱的古罗马马戏场竞技圈，基督教给了它决定性的一击。”[①] 通常而言，古罗马的游戏带有更多的实用性。古特曼曾描述：“罗马人既没有体育竞赛也没有体育节日。他们认为强身健体是隐藏在战争背后的目的。在 E·诺曼·加登纳关于古代（尤指古希腊和古罗马时期）体育的优秀论文中，他写道：‘唯一能引起他们（古罗马人）兴趣的体育赛事是打斗性质的赛事，包括摔跤、拳击、搏击。’古罗马的卫道士们常常嘲笑那些对希腊体育表示兴趣的人，认为他们是堕落的、退化的。‘古希腊的身体和谐发展理念以及追求身体的美与高雅都被看成是女人气的。’”[②] 古希腊和古罗马的体育孰优孰劣，尚且难以下定论。古特曼又说：“罗马人更喜欢看角斗士格斗，这个项目始于公元前 264 年，马可·布鲁图和狄西摩斯·布鲁图的父亲的葬礼仪式。众所周知，角斗士的格斗在罗马帝国时期变得极其凶残。在习惯了面包、马戏团和血腥的民众眼里，不管是什么重要的宗教意义都显得不重要了。”[③] 若从现代美国式竞技风潮看，古代罗马的竞技精神并未消亡，它们在美国获得了生存机会。“在世俗化以及现代体育的其他特点方面，现代体育更接近于古罗马而不是古希腊。”[④] 古罗马的竞技理念并不具备人们所熟悉的自设意义上的信仰性，其以实用主义见长。古罗马的竞技理念很容易赢得同样笃信实用主义理念的美国人的喜爱。其实，实用主义还有一个伴生性价值体系，那

① [法]顾拜旦著，詹汝琮、邢奇志等译：《奥林匹克理想——顾拜旦文选》，奥林匹克出版社 1993 年版，第 9-10 页。

② [美]阿伦·古特曼著，花勇民、钟小鑫、蔡芳乐编译，袁旦审译：《从仪式到纪录：现代体育的本质》，北京体育大学出版社 2012 年版，第 28 页。

③ [美]阿伦·古特曼著，花勇民、钟小鑫、蔡芳乐编译，袁旦审译：《从仪式到纪录：现代体育的本质》，北京体育大学出版社 2012 年版，第 28 页。

④ [美]阿伦·古特曼著，花勇民、钟小鑫、蔡芳乐编译，袁旦审译：《从仪式到纪录：现代体育的本质》，北京体育大学出版社 2012 年版，第 28 页。

便是人所共知的唯物主义，唯物主义一直有对物质本体第一性的价值认可倾向，这一特征也决定了其在中国更容易扎根。从宏观的角度看，中国的体育策略源于其获取金牌的物质性诉求。古罗马的体育形态得以以一种全新的形式延存于世。尚需说明，古希腊和古罗马的体育都有实用性，前者为祭神、健身、强化竞争力的实用性，后者为宣德、娱乐以及探索人类身体极限的实用性。两者归入中国后，则又派生出一种道德的实用性。

在神学至上、游戏有道、祭祀有范的意味上评估，古希腊的奥运会具有迥异于其他文化品类的独特性，它和古罗马的竞技场式的野蛮、残忍、血腥的竞技有本质的区别。“狄奥多西一世一改君士坦丁的宗教宽容政策，进而采取比较坚决的、强有力的措施对多神教残余进行清除。公元380年，狄奥多西一世下令，禁止各种异端教派活动，并要求全国人民‘遵守使徒彼得所交与罗马人的信仰’。至此，基督教开始成为罗马帝国唯一的合法宗教，其余信仰皆须严格禁止。”① 可以看出，宗教体系的变革对奥运会的兴亡起到了至关重要的作用。狄奥多西一世废黜奥运会也和铲除当时竞技场上过度野蛮的罗马式竞技元素有关。由于基督教文化的介入，以罗马斗兽场竞技为代表的血腥化的竞技项目开始在欧洲的体育赛场上绝迹，而转入民间的决斗之风则属于一种游离于体育范畴之外的现象。

出于典型性选择的需求，人们习惯于将公元前776年的奥运会当作古希腊的第一届奥运会。由于战事需要，希腊在此之前的很长一段时间一直有类似的体育赛事活动。古代奥运会的军事用途一度十分鲜明，如此的传统一直延伸到现代奥运会中。顾拜

---

① 冯广宜、郭继荣主编：《西方文化渊源》，西安交通大学出版社2008年版，第151页。

旦并不盲目地推崇体育中的军事内涵及勇武精神，他所崇尚的并非简单地还原古代奥运会，而是一种灌注了现代性理念的全新的奥运会。“首先人们必须高度意识到，体育能够而且必须在伟大的现代民主范围内追求双重作用，即从古代体育继承下来的促进人的平衡的作用和从中世纪骑士精神继承下来的社会教育者的作用。”① 人类社会诸多文明的早期形态都有相似性，中国人也一向重视祭祀和战争。《左传・成公十三年》记载：“国之大事，在祀与戎，祀有执膰，戎有受脤，神之大节也。”② 这一理念为中国古人尊奉多年，周人甚至将祭祀和用兵当作一种国务活动中最重要的内容。真实的情况也是如此，中国一度是祭祀文化和军事文化都十分发达的国家，中国学者也更容易关注到古希腊奥运会的祭祀和军事属性。“古希腊人信奉多神的宗教。早在两千多年前，古希腊人民在播种和收获的季节里，或者在婚丧嫁娶的重大活动中，都要举行盛大的宗教集会，以舞蹈和竞技等内容进行庆祝或祭典活动，后来这种载歌载舞、拼杀竞技的庆典活动，逐渐演变成以运动比赛为主的节日。希腊人在这块美丽神奇的土地上开展赛跑、跳远、投掷、赛马、赛车、角力等带有浓郁宗教色彩的体育竞技。”③ 在这样的文化观念的支配下，中国学者从战争学的角度阐释的古希腊奥运会中的非游戏成分就显得合情合理。由于中西文化之间的误区和人文理念的差异，中国人极易看到奥运会中的军事成分，并习惯于将古希腊奥运会理解为战争的附属物。造成这种现象的原因在于中国人不习惯将游戏看成是十分严肃的

① [法]顾拜旦著，詹汝琮、邢奇志等译：《奥林匹克理想——顾拜旦文选》，奥林匹克出版社1993年版，第53页。

② 〔春秋〕左丘明：《左传・成公十三年》，岳麓书社2006年版，第141页

③ 韩志芳：《点燃圣火：现代奥运之父顾拜旦》，四川文艺出版社2002年版，第3-4页。

事，不情愿接受游戏的庄严性价值。

现代奥运会及其理念较为普及性地进入中国人的生活领域是在 20 世纪 80 年代以后。现代中国人出于自己国家精神文明建设之需开始接触并很快接纳了奥运会及其相关理念。现代奥运会在中国的传输过程中经历过各种各样的考验，中国人宁愿将其看作是一种解除语境危机、填补理念空缺的大型仪式，也不愿意将其当作一种自然性身体游戏方式，现代奥运会在中国的传播过程中出现了错位。好在来自西方的奥运会从来就是崇尚勇毅精神的载体。顾拜旦并不回避奥运会的勇武精神："在适应现代生活需要的条件下的奥林匹克运动会将使世界各国代表每 4 年一次相聚一起，而且可以认为，他们和平的、勇武的竞赛将会构成最好的国际主义。"[①] 尚武之风虽然在华夏地界流失时间过久，但中国人在近代以来屡受列强压制的历史反倒让尚武精神成为一种全民族无法回避的文化选项。尚武精神在近代中国得以激活有历史缘由。现代奥运会恰是在这样的人文背景下进入中国的，它不仅合乎中国国情，可与中国的文化精神实现无缝对接，还以其具有仪式治愈的强力性而为中国人广泛接受。如果奥运会流失了勇武之风及其仪式治愈功能，其在中国的流播、存在乃至深度介入的意义，则需重新评估。

二、现代奥运会是一种诗意化的竞技隐喻

古希腊的尚武精神中本身就有终止战争的意蕴。汉字的"武"是会意字，本为执戈行军之意，也有人将其附会为终止行

① [法] 顾拜旦著，詹汝琮、邢奇志等译：《奥林匹克理想——顾拜旦文选》，奥林匹克出版社 1993 年版，第 3 页。

武之意，此类解读表达的是一种止争的意味，虽然尽失本意，却充满了民间性意趣。希腊地处爱琴海。当时的爱琴海沿岸各邦国之间征战连年，人民饱受其苦，伊利斯国王倡议签署奥运会神圣休战协议得到了民众的欢迎。神圣休战意味着在奥运会比赛期间停止一切战争行为，而以人的技巧、力量和智慧来决定胜负，借以捍卫人类生命的尊严。协议规定了奥林匹克山为法定的和平圣地，不允许有军事活动；在奥运会开展期间，各邦国要保证通往奥林匹克城邦道路畅通无阻；每次奥运会开幕前夕还要有3名运动员在宙斯祭坛前采集圣火火种，然后以跑步的方式跑完整个希腊，传谕终止一切战争行为。神圣祭祀和神圣休战原则具有联通性，前者是后者的抽象性的神学或精神学的基础，后者是前者的社会化的延伸形态。神圣停战或休战现象体现出民众求和平的意愿，是一件完全值得首肯之事，但在神圣停战或休战的背后则是一种潜在的或不可避免的战争的常态化存世形态。

从古希腊奥运会的基本生发态势看，战争因素在其中所起的作用并不大。古希腊奥运会折射到现代社会的焦点反倒是其中的神圣休战协议。顾拜旦曾说："公元前11世纪，在奥林匹亚还可以看到刻在一个铁饼上的由莱柯格斯和伊利斯国王伊普希托斯双方签订的关于在奥运会期间实现'神圣休战'的协议全文。在这段时间内，希腊人之间的任何武装争吵与冲突都必须停止。"[①]古希腊及其周边国家民众的生活并不像人们想象的那么充满了人性的优雅性，那里更多呈现的是一种危机性状态，而古典奥运会的真正价值是将人类的这种普遍性的焦虑状态升华到一种可接受的地步。现代奥运会就是这样，它并非纯然的古典主义的文化

① [法]顾拜旦著，詹汝琮、邢奇志等译：《奥林匹克理想——顾拜旦文选》，奥林匹克出版社1993年版，第114页。

形态，而是带有充分的个体体验成分的现代性文化范式。无论是古代奥运会还是现代奥运会，都无法成为人类现存问题的万能解药，奥运会自身或许也是一种人类焦虑感的产物，它来自人类自身超强的不安全感以及为摆脱这种不安全感而衍生出来的所有的梦幻、设想和规划。如果说文化是人类精神困境的孵化性产品的话，那么，奥运会则是人类企图剔除所有精神困境的升华性产物。

古代奥运会是希腊文明的典范，而现代奥运会的创始人顾拜旦是法国人，现代奥运会也就关联着浓郁的法国文化精神。在仪式学的意义上看，中国人对古代奥运会充满诗意的理性主义文化极易产生共鸣。从民族性的角度看，中国人和古希腊人、法国人极为相似，这种民族性包括了诗意化的人生态度。诸多学者对中国人、希腊人和法国人在民族性方面的相似性作出过阐释。亚里士多德在《中国之谜》一文中曾说："欧洲人富有精神但缺乏智慧和技巧；亚洲人充满智慧和创造性却缺乏精神，而且处于屈从和奴役状态；但希腊人处于两者之间，他们拥有一种折中的个性，既有精神也有智慧。"①英国哲学家怀特海认为："中国人和希腊人都达到了各自的某种完善的文明程度——两者都值得赞扬。"②林语堂也说过："我认为中国未来的机械文明所创造的生活方式，一定近于现代的法国生活方式，因为中国人和法国人的气质是极相近的。"③美国政治学家布热津斯基曾说起中国人和

① Susan Brownell.Beijing's Games.What the Olympics Mean to China.Lanham.Rowman & Littllefield Publishers.Inc.2008:24.

② [英]阿尔弗雷德·诺思·怀特海著，周邦宪译：《观念的冒险》，北京联合出版公司2014年版，第284页。

③ 林语堂：《生活的艺术》，新世界出版社2015年版，第134页。

法国人民族性相似的话题："布热津斯基当众发表自己的'高见'说，中国人和法国人有一个共同点，就是都认为自己的文明优于所有其他国家。"① 顾拜旦是法国贵族，当时的欧洲人对体育的爱好程度有限，法国人一度漠视身体运动。"在法国直到最近还把体力迟钝看作智力完善的必不可少的助手，体育活动被看作扼杀学习。至于青年品质的培养，关于意志和体力之间存在密切联系这条格言从未深入人心。"② 近代以前的中国人漠视体育是一种常态，那时的中国人和法国人一样，都曾经将体育运动当作是一种有害于道德律的行为。类似的见解和事例不胜枚举。往远追溯，中国传统意义上掌控话语权的人为士绅集团，而士绅集团的审美趣味和古代希腊人以及当今的法国人更为接近。高度的理性化、优雅的生活趣味、精致的人文理想，构成了古希腊人、法国人和占据主导性话语权的中国士绅的基本价值取向。于是人们有理由认为，在崇尚理性、热爱优雅的生活、艺术至上等层面衡量，中国人和欧洲的法国人以及古希腊人的民族性更为接近。

怀特海曾高度首肯过古希腊人的成就："思考一下古希腊文明便可看出不协和的价值。希腊民族是被一个追求完善的伟大理想唤醒而前进的。这一理想比起它周边文明所创造的思想来是一个巨大的进步。这一理想产生了影响，它在一个文明中得以实现。该文明在人类中获得的自己独特的美，可说是前无古人后无来者。它的艺术、理论科学、生活方式、文学、哲学派别、宗

① 刘金田：《邓小平：一代领袖的国际风采》，上海人民出版社 2014 年版，第 187 页。

② [法] 顾拜旦著，詹汝琮、邢奇志等译：《奥林匹克理想 —— 顾拜旦文选》，奥林匹克出版社 1993 年版，第 14 页。

教仪式一起协力表现了这一光辉理想的各个面。”①然而，怀特海还是看到了古希腊文明衰落的缘由：“完善达到了，但追求完善的那种灵感却枯萎了。一连几代人的重复，新鲜性于是便渐次湮灭。学问和学究的口味代替了进取的热情，古希腊人文主义为希腊化时代所代替，其中的天才被单调的重复行为窒息。”②不难看出，新鲜而充满活力的文化始终是人类进步的主导性力量。“我们可以想象，倘若没有蛮族的入侵，没有基督教和伊斯兰教这两大新宗教的勃兴，地中海文明的命运将会是什么样子——希腊的诸艺术形式会毫无生气地重复2000年；它的各哲学学派——斯多葛派、伊壁鸠鲁派、亚里士多德派、新柏拉图派会在乏味的公式上争论不休；历史会是因循惯例的历史，政府稳定，以习惯的虔诚尊崇往昔的仪式；文学则无深度；科学则依据从未经置疑的前提推导出的理论阐发细节；感觉精细，却没有健康的冒险精神。”③从终极的意义上考量，现代奥运会不仅恢复并重构了古希腊的文化形态，还在一种全新的层面上对欧洲文明的现代意义作出阐释。

奥运会本身就有很浓厚的超现实的诗意化元素。顾拜旦是写过《体育颂》的知名诗人，从他的诗人身份中可以看出，现代奥运会的复兴几乎就是一种古典生活的诗意化再现现象。古希腊奥运会自身便是一种充满诗意的海洋性国度的产物。顾拜旦也看到了其中的奥妙，并立志将此传统延续下去。顾拜旦不仅是一位

① [英]阿尔弗雷德·诺思·怀特海著，周邦宪译：《观念的冒险》，北京联合出版公司2014年版，第283-284页。

② [英]阿尔弗雷德·诺思·怀特海著，周邦宪译：《观念的冒险》，北京联合出版公司2014年版，第284页。

③ [英]阿尔弗雷德·诺思·怀特海著，周邦宪译：《观念的冒险》，北京联合出版公司2014年版，第284页。

感知力敏锐的诗人，还是一位富有远见的思想家，其诗意盎然的演讲类文章充满了柔美的情调和高度抽象化的哲学张力。顾拜旦所理解的奥林匹克并无明确的浪漫内涵，奥林匹克是一种高度理性化的教育范式，同时也是对古典奥林匹克诗意精神的一种追忆方式。人们参加竞技体育为的是获得受教育的机会，而并非为了追求胜利。运动员参加奥运会的意义在于感化自己，而非打破任何记录。奥林匹克可以让人更好地理解并保存那种久远的文化传统与生活方式。人们在讨论或研究现代奥运会时，不应忽略作为文化人的顾拜旦所写的充满诗意的文字，更不应忽略其体育、艺术和文化思想的复合性。古特曼曾经描述过体操运动员的合作精神："纳迪娅·科马内奇的高难度空翻之所以可能实现，多亏了两名教练、一名编舞者、一名医生、一名助理音乐师和一名职业按摩师，更不用说创造出体操运动并使奥林匹克运动会这样的国际戏剧登上舞台的一整个文明。但是她是一个人表演的，她就在那里。"① 世界上很多事情总是这样，简单的物象大多显得强悍，与之相反，复杂的物象时而显得虚弱。相对纯洁的健身运动更容易成为一种绝对性的理念体系，古希腊奥运会绝对的精神价值就体现在这里。"古希腊奥运会就这样存在了将近 12 个世纪，可是它的生存并非没有沉浮，并非不受干扰。人们应惊讶古奥运会盛典神奇的持续性。一些最严重的事件也未能使其中断。即便在波斯人威胁期间，希腊人仍聚集在阿尔斐斯河畔庆祝四年一度的节日。当然也有麻烦的事情。第 8 届古奥运会由于组织者之间的争执而受干扰。三个世纪以后，第 104 届古奥运会期间甚

① [美]阿伦·古特曼著，花勇民、钟小鑫、蔡芳乐编译，袁旦审译：《从仪式到纪录：现代体育的本质》，北京体育大学出版社 2012 年版，第 182 页。

至发生破坏神圣休战的事件。”[①] 顾拜旦具有诗人的敏锐性和哲学家的深刻性，他对人性的认知度很深。顾拜旦并非一个完美主义者，其对奥运会对终止暴力争端的正当性价值十分看重。“类似的价值观流传至今。“国际奥委会罗格主席在致辞中感谢希腊人民为本届奥运会所做的精心筹备。罗格强调说，当今世界需要和平，古希腊奥运会所倡导的奥运停战，在当今依然具有宝贵的价值：‘今天的世界需要和平、宽容和兄弟般的情谊。应该让奥运会在和平的环境下举行，奥运停战的奥运真谛最初就是在这里（希腊）实现的。’”[②] 其实，将恶性抗争转移为良性的竞技活动，恰是顾拜旦超越当时众多体育人的高明之处。仅从体育的角度看，顾拜旦体育观念中的基本价值取向源于古希腊，其真实的意义体现在人与人、人与自然的绝对和谐的状态当中。

三、从神谕文化中升华出来的道德理想

古希腊奥运会本身就是道德和信仰的载体，现代奥运会较为完整地继承了这一传统。奥运会首先是一种仪式，而任何仪式都是一种道德、宗教或信仰体系的强力实施程序，作为仪式活动的奥运会以及奥运会中的任何分支仪式都有如此的功能。古希腊捍卫的是一种公共政治理念，承认人的理性的至高价值，认为人可以通过理性支配自己的行为，并使其行为符合道德的律令。顾拜旦推崇奥运会的道德理性：“如果我们开始研究我们本世纪的历

① [法]顾拜旦著，詹汝琮、邢奇志等译：《奥林匹克理想——顾拜旦文选》，奥林匹克出版社1993年版，第117-118页。

② 陈敏毅主编：《中国国际广播电台2004年度优秀广播节目稿选》，中国国际广播出版社2006年版，198页。

史，我们深感由产业科学的发现所产生的道德混乱。”① 体育道德和体育所负载的道德感不尽相同，但两者有相似的价值取向。顾拜旦曾说：“难道我们就不能从体育运动中期望更多的东西或某种不同的东西吗？难道它不能做些什么来满足明天的需要吗？因为重建的任务还要靠它。难道体育运动就不能帮助我们建立社会和平？”② 古希腊奥运会一度经历过一段纯洁发展期，现代奥运会也因此始终占据了道德的制高点。古代奥运会只给冠军精神和荣誉奖，物质奖励很少。在奥运会的初始阶段，冠军尚可得到一头羊。从第 7 届开始，优胜者获得的是橄榄枝编成的花冠，其所代表的仅仅是一种荣誉。花冠象征着和平与友谊，而橄榄枝则是古代奥运会及奥林匹克运动精神的象征。古希腊文化在度过了其朝阳期后，也开始出现极度世俗化的倾向。“古奥运会的规模越来越大，追求名利等腐化现象日趋严重，被人们称为‘职业运动员’的专业选手应运而生。一种追求荣誉的神圣活动，逐渐蜕变成一种谋求物质利益的手段。世俗战胜了宗教，功利取代了理想，奥运会再也不是神圣的祭典和全民的节日了，古奥运会在人们心目中的崇高地位受到了冲击。”③ 古希腊奥运会的基本原则合乎人性，其所规约的奥林匹克精神广为流传，至今仍被世界各国人民广为信奉，原因在于其不仅有高度理性化的因素，还有一种将这种因素固化为道德、信仰或教化力量的动能。其实，奥运会的研究者与奥运会的信赖者略有区别，信赖者更倾向于带着对奥

① [法]顾拜旦著，詹汝琮、邢奇志等译：《奥林匹克理想——顾拜旦文选》，奥林匹克出版社 1993 年版，第 10 页。

② [法]顾拜旦著，詹汝琮、邢奇志等译：《奥林匹克理想——顾拜旦文选》，奥林匹克出版社 1993 年版，第 65 页。

③ 韩志芳：《点燃圣火：现代奥运之父顾拜旦》，四川文艺出版社 2002 年版，第 7 页。

运会的虔敬心来参与、观摩或阐释奥运会，从而将奥运会看成一种绝对正确并值得信赖的精神支柱，奥运会的研究者则更多地将奥运会和其他的宗教、礼俗、竞技活动相比照，最终发现、判断并推演出一种全新的价值体系。

奥运元素中最富诗意的是其中的神谕。神谕是从祭祀学和神学中分离出来的文化物象，它并非古希腊人的独创，而为全人类所共有。中国商代占卜即以神谕为主旨。从人类早期道德秩序中可以看出，神谕中也有理性主义的内涵。在中国一度占据统治地位的儒家学说的原点在于西周的理性主义。中国西周的德政思想已经脱离了神谕的元素，但是，古代中国和古代希腊的理性主义具有相似性，且都一度内含高度的超越原始社会形态的能量。古希腊奥运会兴起的年代恰是西方文明的轴心时代。公元前7世纪至公元前6世纪，希腊半岛出现了米利都学派、毕达哥拉斯派等学术派别，这些学派的主要人物开始研究逻各斯主义。逻各斯是现代逻辑学的前身，它包括思想、言辞、理性、计算、比例、规律性等内容，并探究美的存在及其生发规律，逻各斯主义的核心价值是理性主义。伊壁鸠鲁认为："因为凡是被判定为最好的行为，都是遵从理性正当地作成的。"[①] 古典奥运会仍然带有很浓厚的神学意味，借助神谕来组织竞技活动便是其中重要的一环。神谕是理性主义的先祖，和非理性的原始游戏活动背道而驰。

神谕是古希腊极为流行的一种文化现象。索福克勒斯的悲剧《俄狄浦斯王》就阐明过神谕的巨大作用。"神谕昭示拉伊奥斯，他命中注定将死于其妻约卡斯塔所生的儿子之手。拉伊奥斯为了躲避厄运，在此子降生三天，便让人捆缚其足，弃于人迹罕

① 北京大学哲学系外国哲学史教研室编译：《古希腊罗马哲学》，商务印书馆1961年版，第369页。

至的山中。但一牧人在山中发现此婴儿，予以收留。后来，牧人又将此子送与科林斯一名门望族波吕波斯；此子因为脚肿，从此被称为‘俄狄浦斯’。当他长大成人，有人在宴饮之时竟无礼地称他为‘杂种’，他便愤愤而离其养父养母。在德尔斐，他试图借助神谕探明其身世，但一无所获。不过，神谕向他昭示：他将杀父娶母，生育为他人所憎恶和不容的子女。俄狄浦斯闻之大惊。为了逃脱这一厄运，他远离了科林斯，决定前往绝无可能实现这一预言之地。”①俄狄浦斯最终并未逃脱杀父娶母之命运。神话传说虽然未必可以真实地诠释相对应的历史，但自世界各国的神话发展的历史中可以看出，许多神话都直接来自历史故事，并无多少变异空间。神话还可以超越历史，将历史与所在族群的人的精神很好地融合在一起。从人类学的角度看，任何一个文化共同体中的神话都是真实历史的变形记录，希腊神话几乎构成了一种典型的欧洲史前史，而神谕的精神不仅寓于其中，还成为一种可供参阅的真实历史。现代奥运会在中国的传播并未弱化其中的神谕精神。中国北京在2008年举办的奥运会同样点燃了人所共知的“圣火”，依然延续了裁判员、运动员在奥运会旗前宣誓的传统。中国举办的奥运会和其他国家举办的奥运会执行的是同一个仪式，中国人认可奥运会的神圣化倾向，等于完全接受了奥运会的真实历史遗产。在传播的仪式观理念衬托下，类似的情景更显得意味深远。

体育不完全等于游戏，游戏也不完全属于道德的范畴。胡伊青加认为：“游戏存在于智慧和愚蠢的对立之外，同样也存在于真理与谬误、善与恶的对立之外。尽管游戏不是一种物质的活

① 袁鸣编：《简明西方哲学史》，北京工业大学出版社2013年版，第311页。

动，但也不具道德的功能。对邪恶和德性[①]的评价在此并不适用。”[②]体育之类的游戏有其特殊性，经过特别的文化共同体集体意志的过滤后，体育往往含有强烈的道德元素。“游戏可以被推迟，也可在任何时刻停下来。它绝不受物质需求或道德义务的影响。它绝不是一桩任务。它是在闲暇、在‘空闲时间’内从事的活动。只有当游戏成为某种被认可的文化功能如习俗、仪典时，它才与义务和责任的观念相联系。”[③]奥运会一直在支撑一种人类普泛的道德。人类的道德源自远古时代的族群契约。远古族群契约对部族中的所有成员都有约束力，这种约束力也包含了神谕惩戒，或以神谕作为后盾。中国汉民族戏曲中的净角审案程序以及少数民族的威慑类假面仪式表演皆属此类。在此意义上说，人类任何一个族群的道德都是远古民族神谕理想的衍生物。

古希腊人一度执着于神谕的理想。古希腊各邦国之所以可以在奥运会期间停止战争，主要在于他们对神谕有一种近乎执着的信仰。神谕不仅与理性相互关联，还是人类的理性得以培植的温床。胡伊青加并不十分看好神谕的超社会价值，反倒认可神裁的决定性作用：“凡是依靠正当仪式所获得的解决都是‘神的裁决’。至于神裁这个技术性观念与神力联系的确凿证据，则只是次要的问题。”[④]从人类各民族构建理性秩序的规律看，神谕属于经验哲学，亦是人类理性之原点，它反映出一种人类共有的心理

① 本书涉及引语中“德性”均应作“德行”，不一一列举。作者注。

② [荷]胡伊青加著，成穷译：《人：游戏者——对文化中游戏因素的研究》，贵州人民出版社1998年版，第8页。

③ [荷]胡伊青加著，成穷译：《人：游戏者——对文化中游戏因素的研究》，贵州人民出版社1998年版，第10页。

④ [荷]胡伊青加著，成穷译：《人：游戏者——对文化中游戏因素的研究》，贵州人民出版社1998年版，第115页。

定式，且是人类社会共守的准则。人类先民为了将一种好的公共规则贯彻下去，不得不虚拟、伪装或想象出一种神谕的东西，神谕也因此承载起扩散人类理性的社会功能，且对稳定人类社会有作用。

在神谕精神的笼罩下，古希腊奥运会变成了一种游戏、祭祀与狂欢活动的融合体，其中的仪式元素并不占绝对统治地位。“古奥林匹亚现存的主要古迹有：由神庙、祭坛和祠堂组成的神殿区，是祭奉神灵的地方，在该区域之外，自南而北罗列着体育练习场、竞技场、制作宙斯像的菲迪亚斯工作室、宿舍区（选手村）、洗浴场、评议厅，等等。宙斯庙是神殿区内最大的建筑，也是整个伯罗奔尼撒半岛最大的神庙。”① 神谕时代的终结并未将希腊带到一种宗教社会，和中国一样，古代希腊人始终处在多神崇拜的文化形态中。多神崇拜的社会更容易衍生出一种理性主义精神。从中国的多神论与儒学理性主义的高度和谐的状态中可以看出，绝对神教体系的非主流地位造就了较为原始的民主理念。因此，从社会发展的总体趋势上考量，中国和欧洲本无绝对的差异，都延续着一种从稳定到求变的发展轨迹。

自从轴心时代出现以后，整个欧洲一直都有理性主义的传统，而支撑理性主义的基石则是普泛化的道德精神。无以否认，宗教或与之类似的信仰体系是一种很难为人类所根除的精神形态，宗教和人类的关系犹如人类社会中的男女两性的关系一样，充满了互动性、互补性和游动性。斯坎伦认为：“对古希腊人来说，与其说竞技场是一个梦想之地，不如说是一个欲望之都更为贴切。竞技运动的这些方面相互关联：宗教背景反映了人与神

① 宋晓敏编著：《希腊》，社会科学文献出版社 2008 年版，第 231 页。

的联系并且赋予了竞技比赛权威性；不同时期和地点举行的竞技比赛都与神话和成人仪式有关；某些神祇，包括厄洛斯，通过他们和竞技运动盛会以及竞技场馆的联系，监督并培育出一些适宜的性别与性角色。”[①] 斯坎伦在这里强调了古希腊竞技的非宗教性，然而，古希腊人最终还是从神谕的氛围中走出来，并缔造出一种足以代表古希腊人最高智慧的逻各斯主义。而从另一个侧面也可以看出，古希腊奥运会已经将逻各斯主义的精华成功地转移到了体育赛事方面。

现代人津津乐道的体育规则意识，其背后就是一种坚实的逻各斯主义，即人类与生俱来的理性主义精神。至少在中国接受者的视野里，古希腊奥运会严明的规则意识就源于其理性主义的本体精神。中国人更看重古希腊奥运会的绝对理性价值。来自中国的媒体都在反复播扬一种理念，即古希腊奥运会规定参与运动会的运动员不准凭借蛮力征服对手，而需要严格遵守规则，应用技巧、速度与自然之力量获取胜利，唯有这样才可以得到民众的尊敬。古希腊奥运会划开了古希腊人的野蛮生存方式的鸿沟，在规则意识的统领下，古希腊的理性主义精神得以发扬光大。现代奥运会的项目基础有两个源头，分别为雅典体育与英国维多利亚时代的体育，其与世界上其他国家和地区的本土性身体游戏形态有很大的差异。从原始的神谕到法制化的理念，顾拜旦促成了古希腊的神谕式德行朝现代性法制化道德的转型。这种观念、程序和法则体系一度被很多中国人当成一种自身足以和欧洲人平等对话的由头，其尚德的思维是中国人和其他很多国家地区的人共享

① ［美］托马斯 · F. 斯坎伦著，肖洒译：《爱欲与古希腊竞技》，华东师范大学出版社 2016 年版，第 4 页。

的思维惯性。中国素以礼俗代宗教，这便使得中国人更倚重道德律的约束力。中国人接纳外来文化往往和该种文化的道德律有密切关系。古代和现代的奥运会都充满了高尚的道德内蕴。

理性主义还包含有实用主义的内涵，这种情况在中国也很常见。胡伊青加曾经论述过经济力量与理性主义的辩证关系："理性主义与功利主义忘记了要把人从愚昧与近视中解放出来，而人也似乎只适合于按照他自己的平凡来塑造世界。"① 在此意义上观照，中国人对待奥运会其实呈现出两种态度。其一，看中其真实的信仰学价值，用以补充中国的教化力量；其二，借用奥运会的潜在的理性主义内涵，强化中国人充满现代性意味的理性能量。两种态度的动机一致，都带有实用主义的诉求。仅从精神层面考量而论，奥运理念在传播的过程中，对中国的影响远远超越了身体本位的范畴，从而进入了一种道德主义的境地。奥运会进入中国的过程带有一种填补中国文化短板的意义，它揭示出中国在放弃了国家宗教的前提下的特殊精神、情感与文化需求状态，在信仰自主化的语境中，奥运会很容易成为新型的生活信仰体系，奥运会在传播的过程中也在不断地流失其原始主义的元素。从根本上说，奥运会及其理念在中国更容易成为道德的高地，而非身体的高地，更容易成为信仰式体育，而非身体关怀与保养式的体育。

四、结语

奥运会绝非一种单纯的体育赛事，它具有多元文化属性，蕴

① [荷]胡伊青加著，成穷译：《人：游戏者——对文化中游戏因素的研究》，贵州人民出版社1998年版，第247页。

含了游戏行为、规则意识、狂欢精神、宗教情感以及理性主义等价值观。奥运会多重元素的交互作用则再度构筑出一种较为完整的奥运理念，奥运理念因此而具备了更为广泛的融通性价值。从历史上看，中国虽无一神教式的国家宗教，却一直有祭祖传统，且长期以来是一个崇尚祭祀优先论的国家。在春秋战国时期中国人的心目中，能和祭祀活动等值的只能是战争，两者的结合渗透出一种类似神谕的价值遗存，它也就此成为构建中国道德律的基石。奥运会同样浸润着多维度的精神内涵。以神圣仪式配置起来的现代奥运会，其在世界各地的传播并不顺遂，现代奥运会在中国的传播更是充满了选择性、错位性和非对称性因素。通常而言，中国人偏爱将奥运会描述成一种道德化、理性化与技术化的文化载体，而西方人更看重其狂欢化、献祭化和悲剧化的价值，由此也可看到现代奥运会内在的复合性特质。中国学者所阐释、讲述与描绘的奥运会呈现出缤纷而多元的镜像，而其主体性仍集中在精神价值层面，奥运会的高端性、抽象性和理念性价值就此得以被为数众多的中国人认知并接纳。

第二节　现代奥运理念中的二元对立元素

现代奥运会之所以被当今世界各国民众广泛接纳，主要还在于其具有丰富的现代性元素，现代奥运会也因此具有跨文化的穿透力。将顾拜旦的功绩仅仅确立在体育的范畴内并不公平，出身于天主教家庭的顾拜旦不仅构建了现代奥运会，同时还是一位推广新型教化、艺术和道德的社会活动家。现代奥运会本身就有超体育的价值，体现出足以代表人类社会最富前瞻性、现代性、文明性与普适性的理想。奥运会及其理念在中国的流播有其独特的路径，并呈现出别样的形态。希腊文化和中国文化的共融性是奥运会及其理念融入中国的主要缘由。对很多中国人来说，奥运会的道德主义、艺术光芒以及充满雍和意义的人文精神极易与中国传统文化相呼应，而站在现代主义的立场上来阐释奥运会的内在品格，亦有助于理解中国人文精神的另类面相。

一、奥运赛事文化是理性与非理性的辩证统一体

“辩证法”一词源于古希腊，其最初的含义是指人与人之间的交谈、人的理性推理以及各地方言的使用。希腊哲学家苏格拉底首次使用“辩证法”一词，这也初步奠定了这一概念在世界哲学史上的地位。胡伊青加认为：“早期哲学活动的所有这些例证，都浸透着一种关于宇宙的对抗性结构的强烈意识。生命与宇宙中的诸过程，被视为对立方面的永恒冲突（该冲突是存在的根本原则），就像中国人的阴和阳一样。”① 奥运会的辩证体育观一直影响到职业体育。“詹姆斯则另辟蹊径，关注黑人球员的精神象征而非生理表征，从而挖掘出板球运动的革命潜力。这不仅体现了詹姆斯‘以彼之矛攻彼之盾’的辩证体育政治观，更提供了一种从内部质疑种族隔离和阶级分离的可能性。”② 古希腊文化有不同于其他文化体系的发展理路。理性主义在古希腊得到培育之后，又在文艺复兴时期得到了补充，还在德国遇到了终极发展之机遇。德国古典哲学促使欧洲哲学于19世纪步入巅峰，随后便走向没落，但德国哲学给欧洲思想界带来了新鲜的动能，其对二元论思

① ［荷］胡伊青加著，成穷译：《人：游戏者——对文化中游戏因素的研究》，贵州人民出版社1998年版，第149页。

② 王欣、石坚编：《探索与批评》第7辑，四川大学出版社2022年版，第116页。

想的开掘一度影响到世界的变革。来自德国的马克思的思想中就充满了辩证法的内涵，正因如此，源于西方的辩证法很快就与中国传统的二元哲学相融合，最终融汇成一种为中国人能熟悉的常态化的思维模式。

中国人的思想中不乏朴素的辩证元素，接受了此类理论的中国人更容易接纳与之相匹配的文化理念。中国人接受奥运会及其理念十分顺畅，其中的理由多种多样，关键在于两者的融合度很强。顾拜旦奥运理念中的辩证思维可以更好地和中国人的思维惯性相融合，奥运会及其理念得以在中国顺畅传播与中国人的思维习惯也有一定的关系。理解现代奥运会须从理解顾拜旦的体育思想入手，而理解顾拜旦的体育思想及其全部价值则须从人类文明史的角度切入。

中国人的辩证思维具有多源性，而其原点在于《易经》及其播扬的辩证法思想，《易经》中的阴阳理念本身就带有二元论的显著特征。考察一下中国对外来文化接受的历史可知，任何异域文化要想被中国人接受，必须带有中国固有文化的特质。两千多年来，但凡带有辩证统一内涵或元素的外来文化都较为容易被中国人接受。具有独立思维类型学意义的外来文化形态进入中国且获得巨大成功者首推佛教，其在中国的成功传播和中国人的辩证思维有关。佛教传入中国的时间是东汉末年，佛教在中国落地并不完全在于它具有高度缜密的理论，而在于其所传播的诸多观念里含有对立统一的元素。佛教中的无常与有常、今世与来世、善与恶等观念都充满了对立统一的意味，具有一定的辩证法特质。佛教在中国的传播一度经历过巨大的波折，但最终还是达成了落地生根之效果，且延伸出汉传佛教的流派。辩证法在中国的传播也与之类似，中国人接受辩证法的原因很复杂，其中辩证法理念更符合中国人的思维习惯，这构成了辩证法落户中国的一大动因。代表奥林匹克精神的现代奥运会在中国的快速传播也与中国人的辩证思维方式有关联。整体来说，顾拜旦的现代奥运精神中就蕴含为中国人所熟悉的多元化的辩证因素。

现代奥运会充满了理性主义和非理性主义的对立统一关系。这种对立统一关系体现在多种类型的细节当中，尤其体现在顾拜旦极为推崇奥运会中的和平主义和非和平主义的高度统一方面。“这就是复兴的奥林匹克运动会必须每 4 年给全世界青年一次愉快的、亲兄弟似的相聚机会的原因。”① 中国长期以来是农耕国家，狩猎业和畜牧业都不算发达。农耕思维和狩猎思维的对立统一也与《易经》式的辩证思维相似。对一位农人来说，种庄稼有收成好坏之分，对猎手来说，打猎有成败之别，这都会构建一种对立统一关系，而中国古代的王道和霸道的对立同样构成了一组对立统一的概念。总体来说，中国各王朝的哲学流派都不排斥二元对立的思维惯性，这便给后世中国人带来了二元对立与统一的思考习惯。

古代中国人在处理危机时的表现也和古希腊人近似，充满了辩证统一的特性。辩证思维的原点在于认识到同质文化中的差异性。顾拜旦认可人类社会利益冲突的必然性，但他也看到了其中蕴含辩证统一的元素：“那些参加跳跃的人看不起赛艇，击剑运动员反对赛车运动员，射击运动员瞧不上草地网球运动员，甚至在完全同类的运动项目的好手之间也不再融洽。德国体操的赞美者摒弃瑞典方法的一切长处，而美国足球规则在英国球员看来

① ［法］顾拜旦著，詹汝琮、邢奇志等译：《奥林匹克理想——顾拜旦文选》，奥林匹克出版社 1993 年版，第 12 页。

缺乏起码常识。”[1] 不同项目参与者之间的鄙视链源于风俗性成见，而体育项目参与者之间的成见来自标准的差异。现代奥运会具有很好的文化兼容力。奥运文化正因有了丰富的辩证性元素，其在中国的传播才显得更为顺畅，几乎是落地生根，很快便形成了一种可以和中国既有文化完全密合的新型文化。

现代体育是规则和欲望的高度融合体，两者在奥运会的语境中也有所体现，奥运精神同样呈现出理性主义和非理性主义的对立统一格局。奥运赛事的表象是人类欲望的展示，其在文化传播领域内呈现为一种适度欢愉的镜像，但是，奥运赛事是绝对规则统摄下的竞技行为，其本质中含有理性主义的特质。现代奥运会既继承了古典奥运会祭神性的理性内蕴，也不乏高度解放身体的非理性元素。顾拜旦还阐释过公平、民主和非公平、民主的关系，他再度揭示了奥运会中理性主义和非理性主义的对立统一特性。顾拜旦将公平理念当作奥运会复活的基础，它有效地保证了奥运赛事的公正性。顾拜旦不仅是一位关心人类身体文化的思想家，还是一位社会活动家。他站在自己的立场上阐释过公正性对奥运会的绝对意义。“奥林匹克理想是一个很强的体育文化概念，它一部分建立在你如此向往地称之为‘费厄泼赖’的骑士精神，另一部分建立于对优美和温雅狂热崇拜的美学理想。”[2] 顾拜旦认为公平意识是民主社会得以存在的基础，然而，奥运会的确存在无以达成的绝对公平性，类似的现象一直延伸到申办奥运会的过程。中国申办 2008 年奥运会成功后，相关人士曾回忆：“这次

① [法]顾拜旦著，詹汝琮、邢奇志等译：《奥林匹克理想——顾拜旦文选》，奥林匹克出版社1993 年版，第 15 页。

② [法]顾拜旦著，詹汝琮、邢奇志等译：《奥林匹克理想——顾拜旦文选》，奥林匹克出版社1993 年版，第 23 页。

申办成功，除了国家实力增长的原因以外，我自己的一个体会就是得道多助。一开始我们就在有些方面占了上风。一是我们是占世界1/5人口的大国，可是我们没有举办过奥运会：我们也是悉尼奥运会上排第三的金牌大国，这么一个大国，这么一个体育强国，不给她办奥运会，不公平。”① 奥运会的公平性体现得较为纯粹，它要求平等对待所有参赛者。顾拜旦为此曾经明确表示：“我还要不要提醒，奥运会不是属于任何单独一个国家或民族所有，不能被任何一类集团所独占？奥运会是世界范围的：必须让所有国家都能参加，无须经过讨论，正如必须平等对待一切形式的运动，不管公众舆论如何变化和多么奇怪。田径运动员走俏的名声，也同样适用于单杠运动员、拳击运动员、马术运动员、赛艇运动员、击剑运动员、竞走运动员和标枪运动员。不能借口公众现在更喜爱这种运动而不喜爱那种运动，而在这些运动之间确立价值尺度。”② 公平的社会机制可以保障每个人都获得大致相同的发展机遇，而民主意识则体现出一种更高意义上的正义感，两者抗拒的是原始性的丛林法则。公平和民主皆属于理性主义的范畴。

二、商业文明与业余主义在奥运会中的融合

商业主义和业余主义构成了奥运会的另一种对立统一体。在顾拜旦看来，商业活动一直蕴含着一种唯利是图的意蕴，具有天然的反理性的品格。商业精神进入奥运会会给奥运会本体带来不可预知的风险。“商业精神有侵袭体育界的危险。人们没有公开

① 鲁林等主编：《红色记忆》卷15，济南出版社2005年版，第2559页。

② [法]顾拜旦著，詹汝琮、邢奇志等译：《奥林匹克理想——顾拜旦文选》，奥林匹克出版社1993年版，第99页。

为金钱赛跑或搏斗，然而，令人遗憾的折中倾向已渐渐产生。激起争胜愿望的往往不是对高尚荣誉称号的追求而是其他动机。如果我们不希望看到体育运动衰落和消亡，它必须净化并团结一致。”① 顾拜旦非商人出身，且不看重欧洲重商主义的价值观，他还站在欧洲旧贵族的立场上对奥运会中的商业因素展开了抨击：“至于现代运动，几乎在它出现前就渗透着腐朽的商业精神。腐朽的商业精神不仅意味着获得利润和金钱，采用各种巧妙方法直接或间接地诱使运动员和冠军，而且意味着不久的将来骑士精神的崩溃和湮灭。”② 顾拜旦始终未曾放弃奥运会的业余主义原则，他认为商业化会剥蚀掉奥运会的基本价值。真实的情况也是如此。古特曼认为：“现代体育的大多数诟病已经感染了所有现代社会，不能仅仅简单地将其与商业化相联系：对胜利的过分注重、作弊、服用药物，对儿童的残忍训练，以及将每种形式的游戏都转变成某种竞赛的倾向。”③ 顾拜旦终生都反对奥运会的商业化发展方向，显示了他深刻而充满内在逻辑力的预见性。

顾拜旦不仅是一位激情洋溢的诗人，还是一位伟大的理想主义者。同时，他也极擅长实操，是一位务实精进的现实主义者。顾拜旦恢复古典奥运会的宗旨，便是要重构一种惠及众人的体育形态。作为一位天主教徒，顾拜旦具有温和的博爱思想与慈悲的济世理念。顾拜旦爱护儿童，因此不赞同儿童参与奥运会。胡伊青加站在游戏心理学的角度上对儿童参与游戏的价值作过评

---

① [法]顾拜旦著，詹汝琮、邢奇志等译：《奥林匹克理想——顾拜旦文选》，奥林匹克出版社1993年版，第15页。

② [法]顾拜旦著，詹汝琮、邢奇志等译：《奥林匹克理想——顾拜旦文选》，奥林匹克出版社1993年版，第81页。

③ [美]阿伦·古特曼著，花勇民、钟小鑫、蔡芳乐编译，袁旦审译：《从仪式到纪录：现代体育的本质》，北京体育大学出版社2012年版，第80-81页。

估："心理学和生理学从事对动物游戏、儿童游戏以及成人游戏的观察、描述与解释。它们力图决定游戏的性质和意义，确定它在生活中的地位。这种地位的高度重要性，以及游戏作为一种功能的必要性或至少是有用性，被普遍地视为理所当然并构成所有这类科学研究的出发点。"[①] 由此可知，就是奥运会这样的成年人的运动文化，其亦为一种游戏性与严肃性的统一体。相比较顾拜旦而言，胡伊青加对儿童游戏并不歧视："仪式便是最高的、最神圣的严肃。它能够是游戏吗？我们首先要说，所有游戏，无论是儿童的还是成人的，都能以最认真的态度来加以表演。"[②] 顾拜旦未曾对儿童游戏作过研究，因此，他几乎永远面对的是类似奥运会这样一种成年人的游戏，而他本人也只能站在复兴一种成年人游戏的视野上去考虑问题。顾拜旦是一位纯粹的奥运主义者，因此，他反对任何急功近利的行为。顾拜旦既是思想家又是行动者，而两种元素在他身上并未体现出一种绝对的分裂感。在重建现代奥运会的视野上看，顾拜旦是一位信仰稳定、态度坚定的人，而在捍卫奥运会的非商业品格方面，顾拜旦同样立场鲜明。面对资本主义兴旺时期诱人的资本市场，顾拜旦最终不为所动。然而，顾拜旦并未能阻止奥运会的商业化趋势。迄今为止，奥运会与现代商业社会的融合问题依然在挑战当下人的最高智慧。

从资本化自身能量发挥的角度看，全世界各种事业都面临商业渗透之风险，奥运会的商业化操作之路无可避免。萨马兰奇是促使奥运会与现代商业融合的成功者，他不仅将奥运会的理想性

① [荷]胡伊青加著，成穷译：《人：游戏者——对文化中游戏因素的研究》，贵州人民出版社1998年版，第2页。

② [荷]胡伊青加著，成穷译：《人：游戏者——对文化中游戏因素的研究》，贵州人民出版社1998年版，第22页。

和商业性统一在一起，还将奥运会商业的非理性品质和奥运会宗旨的高度理性化内涵组合在一起，形成了一种新型的有关奥运会理念的对立统一关系。“在1981年以前，奥运会从不允许职业运动员参加，参加比赛的只能是业余运动员。1981年，萨马兰奇顺应历史潮流，修改了《奥林匹克宪章》的有关条文，去掉了‘业余’一词，但阻力依然存在。”[①] 萨马兰奇赞同网球等少数几个项目进入奥运会，如此的举措已然推动了职业运动员和奥运会的趋同性关系。“网球回到奥运会后很快推动了这项运动的发展。这项以往基本上是上流社会身份性标志的运动，现在成了一项大众化体育项目。但更重要的是，网球运动进入奥运会，成为奥运会容纳职业运动员的里程碑。继洛杉矶奥运会上网球成为表演项目后，在接下来的汉城奥运会中，职业网球运动员首次登上了奥运舞台。”[②] 奥运会尚未允许职业拳击运动员参赛，但已扩大了职业运动员的参赛项目数量，人们因此才可以在1992年的巴塞罗那奥运会上看到美国梦一队超级明星们的表演。整体来说，职业运动员进入奥运会仍然体现得很有节制，由此尚可看出奥运会自身的保守主义的施行理念。

时至今日，如拳击等项目仍不允许职业选手参加奥运会，足球也仅允许每队有三名年龄超过23岁的职业球员参加奥运会，而足球是当今世界影响力最大的体育项目。由此可见，萨马兰奇是一位折中主义者，他对奥运会的改造并不彻底。阿伦·古特曼认为：“西方国家终究将废除业余－专业的二元对立，因为它早就与时代不相适应，并且被虚伪所腐蚀……其‘业余人士’在体

---

① 马利、瀚林主编：《百年现代奥运：奥林匹克运动会知识汇编》，海南出版社2008年版，第23页。

② 郝勤：《完美使命：萨马兰奇与奥运改革》，四川文艺出版社2002年版，第130页。

育上所花的时间与我们所说的‘职业人士’不相上下。”[①]尽管如此，现代奥运会仍在维护着顾拜旦的业余主义理想，其中还蕴含相对主义、折中主义、对立统一之类的理念，业余主义在今后很长的一段时间仍将是主导奥运会命运的因素。奥运会的业余主义理想展示出其高度尊崇普通人的体育权益的价值选择。

奥运会自身是一种文化体系，此体系内也充满诸多的对立统一元素。斯坎伦发现了古代希腊竞技仪式中的非神圣理念元素，并及时地揭示出古代奥运会的隐秘的身体性元素。“比赛的仪式和象征意义以及古希腊人对于他们自身作为一个活跃主体的关注使体育竞技成为一个特别强有力地传递社会和习俗的载体，其中包括了个人和神祇之间的联系，性别角色的确立，以及性关系的特征。”[②]斯坎伦揭示了古代奥运会的神圣性、身体性以及性隐喻的组合关系，并将古代奥运会置于一种非理性的祭祀文化的境地。人们会自然而然地联想到现代奥运会的理性主义内涵。受到身体主义的影响，现代奥运会同样延续的是人类身体至上的法理。体育自身的自然性特点无法消亡。顾拜旦看中的恰是奥运会中身体行为及其在现实世界的合理展示价值。“远古的人们知道通过体育锻炼来备战并这样做了，但是公民备战则是由你们希腊人发明的。前者只需要当权者一声令下即可实现；而后者则必须要求个人的自愿合作。运动本能对前者只是一种偶然的强化，而对于后者则是个必不可少的条件。因此你们使它成为体育之父。你们充分使用运动本能并使之规范化，你们使它成为一种

① [美]阿伦·古特曼著，花勇民、钟小鑫、蔡芳乐编译，袁旦审译：《从仪式到纪录：现代体育的本质》，北京体育大学出版社2012年版，第36页。

② [美]托马斯·F. 斯坎伦著，肖洒译：《爱欲与古希腊竞技》，华东师范大学出版社2016年版，第5页。

永久性的制度，一个集体力量的工厂。”[①] 顾拜旦反对任何形态的将奥运会工具化的做法，其中包括将其定位在军事体育领域的选项。由此可见顾拜旦恢复古典奥运会理念的决心和意志。正因如此，中国人更容易接受顾拜旦倡导的身体主义和理性主义相结合的理念。中国古老的辩证法思维特征和中国体育人对奥运会的接纳关系在此得以强化。

自然理性和法制理性的统一一直是顾拜旦试图企及的高端境界。顾拜旦复活奥运会一直有其自身的动机。现代奥运会也包括了自然主义的理念。顾拜旦的自然教育思想源于卢梭。“法国启蒙思想家卢梭在其名著《爱弥尔》中提出了‘自然教育论’，目的就是要以一种自由的方式来培养身体和心理都健康的人。卢梭让书中的主人公爱弥尔从小就接受无拘无束的自由式教育。他让刚出生的爱弥尔穿宽大的衣服。稍稍长大一点儿后，爱弥尔就在严寒酷暑中接受大自然的洗礼。爱弥尔没有到常规的学校上学，而是在游戏和运动中获取有关古奥运会的知识和培养社会生活能力。”[②] 卢梭的思想对欧洲的理想主义者有很大的影响力。德国的诺伯特·米勒认为：“奥运会作为四年一届的世界顶级体育盛会，其逐渐得到全世界认可的过程，是与体育运动自 19 世纪中期在英国开始盛行、20 世纪在世界范围内得到广泛推广同步进行的。”[③] 以奥运会为代表的现代体育的核心价值是规则。规则是一种话语体系，体现出人类高度秩序主义的主张。现代奥

① [法]顾拜旦著，詹汝琮、邢奇志等译：《奥林匹克理想——顾拜旦文选》，奥林匹克出版社 1993 年版，第 60-61 页。

② 韩志芳：《点燃圣火：现代奥运之父顾拜旦》，四川文艺出版社 2002 年版，第 9-10 页。

③ 国际皮埃尔·德·顾拜旦委员会编，刘汉全、邹丽等译：《奥林匹克主义：顾拜旦文选》，人民体育出版社 2008 年版，第 1 页。

运会的规则体系和古希腊的体育关系并不大，其直接的原点在于英国的自然法系。古特曼对此也作过评述："现代体育，是一种普遍且独特的非功利性身体竞赛，从 18 世纪早期到 19 世纪晚期，经过了约 150 年的时间才成型。从历史的角度看，我们不仅知道时间，还能很清楚地知道地点。现代体育产生于伦敦，后传播至美国、西欧，以至全世界。"[①] 古特曼在评论美国体育时曾说："美国体育大部分是作为教育系统的一部分来组织的，而不是通过私人或者州立体育部（像大部分欧洲国家一样），成年人相对来说要处于劣势。各种公共的和私人的体育设备供成年人来积极参与体育运动，但是这个系统使得美国成年人很持续地参与团体体育项目。"[②] 古特曼在这里展示出一种较为宏大的学术视域。顾拜旦的体育思想即衍生于类似的语境。

三、奥运会是欧洲自然主义体育观与英美法系的融合体

从顾拜旦热爱竞技体育而不太迷恋自然游戏的状况看，他显然属于欧洲的保守主义者的典范。顾拜旦的故乡是法国的诺曼底，那里也有类似爱弥尔生活的社会和文化环境，顾拜旦在那里接受过自然主义思想的熏陶。"他的童年是在诺曼底幽静、闲适的一个小镇上度过的，诺曼底田园牧歌式的生活使他对大自然有着一种特殊的亲情。正是在这里，他养成了打网球、击剑、拳击、划船、骑自行车等许多体育爱好，并享用终身。诺曼底是他心中的圣地，晚年定居瑞士的岁月里，他最眷恋的还是诺曼

① [美]阿伦·古特曼著，花勇民、钟小鑫、蔡芳乐编译，袁旦审译：《从仪式到纪录：现代体育的本质》，北京体育大学出版社 2012 年版，第 66 页。

② [美]阿伦·古特曼著，花勇民、钟小鑫、蔡芳乐编译，袁旦审译：《从仪式到纪录：现代体育的本质》，北京体育大学出版社 2012 年版，第 163 页。

底。”[①] 自然主义的教育方法和诺曼底的优美的自然环境给顾拜旦带来了丰富的精神养料，并直接为其完成复活古希腊奥运会的理想打下了基础。

在自然主义文化精神的统摄下，欧洲文化中的自然至上论和身体的自然论就得到了统一。现代奥运会的诞生得力于欧洲相对优越的自然条件和稳定的社会环境。欧洲传统贵族的优雅气质在奥运会的理念体系内也得以留存，欧洲的文化传统同样可以在奥运会的独特语境中得到很好的传承和发展。理性主义和自然主义的统一为现代奥运会提供了思想的原色。现代奥运会之所以成为一种现时代世界性的文化品类，其内在价值观的稳定性、完备性和对立统一性起到了至关重要的作用。

从现代奥运会的生成史的角度看，顾拜旦是将古希腊奥运会实行现代改造的第一人，更是给现代体育注入理性化、法系化、规则化元素的第一人。这一切皆源于保留了更多欧洲古典主义文化精神的英国。顾拜旦青年时期曾经多次访问英国，这样的阅历给他带来很大的精神冲击。“1883 年，20 岁的顾拜旦登上了驶往英国的轮船。他先后到了牛津、剑桥、威灵顿、哈罗、伊顿和拉格比，考察这些最著名的私立学校。意气风发的学生、精力充沛的教师、绿树成荫的校园令他耳目一新。在这里，学生自由结社，社团种类极多，其中体育俱乐部十分活跃。社团的所有活动，都由学生独立管理。学生在这里锻炼才干，适应未来的社会竞争。相比之下，他觉得法国体育、教育实在太落后了。于是，顾拜旦萌生了按照英国模式进行教育改革以及将体育引进校园的

① 韩志芳：《点燃圣火：现代奥运之父顾拜旦》，四川文艺出版社 2002 年版，第 22-23 页。

想法。”[①] 顾拜旦访问英国时恰是法国在与普鲁士作战失败后不久，战败了的法国人普遍有一种精神压抑感，不少勇于担当民族危亡责任的法国人都在寻找振兴法国的方略。“法国在普法战争失败后，社会各界都在寻找法国落后的原因，寻找振兴祖国的良策。教育界认为法国的教育体制太落后，顾拜旦也意识到了法国教育的弊端，经过多次考察、学习，一种适合于法国的理想的教育模式在他心中悄悄酝酿。”[②] 相关资料显示，现代奥运会并非自然娱乐需求的产物，而是特殊时代风云激荡的派生物。

主体上信奉天主教的法国人和信奉新教的英国人对待体育的态度不尽相同。古特曼曾对加拿大的法国移民参与体育活动的状况作过分析：“在加拿大，天主教似乎鼓励一种对现代社会的敌意，一种消极论，这可以从体育参与的数据上看出来。尽管大约30%的加拿大人从种族上来讲是法国人，但是在4297名代表加拿大参加联邦、全美洲运动会，以及奥运会的运动员当中这个群体的人仅占其中的8.1%。正因为我们知道经济因素对现代体育的参与率起着很重要的作用，因此我们不能简单地下结论说，就是宗教应该对这种明显的差异负责，但漠视了天主教在魁北克和加拿大沿海省份的巨大影响也是错误的。”[③] 体育是感性化文化符码，而经过高强度传播后的感性文化往往具备了精神图腾的意味。“我引用过这一经验研究成果的社会学家为魁北克体育的落后做出了如下解释：‘在法裔加拿大人当中，传统精神状态是以农业意识和宗教世界视野为基础的，而这种状态是崇尚过去

① 韩志芳：《点燃圣火：现代奥运之父顾拜旦》，四川文艺出版社2002年版，第24-25页。

② 韩志芳：《点燃圣火：现代奥运之父顾拜旦》，四川文艺出版社2002年版，第24页。

③ [美]阿伦·古特曼著，花勇民、钟小鑫、蔡芳乐编译，袁旦审译：《从仪式到纪录：现代体育的本质》，北京体育大学出版社2012年版，第93页。

的。’”[①] 英国人崇尚户外运动，显然受到了英国传统的身体主义精神的影响，除此之外，英国独特的气候也是其中的主要因素。

近代英国的教育体系对全世界都有深刻的影响力。“例如从英式橄榄球到羽毛球，从中我们可以看到英国模式的力量。1880年的汉堡体育俱乐部以英式距离来举行比赛，法国的大多数有名的体育俱乐部都倾向于以英文名字命名，例如 le Racing-Club de France（1882）。”[②] 顾拜旦本人对英国体育有深入的研究。然而，英国的户外运动一度不被人看好。“欧洲大陆体育界一直将英国的户外运动与竞技运动视为‘粗俗野蛮’的和‘下等人’的活动，长期予以非议和抵制。”[③] 顾拜旦对英美体育心存感念。“多年来，我曾研究过英美青年的学校生活。虽然我可能在许多方面批评英国公学进行的教学，但是没有理由怀疑他们对体魄和品质所提供的有力教育。我们可以把维多利亚女王在位期间不列颠帝国巨大的发展大部分归功这一教育。值得指出的是这个非凡发展是与联合王国 1840 年的学校改革同时开始的。在这些改革中，可以说体育活动占有最显著的位置。”[④] 顾拜旦对英国的教育体系也作过考察，“他极为推崇英式教育中将古典文化、竞技运动和伦理道德培养综合起来实施的方式，他认为这是英国人的自信心和活力的基本来源。”[⑤] 顾拜旦推广英式体育的动机较为复杂，中国学者从具体的竞赛项目特性的角度找到了顾拜旦推广英国体育的

① [美]阿伦·古特曼著，花勇民、钟小鑫、蔡芳乐编译，袁旦审译：《从仪式到纪录：现代体育的本质》，北京体育大学出版社 2012 年版，第 92-93 页。

② [美]阿伦·古特曼著，花勇民、钟小鑫、蔡芳乐编译，袁旦审译：《从仪式到纪录：现代体育的本质》，北京体育大学出版社 2012 年版，第 69 页。

③ 陶克祥：《体育课程文化发展论》，北京体育大学出版社 2014 年版，第 6 页。

④ [法]顾拜旦著，詹汝琮、邢奇志等译：《奥林匹克理想——顾拜旦文选》，奥林匹克出版社 1993 年版，第 14 页。

⑤ 谢光前：《奥林匹克运动与人类理性精神》，《南京体育学院学报》2003 年第 5 期，第 17 页。

缘由。“作为法国人，顾拜旦为什么不去追随当时风行欧洲大陆的德式体操，而要执着地宣扬和推行为欧洲大陆各国所不屑的英式户外竞技？为什么他不去搞当时已开始流行的各类锦标赛，而是要‘另起炉灶’，呕心沥血地去复兴奥林匹克运动？其原因有二：一是英式户外竞技来源于当时英国教育所推行的古典教材、竞技运动和伦理道德综合培养体制，在这一体制中，竞技体育运动充当了主要角色，其价值在于可以同时得到身体训练、道德教育和社会活动能力培养的功效；二是顾拜旦对古希腊人德、智、体全面发展的教育观有很深刻的印象，他认为古代奥运会、艺术和品德高尚的公民是支撑古希腊文明的三大支柱。他相信在奥林匹克主义指导下的英式户外竞技运动较之德式体操和各类锦标赛更能将体育运动与文化和教育融为一体。奥林匹克精神的核心不是别的，而是人的全面发展。”① 事实也是如此，当世界面临变革的时候，身体主义及其附属的文化精神就会成为感知时代风尚的测量器。

具有悠久历史的中国，构建出了一种完整而宏大的古典文化体系，其中不乏亲近山水的自然主义的生活哲学，却始终未曾培育出高强度竞争主义的文化体系。这也说明，当时语境下的中国人并不需要高强度的身体竞技行为。在失去了公平竞争理念的前提下，中国也一度面临文化乃至文明体系重构之境况。中国古代有儒、道互补之说，然而，旧有的秩序消亡之后，新的对应性文化链接关系尚未完善起来。时至今日，中国体育界的科技力、组织力、执行力皆属世界一流，而其现代性想象力、创造力、思考力则暂时隐去了跃进之姿。现代奥运会在补足了中国的法系主义、

① 北京奥组委新闻宣传部、北京市教育委员会、北京教育科学研究院组织编写：《北京 2008 奥林匹克教育研讨会优秀论文集》，北京出版社 2006 年版，第 510 页。

自然主义以及身体主义的短板之后，却也催生出别样的失衡性元素。当下的中国诸多人文学者在思考强度、独立精神与审美维度层面仍缺少足够的国际竞争力。从宏观角度看，这仍是一种更为复杂的辩证思维体系失衡现象所致，中国人文学者仍需强化专业纯度、逻辑强度以及思维的力度。好在这样的趋势已然出现。

四、结语

现代奥运会在中国的传播具有精神学意义上的融通性。中国人对所有充满理性主义的思维客体都感到亲切，因为那种理性主义的元素暗合了中国人推崇道德的理想，而辩证理性思想联通起了希腊人、法国人和中国人的思维惯性。奥运会在中国实现了温情式着陆。奥运会绝不仅仅是一种完全的古典理性主义价值观文化载体，其深层次的价值还体现在自然主义的身体观层面。高度的室外性、审美性与自洽性构建出其延伸性价值。中国人在一种高度抽象的意义体系中接纳了奥运会的根本性价值体系。整体而言，中国人接纳奥运会是一种文化碰撞与融合双重作用的产物。在奥运精神的映照之下，中国文化也在一种空场文化的意义体系内实现了与西方现代主义文化精神的真实对接。顾拜旦创立现代奥运会的真实动机源于对法国式微文化的一种补救行动，而类似的行动也再度触动了中国民众的怀旧式文化情怀。奥运会在中国的落地呈现出一种含蓄而又韵致的艺术风韵。

第三节　奥林匹克精神在中国的超游戏性演化形态

从文化生发学的角度考量，中国文化中的尚德的理想和希腊文化的理性主义十分接近，具有高度的共融性特质，而以高贵感、优雅感和理性主义为特点的顾拜旦的体育思想就蕴含与中国的儒家思想高度近似的诸多元素，其中包括人所共知的仁爱理念。顾拜旦体育思想中所蕴含的二元辩证性元素更是为中国人所熟知，这也在客观上推动了现代奥运会在中国的顺畅传播。中国文化带有古老的文明性元素，其与外域文化的融合一度遇到困境，然而，中国文化与奥运精神的融合则呈现出鲜明的无缝衔接的态势。奥运会自身的游浪精神在这里得到了很好的共融性加固，与此同时，中国文化也在奥运会的理性主义意义范式中得到一种全新的释放，并进一步催生出一种全新的文化形态。奥运会与中国的融合展示出活性的文明形态相互融合的另类典范。

一、超越历史羁绊的文化融通范式

中国为文明古国，文化积淀深厚，其中不乏积极的价值，而文明性元素则构建出一种更为深邃的场域空间。如果说文化可以容纳更多的积极性元素的话，那么，文明则融合的是一种全真的历史实情，其中包括非积极的元素。现代学者在解读中国人的创造精神时即已涉及对古代文明体系的再认知问题。“智慧和创造是因果关系，因有智慧，才导致创造活动。智慧是知识与灵性的结合体，因此，提高灵性是人们获得智慧的唯一途径。智慧是不能教授的，只能在无焦虑、无恐惧和无贪婪的心境中，通过精神灵性的修炼而获得。遗憾的是，中国人绝大多数不懂精神灵性，也不鼓励冒险的品质，而是执迷于对物质的索取，这也是中国人缺乏创造力的主要原因。”[①] 这便涉及人类社会中有关竞争现象的

① 刘道玉：《教育改革论说集》，上海三联书店 2024 年版，第 73 页。

五重步调。第一，良性竞争，争取合作共赢，如现代商战。第二，常态竞争，竞争者双方联合承担风险，如互信化的国家与国家之间的竞争。第三，非信任竞争，有你无我，有我无你，如陌生化的族群竞争。第四，残酷竞争，部族、阶层、信仰体系之间的非信任竞争，如清朝早期的文字狱。第五，极限竞争，如历史上出现的各种各样的集团性屠戮行为。任何一种合理的竞争，其前提是身份的互认。在失去了互信的语境中，竞争便无以实现。正因如此，人类各部族都需要为自己预留下一种身份的合理性公共领域，如果没有身份的合理性公共领域，就失去了理性竞争的基础。体育有鼓励冒险的文化基因，其在根本上可以促进人的创造力的生发。现代体育的终极价值也体现在这里。在失去了公信力的语境中，任何一种竞争都会转化为悲情叙事，而任何一种悲情化的叙事都无以成为真正的叙事。

姚国华也高度强调了人类的想象力和创造力的重要性。“爱因斯坦曾经说过：我们都以为知识是最重要的，其实还有比知识和结论更重要的东西，那就是人的想象。知识是有限的，想象是无限的。只有想象才能发展知识。推而广之，想象包含着人的创造力、激情、生命冲动、革命精神、主观能动性和永无止境的好奇心，这些恰恰是人之为人最重要的东西。”[①] 近代中国的社会体系转型的复杂性早已为诸多的思想家们所关注，中国近现代社会和文化层面的革命亦基于此。中国的五四新文化运动就是对此现象的一种深度干预过程，然而，中国在随后的一段时间停止了这样的务虚性干预活动，转而作出一种更为务实性的建设性尝试。20 世纪 80 年代以后，中国国门再开，许多西方思想再度涌

① 姚国华：《概念陷阱与思维误区》，《天涯》2006 年第 4 期，第 46 页。

入，其中就包括了奥林匹克文化体系。从文化传播学的角度看，奥林匹克文化在中国体育的影响力不亚于其他西方思想在中国文化界的影响力，其中的道理很简单，顾拜旦的思想在中国具有填补中国文化既有空白的作用，其中的核心是带有法哲学内涵的竞争精神、公平精神和契约精神。

顾拜旦的体育思想显然更具有全面性、均衡性和可施行性。"他陆续发表了《教育制度的改革》《运动的指导原理》《英国与希腊回忆记》《英国教育学》等一系列著作，提出了许多改革教育和发展体育的建议，产生了一定的国际影响。"[①] 翻阅一下顾拜旦的著述就会发现，其体育思想的核心来自英国。作为一名社会活动家，顾拜旦不仅思考和体育相关的诸多问题，还为此奔走不休。"顾拜旦奔走宣传了两年，他的宏伟计划在实施过程中遇到了非议，甚至有人唾骂他为'英国走狗'。"[②] 顾拜旦不仅关注英国的教育和体育制度，还对受到英国体育文化影响极大的美国也作过考察。顾拜旦在访美期间曾对美国的户外体育产生过极大的兴趣。"那时，美国的学校体育基本上是英国模式的翻版，顾拜旦在美国再次感受到优越的英美教育的震撼，也因此更加坚定了他将体育引入学校教育的决心。"[③] 美国承续了英国的文化，且又有飞跃式发展。

很多学者已注意到英国的户外体育与英国独特的气候条件的关系。英国为海岛国家，阴雨天占到全年的半数以上。每逢晴天，英国人都有跑出户外作运动的习惯。英国的户外运动营造出来的一种很好的体育氛围，这样的景象给顾拜旦带来了深刻的启

① 韩志芳：《点燃圣火：现代奥运之父顾拜旦》，四川文艺出版社 2002 年版，第 25-26 页。
② 韩志芳：《点燃圣火：现代奥运之父顾拜旦》，四川文艺出版社 2002 年版，第 27 页。
③ 韩志芳：《点燃圣火：现代奥运之父顾拜旦》，四川文艺出版社 2002 年版，第 27 页。

示。“从1883年到1887年，顾拜旦先后四次赴英国，学习英国先进的教育制度和体育形式。英国之行，为顾拜旦的思想注入了新的活力。他立下了教育救国、体育救国的志向。”① 丰富多彩的英国的户外体育活动给顾拜旦带来了很多启发，他下定决心要将英国户外体育的模式植入现代奥运会的体系当中。“英国的田径运动也刚起步不久，但它已传遍全世界。这项伟大的运动还没有多长的历史，但是我们能了解其大概的轨迹。金斯利牧师及其信徒们的名字还没有进入遥远的过去：六十年的时间已足以发生这一神奇的变化。最初的实践者并不想自成学派，他们更关心的是获得健康的乐趣。然而他们很有远见。”② 在此层面上衡量，现代奥运会并不仅仅是顾拜旦的作品，还是英国户外体育在欧洲大陆乃至全世界的一种文化移植的结果。英国文化的生发动力来自岛国国民对自主性价值观的追求，而美国文化领先于世界则缘于完善的法制和多元化外来移民的创造力。现代体育教科书经常将英国和美国的体育文化视作一个带有相同逻辑链的整体。“18世纪末，近代英国的户外运动与游戏等体育内容得到迅猛发展。19世纪中期以来，在美国，人们对竞技体育运动的兴趣逐渐高涨，若干项目的俱乐部大量出现，许多现代项目得到了广泛开展。”③ 美国的经济在19世纪后半叶已经赶上了英国，其文化方面的活力也得到了充分释放。顾拜旦开始关注美国文化，并为其更为开放、宽容的文化精神以及颇具活力的生活方式所吸引，美国的户外体育同样引起了顾拜旦的高度重视。

---

① 韩志芳：《点燃圣火：现代奥运之父顾拜旦》，四川文艺出版社2002年版，第25页。

② [法]皮埃尔·德·顾拜旦著，何振梁审校：《奥林匹克宣言》，人民出版社2008年版，第7页。

③ 陈少坚主编：《大学体育教程》，厦门大学出版社2004年版，第338页。

顾拜旦在中国体育界的接受度很高，上海体育大学的顾拜旦雕像为校友捐赠。路云亭摄于 2015 年 4 月 25 日

英国和美国的体育经常被人当作同质性体育来论述："近现代的英国创造了符合现代需要的新体育形态，充分开发了竞技体育的教育功能，对西方现代体育文化的发展起到了承前启后的关键作用。美国的体育硬实力是世界一流，而作为大众消费文化的体育文化在国际上更是影响深远。美国、英国都称得上体育强国。"[①] 由于英国和美国文化有整体的同质性，后人将英国缔造出来的体育法系简称为英美法系。英国和美国的户外体育都是通过教育领域而得以传播的，英美户外体育也成为这两个国家教育理念的延伸体。受到天主传教传统的影响，顾拜旦对教育的力量有所倚重。1925 年 5 月 29 日，顾拜旦在布拉格市政厅举办的奥林匹克代表大会的开幕式上说道："在我看来，现时文明世界的未来既不依赖于政治基础，也不依赖于经济基础，它只依赖于由教育指定的方向。"[②] 英国的户外体育一度不为人关注，而顾拜旦则看到了其与古典奥运会的相似之处，进而将其设定为现代奥运会的范本，这也显示出了顾拜旦深刻的

① 张长城、李建英：《体育强国的文化创新——兼论举国体制的价值创新》，《南京体育学院学报》2014 年第 6 期，第 17 页。

② [法] 顾拜旦著，詹汝琮、邢奇志等译：《奥林匹克理想——顾拜旦文选》，奥林匹克出版社 1993 年版，第 100 页。

洞察力。

现代体育是法系的派生物。英国的户外体育是英国本土法系支配下的高端性文化产品。不得不说一说英国的户外体育以及英国契约理性的问题。英国的户外运动源于英伦三岛的自然环境，而英美法系则来自英国在商业传统基础上发展起来的强大的契约精神。胡伊青加曾经描述过英国现代体育的状态："无可置疑的是，英国社会生活的构造与这个过程的开始大有关系。地方自治政府鼓励这种联合与团结的精神。义务军事训练的空缺，使人们有条件也有必要进行身体锻炼。教育的特殊方式意在同样的方向上起作用，而最后，国家的地理状况与地形地貌则具有最重大的意义，因为地面到处平坦，可以提供理想的、最完美的游戏场地。于是英格兰便成为现代运动生活的摇篮与中心。"[①] 由此可知，现代奥运会看似是在恢复一种古典式的身体性盛会，其实是一种英国契约理性的间接派生物。英国的法系是其工业革命的产物。工业革命带来了大量的过剩产品，而要推销这种产品就需要贸易，而贸易的精髓或核心则是坚实可靠的契约理性与法哲学精神。其实，如果没有英国的契约制度，就没有英国完美的体育法系。如果没有英国的体育法系，顾拜旦则无从寻找到现代体育的法系机理，也无法构建出现代奥运会的法学机制。假如没有英国的贸易主义、重商精神以及契约制度，现代奥运会将无以建立。现代奥运会的出现是偶然性和必然性的混合体，其中不可忽略英国契约理性以及英美户外体育的示范作用。

① [荷]胡伊青加著，成穷译：《人：游戏者——对文化中游戏因素的研究》，贵州人民出版社1998年版，第253页。

二、现代奥运会是近代考古学与欧洲文化精神的延伸性实验场

西方人对考古学一向重视，主导欧洲近代思想、艺术和科学风潮的文艺复兴就是考古发现的衍生物。考古学大体属于科学的范畴，而文化精神则寄寓着人类族裔的终极追求。西方人对宗教的重视程度或许超过了考古学。在学理的高度上看，现代奥运会恰是知识发现和欧洲文化精神合力之产物。

现代奥运会的宗教性传统源于古希腊。柏拉图在谈及人的游戏行为时曾说："一切有益的、严肃的努力都以神为真正的目标。而人，如我们前面所说的那样，只是被创造出来作为神的玩偶，这实际上对人来说是最好的。所以，我们所有人，男人和女人，都必须发挥我们的作用，很好地生活，使我们的'游戏'尽可能完善——这个说法把流行的理论完全倒转过来了。"[①] 人既然是神的玩偶，那么，人类的一切活动都是无法真正做到严肃认真的。柏拉图对人的解放和游戏的形态之间的关系有更为明晰的阐释："当前流行的说法是我们要严肃对待我们的游戏，而战争虽然是一种严肃的工作，但由于和平的缘故而必须予以排除。实际上，我们在战争中并没有发现，也决不可能发现任何真正意义上的游戏与教育，而游戏与教育是我们这样的生灵最严肃的工作。因此，我们应当在和平中度过一生中的大部分时间，而且要过得幸福。那么，我们的正确办法是什么呢？我们要在玩游戏中度过我们的一生——我指的是某些游戏，亦即献祭、唱歌、跳舞——由此获得上苍的恩宠，并且在我们不得不与敌人战斗时，驱逐敌人和征服敌人。"[②] 作为一位现代身体学家，斯坎伦曾对体育的宗教性也作

① ［古希腊］柏拉图著，王晓朝译：《柏拉图全集》第 3 卷，人民出版社 2003 年版，第 561 页。
② ［古希腊］柏拉图著，王晓朝译：《柏拉图全集》第 3 卷，人民出版社 2003 年版，第 561 页。

过描述："盛大比赛中或之前举行的公共祭祀，竞技赛事的参与者或者竞技馆内的观众举行的个人祭祀，甚至神圣的庆典中举行的竞技比赛都说明了希腊竞技和宗教始终重叠在一起。通过一场成功的赛事或者盛会，获胜的运动员和比赛的组织者可以赢得社会荣誉甚至是权力。"① 在符号学的场域中，荣誉甚至要大于现实的权力，理由很简单，荣誉可以得到想象力的加持而增扩其影响力。"运动会得到社会支持，部分原因是有它的圆满举行反映出神对人们的恩宠和眷顾。正如经常争论的那样，我们不应该假设所有宗教力量的表现都是实际的、世俗的、政治的或者是社会力量的产物。"② 权力具有多维性，宗教性仅仅是想象性权力的最佳载体，而宗教性一直是古代奥运会和现代奥运会的兼容性元素。游戏具有群体语境中的身体性。体育是人类多元游戏中的一种，以其伊始具备了道德性、信仰性以至宗教性，故而传播力持久而广泛。

胡伊青加对游戏的仪式性的解读值得关注。"原始的或者说远古的仪式就是神圣的游戏，这是为了共同体的福祉所必需的，该仪式虽包含着宇宙观与社会发展的丰富内容，却总是柏拉图意义上的游戏，即一种在日常生活的必要性与严肃性之外与之上得以完成的活动。"③ 基于欧洲传统贵族的道义感和责任心，顾拜旦认真思考现代奥运会的复合性功能，其中包括实用性和教育性的高度融合之类的问题。顾拜旦竭力使现代奥运会自身充满了自然的均衡感。身为一名欧洲传统贵族和天主教信徒，顾拜旦具有很好

---

① [美]托马斯·F·斯坎伦著，肖洒译：《爱欲与古希腊竞技》，华东师范大学出版社2016年版，第4页。

② [美]托马斯·F·斯坎伦著，肖洒译：《爱欲与古希腊竞技》，华东师范大学出版社2016年版，第4-5页。

③ [荷]胡伊青加著，成穷译：《人：游戏者——对文化中游戏因素的研究》，贵州人民出版社1998年版，第31页。

的艺术学和宗教学修养。顾拜旦的体育思想不仅有高度的辩证性，还带有强烈的身体解放主义的内涵。

从历史、文化和机缘的角度看，顾拜旦具备了筹建现代奥运会的几乎所有条件，其中最不可忽略的是他重构雅典体育精神的独特追求。众所周知，由于物质、文化和遗产制度的惯性作用，世界各国的贵族一直都是闲暇生活的主体。顾拜旦便是这样一位崇尚高尚休闲生活的法国绅士。由于强大的天主教文化传统作用，顾拜旦反对罗马化的野蛮主义元素，主张在现代奥运会中加入理性主义规则体系，他为此不惜再度站到古典奥运主义的立场上。顾拜旦的贵族精英主义思想和近代欧洲理性主义十分匹配。近代英国一直是世界级的超级帝国，英国人有很强的民族自豪感，英国人的自豪感来自其工业与技术、制度与知识体系的综合性优势。近代以来英国的资本和商品输出过程都带有殖民主体的干预性。顾拜旦将体育作为一种化解世界各民族之间矛盾的方法，而现代奥运会体现了顾拜旦心仪的普惠哲学和济世之道。

需要提一下有关古代奥运会遗址的发掘事宜。德国人在希腊的考古发现称得上是现代奥运会的直接源头。1875 年至 1881 年德国学者发掘出古希腊奥林匹亚城遗址，类似的考古发现对顾拜旦体育思想的发展有推动作用。他在其早期自传体回忆录《二十一载体育奋战》中写道："德国挖掘出了古奥林匹亚城的遗迹，为何法国就不能再现古希腊的辉煌呢？"顾拜旦对德国的文化十分在意。普法战争爆发于 1870 年至 1871 年间，交战双方是法兰西第二帝国和普鲁士王国。作为一名坚定的爱国主义者，顾拜旦为此产生了一种与德国一争高下的思想。秉着谦虚好学的态度，顾拜旦在构建新的奥运会理想时认真地吸纳了德国考古学的成就，并在此基础上设计出了现代奥运会的蓝图。

三、奥运精神与中国传统价值观的高度融合

欧洲体育无法背离其独特的文化背景。Susan Brownell 曾经引述过体育史学家 Carl Diem 的观点："体育是文艺复兴的孙子，也是法国大革命的儿子。"[①]Carl Diem 看到文艺复兴和法国大革命的积极价值。文艺复兴和法国大革命的结合给现代体育带来一种启迪。从文艺复兴到法国大革命，这一期间是欧洲近代文明的跃进期。胡伊青加曾说："一切知识（当然也包括哲学）在本质上都是争辩性的，而争辩与竞赛乃是不可分的。凡是产生崭新、伟大精神财富的时代，一般皆是激烈争论的时代。17 世纪就是如此。当时，自然科学的繁花盛开，是与权威和古代社会的衰落以及信仰的崩塌同步的。"[②]欧洲新文化的诸多特质在体育领域也有所折射。近代欧洲体育的艺术化和艺术的竞技化格局的融合得以再度呈现，它彰显出欧洲的体育与艺术一贯秉持的积极的联姻状态。

文艺复兴间接地导致基督教的分裂，并促进了新教的生成与发展。现代体育与法国大革命的关系体现在制度层面。法国大革命内含有强大的人权理念，卢梭、孟德斯鸠的近代化思想得以激活，自由、平等、博爱的近代化理念得到了强化。顾拜旦的体育思想不仅融入了古希腊的体育精神，还吸纳了欧洲近代思想家的精华，而高度组织化的奥运会也有机地促进了顾拜旦体育思想的定向性扩张力。其实，宗教与早期体育的关系更紧密。古特曼在分析了马克斯·韦伯的体育观后认为："对于韦伯式的解释而言，体育与宗教之间的关系是一个特别难的问题，正如经济与

① Susan Brownell.Beijing’s Games.What the Olympics Mean to China.Lanham.Rowman & Littllefield Publishers.Inc. 2008: 24.

② [荷] 胡伊青加著，成穷译：《人：游戏者——对文化中游戏因素的研究》，贵州人民出版社 1998 年版，第 201 页。

宗教的关系在韦伯自己的社会学著作中证明是其经典问题一样。我们知道现代体育从新教盛行的英国开始传播，在新教国家要比天主教国家传播得更快（尽管这里法国是一个很重要的例外）。我们也清楚新教徒要比天主教徒更可能与体育相联系，而且也更可能成为国际性运动员（但这并不能否认在某些运动中天主教徒出现过优秀代表，如美国职业橄榄球）。”[①] 顾拜旦的欧洲贵族和天主教徒的双重身份强化了现代奥运会中的优雅性和信仰性品质，现代奥运会中的道德教化品格始终无以消亡。

顾拜旦不仅吸纳了大量的欧洲的近代化思想，还将奥运会的宗教内涵和近代科学理性融合在一起。顾拜旦站在天主教徒的立场上，认为科学也是宗教的组成部分：“宗教体育的思想缓缓地渗入竞赛者们的心田。虽然，他们许多人仍然是在无意识地实践着这种思想，但他们终究会逐步信奉它。宗教体育的思想不仅包括国际主义和民主这两个所有文明国家建立新型人类社会的基础，同时还包括科学。”[②] 古代奥运会源于祭祀活动，本身就具有浓厚的宗教性。胡伊青加如此认知希腊人的赛事文化：“从很早的时候起，宗教的和世俗的竞赛在希腊人的社会生活中已占有如此广大的位置，已获得如此重要的价值，以至于人们不再知道这些竞赛的游戏性质。”[③] 现代奥运会直接继承了古代希腊奥运会的赛制形式，又融入了现代科学性，并与古老的宗教性相结合，共同体现出奥运会至高的精神性、深刻文化性和优雅的学理性。斯

① [美]阿伦·古特曼著，花勇民、钟小鑫、蔡芳乐编译，袁旦审译：《从仪式到纪录：现代体育的本质》，北京体育大学出版社 2012 年版，第 89 页。

② [法]顾拜旦著，詹汝琮、邢奇志等译：《奥林匹克理想——顾拜旦文选》，奥林匹克出版社 1993 年版，第 150-151 页。

③ [荷]胡伊青加著，成穷译：《人：游戏者——对文化中游戏因素的研究》，贵州人民出版社 1998 年版，第 31 页。

坎伦认为："古希腊人认为竞技运动现象，就像他们社会中许多其他事情一样，是神与人类在宇宙体系内的相互作用。通过宗教崇拜和仪式，人们可以接近并感知神祇，神的举动也可以符合或者反映人类的行为。"① 时至今日，奥运会及其理念已经得到了极大程度的普及，在欧洲文明占统治地位的语境中，它几乎成为一种常识，全世界有很多有信仰需求的群体都成了它的信徒，并且高度认可其蕴含的体系化的价值、意义、理念、主张、主义。中国的体育学者甚至认为它已然是一种极其高级的文化品类。"奥运会真正成了世界体育运动的最高代表。它变得更宽容，更有魅力，也更有活力。"② 就世界文化领域而言，奥运会已然成为一种隶属于全人类的大型赛事。究其原因，乃在于奥运会可以更好地容纳人类的普遍性诉求、愿景与信念。

体育秉承的是身体主义的行事法则，它也因此而极具普泛性。贝林格曾说："如果不同的社会产生不同的体育运动，我们显然必须承认，体育运动并非仅仅是那些还不知晓我们今天的运动概念的前人的创造，它还是我们作为人可以认同的一项活动。"③ 从表面上看，现代奥运会仅仅是一种大型体育赛事，但它的内涵极为深邃，熔铸了多元性的精神内涵。当然，奥运会的日渐世俗化的处境也带来了诸多的负面影响。胡伊青加曾经抨击过所有现代体育的世俗化倾向："在现代社会生活中，运动的位置是在平行和远离文化过程的地方；而古代文化中的那些伟大竞赛

① [美] 托马斯·F. 斯坎伦著，肖洒译：《爱欲与古希腊竞技》，华东师范大学出版社 2016 年版，第 4 页。

② 郝勤：《完美使命：萨马兰奇与奥运改革》，四川文艺出版社 2002 年版，第 130 页。

③ [德] 沃尔夫冈·贝林格著，丁娜译：《运动通史：从古希腊罗马到 21 世纪》，北京大学出版社 2015 年版，第 5-6 页。

则总是神圣节庆的组成部分，并且它们作为健康和产生幸福的活动乃是不可替代的。运动与宗教仪式的这种联系在今天已被完全切断了；运动完全变成世俗的、‘非神圣的’东西，并且与社会的结构无任何有机的联系，这在受到政府管制时则更是如此。”[①]在胡伊青加的眼中，现代体育赛事只能是一种丧失了业余性价值的人类身体行为，而失去自由游戏精神后的体育便不再具备真实的游戏特质，而逐渐递进为一种严肃的工作，而后者更充满了悲剧性、紧张度和压迫感。胡伊青加为此感到无比的悲哀。“即便现代社会技术有能力在体育场举行公开展示程度最高的大众表演，也无改于这样一个事实，即无论是奥林匹克运动会，还是有组织的美国大学生运动，还是大吹大擂的国际比赛，都不能在哪怕是最小的程度上把运动提升到能创造文化的水平。”[②]奥运会及其理念在世界范围内的传播具有偶然性，同时也有一定程度的必然性。就在现代体育受到西方人士抨击的时候，中国人很快便接纳了它，并重新赋予了它神圣的地位。奥运会助力中国和中国助力奥运会具有同等重要的意义，两者几乎构建出一种相辅相成的关系，类似的现象显示出在特殊的时代境遇下多元性文化重构工作的宏伟性、复杂性和必然性。

在很多中国人看来，现代奥运会闪耀着神圣的光芒。认同此理念的中国人坚决地认为，现代奥运会是一种摒弃了恶性暴力元素的优雅游戏，它兼容了人类的理性与正义精神，更以规则与信仰为意义构体，创制出一种新文化类型。然而，体育是一种极

① [荷]胡伊青加著，成穷译：《人：游戏者——对文化中游戏因素的研究》，贵州人民出版社1998年版，第254页。

② [荷]胡伊青加著，成穷译：《人：游戏者——对文化中游戏因素的研究》，贵州人民出版社1998年版，第254页。

端性的身体文化，同时也是一种极端性的理念体系。顾拜旦最终在他构筑的现代奥运会中找到了抚慰人类内心困惑的方法。顾拜旦从充满了硝烟、悲情与苦难的战争中站起，却让全世界的人回到了自己构建的恬静、安详、优美的精神家园。现代奥运会再造并延续了欧洲固有的文明形态，并使之成为一种全世界民众共享的文化。近代以来，欧洲的文明模式在世界上确立了其主导性地位。顾拜旦则将自己的体育观、教育观与英美的契约精神、法系功能重新融合，从而设计出一种超越古希腊体育形态的新型的奥运会及其完备的奥林匹克思想体系。现代奥运会保留了顾拜旦的人文思想，并很快得到了全世界民众的认可与接纳。现代奥运会逐渐演化为一种普惠性、复合性与融通性的体育赛事。中国人很早就接受了奥运会的价值和理念。

奥运会理念中蕴含丰富的理性主义元素，它让中国人感到十分亲切。顾拜旦奥运会理念中的对立统一观念与中国人所熟悉的二元对立的理念构成了一种对应关系。顾拜旦是法国人，现代奥运会复兴的恰是古希腊的文明传统，其在中国则赢得了政府与民众的双重拥戴，于是，希腊、法国、中国构建出一种有关奥运会故事的隐喻性叙事链。在民族性联通的意义上观照，辩证理性的思想已然成为希腊人、法国人和中国人极为熟稔的传统。具体到历史学、社会学和文化学的层面，现时代流行的科学与民主、技术与自然、政体进步与宗教改革之类的概念都熔铸了西方思想的精华，且充满了丰满的人性自然性品格。

四、结语

现代奥运会在中国的传播和接受的历史同样浸透着中国人对完整人性的接受惯性。顾拜旦的体育观和教育观交相作用，它以英美法系为范式，又融合了完整的古希腊的体育形态，同时也保留了欧洲主流思想中的仁爱精神。顾拜旦不遗余力地在全世界推广这样充满复合性、普惠性和融通性的体育赛事文化，体现出一种人性中本然存在的善意。顾拜旦所创立的现代奥运会具有多元性价值，其中尚武与仁慈、艺术与竞技、道德与平等、禁欲与解放之类对立统一性概念极为合理地容纳在一种合适的空间。现代奥运会是现代体育的典型性载体或高端性范式，它不仅蕴含一种以追求与探索、创新与尚奇为特点的文艺复兴元素，还蕴含公平、公正和理性的法国大革命的积极成果。奥运会及其理念在中国的传播虽然呈现一定程度的选择性、单边性和自然性特征，但现代奥运会具有多维度的内涵和辩证法的话语形态，这些文本或话语形态已然成为中国人接纳奥运会基本精神的心理与文化支点。

第四节　奥运会在中国的认知度呈现

西方文化和东方文化不尽相同。受到天主教、基督教、东正教以及新教教义的影响，西方文化在工业革命以后逐渐成为世界的主导性文化，其器物、制度以及生活方式得以生发出强大的扩张力、外显力和覆盖力。近代以来，西方文化日渐被中国人深刻地感知，其中的原因很多，而最不可忽略的是西方文化中所充溢的自觉、自为、自我的活性，它构筑了今人所知的现代性的核心价值。现代奥运会在世界各国的传播过程就是西方文化能量舒张的一种程序，现代奥运会的张力场为第三世界国家文化带来一种覆盖、改造和嵌入式的元素。西方人在最近的三百余年内走在了世界的前列，且在诸多领域占据了主导性地位。包括奥运会在内的西方文化一度扩张至世界上绝大多数国家和地区，并成为一种令全球绝大多数国家的民众心甘情愿接纳的一种新型的文明形态。

一、奥运会是人类重归自然本体的先行性力量

在时下中国的语境中，奥运会很难成为非神圣性的样板，更难成为小众化的文化典范。不少中国人依然认为，奥运会以其具备了丰富的生物性、思想性和道德性的内涵，始可构建出一种超越感性基础之上的新的美学风范，而这一切的原点在于仪式。

作为复调性大型文化类别，奥运会还是一种聚会的最佳手段。胡伊青加早已意识到了节日的欢聚性、表演性和竞赛性。“当人们在圣所聚会时，他们是为了集体的福乐而聚集在一起的。奉献、献祭、圣舞与竞技、表演、仪式——所有这些都包含在庆祝节日的活动之中。”[①] 缘起于古希腊的奥运会为人类提供了一种社交方式。当今世界，唯有足球的世界杯堪与奥运会相媲美。奥运会和世界杯不同，现代奥运会的举办地集中在一座较为大型化的大城市里，因此，奥运会往往和城市联系在一起，而足球的世界杯则和国家联系在一起。1894 年以后，“顾拜旦又走遍了法国，在巴黎、里昂、波尔多、雷恩、奥尔良等地，争取到了这些城市的田径协会和学校体育协会的支持。”[②] 顾拜旦所拜访的地方也以城市为代表。城市和乡村的最大区别在于人口的多寡，而人口较多的城市更适合举办大型赛会。

① [荷] 胡伊青加著，成穷译：《人：游戏者——对文化中游戏因素的研究》，贵州人民出版社 1998 年版，第 26 页。

② 韩志芳：《点燃圣火：现代奥运之父顾拜旦》，四川文艺出版社 2002 年版，第 29 页。

大型体育赛事其实都是人群汇聚之产物。从根本上说，奥运会更像一种城市节日，而世界杯则是一种种族的节日。体育学者站在实用主义的层面阐释过中国的体育运行体系。“中国体育‘举国体制’的作用和效果以无可争辩的事实于此显现出来。今天，尽管中国体育的‘举国体制’仍存在很多问题，需要进一步完善，但‘举国体制’所取得的成功经验已经引起世界各国的关注，它的重大意义不仅仅在于中国体育在奥运会上的成功，而且为世界体育体制多样化、避免单一发展模式提供了发展思路，为发展中国家摆脱落后现状增添了信心，也为其他国家提供了重要的参考。”① 奥运会的举办往往会给举办城市带来一种节日般的氛围。从历史的角度看，古奥运会是宗教、竞技、教育及文艺的结合体，它也构建出欧洲最早的体育文化传统。城市生活还培育了体育观众。在聚会与沟通、娱乐与欢庆的层面上衡量，奥运会称得上是一种人类社会中的大型化节日。胡伊青加认为：“节庆与游戏之间的联系必然是非常密切的。两者都要求对日常生活的悬置。两者中都主宰着欢快和愉悦，尽管不是必然的（因为节庆也可能是严肃的）；两者都兼有严格的规程与真正的自由。简言之，节庆和游戏具有共同的主要特征。”② 奥运会或许并非法定的节假日，但奥运会可以缔造出随机性的节假日，它折射出的是一种新型的节日理念。

现代奥运会还是新型媒介的统摄对象。电视和网络时代到来后，人们获得视觉享受的机会增多了。在电视和网络媒体发达的区域，民众更容易感受到现代奥运会的丰富内涵，亦可在更大的

① 舒盛芳：《大国竞技体育崛起及其战略价值研究》，上海人民出版社 2015 年版，第 363 页。
② ［荷］胡伊青加著，成穷译：《人：游戏者——对文化中游戏因素的研究》，贵州人民出版社 1998 年版，第 26 页。

维度内满足每个个体和整个世界常态化沟通的欲求。

人类对观看文化一直有一种执着的追求意绪，正因如此，新型媒介和奥运会的关系更富有融合、合作、互惠特性。现代奥运会已经成为世界各国的民众通过现代媒介手段获取重要视听享受的对象，它在另一种高度上提升了奥运会的价值。讨论奥运会的价值，无法脱离具体项目的独特性，它已然成为吸引大众注意力的真实的主体。各种奥运项目宛如一种纪念人类进化过程中无限可能性的身体表演，而这种表演都带有极强的游戏性。很多学者都将游戏推演为一种人类的本能状态。“游戏活动是人类与其他动物共有的一项活动，但二者游戏活动的内容有所不同。人类能够在本能的基础上使游戏活动的内容和方式不断延伸和发展，不仅丰富了游戏内容，也为人类生活增添了乐趣。”[①] 奥运会所构建的是一种大型复合性竞技场域。体育中的径赛贵在速度，而举重以及田赛中的投掷等项目则既强调技巧，同时还要展现出人类世界中所能看到的最壮观的绝对力量，两者都在展示运动技能的极限价值。球类运动更是将一种人类借助器物达到内在逍遥境界的极限值呈现出来。足球中的人与球的复合型线条之美，篮球场上的丛林状人体，排球的爆扣击球，球体产生出地球爆炸流星飞溅的图形，都显示出球类运动的独有的美感和价值。马拉松运动员就是在重新排演一场战争大戏，观众凭借想象依然可以感受到那位颓然倒地的雅典战士的身姿与神情。体操则像是人类与猿猴、龙猫较劲的项目。游泳者如鱼翔浅底，跳高者似鹰击长空，跳水更像是人类对翠鸟、潜鸟之类的模拟行为。诸如攀岩、冲浪之类的名目繁多且花样翻新的奥运体育项目展示了人类对自身身体最

① 鲁威人、石正贵、宋立欣：《游戏文化学》，首都经济贸易大学出版社 2019 年版，第 1 页。

为简单而自由的模拟性与纪念性冲动。如此完美的动作体系也更易于显示出对自然万物的追忆行为。

古特曼在论述体育的异化问题时强调了体育的“自由原则”和运动员的获得感的重要性。“关于体育中异化的说法也过于夸张。对于其所说的现代体育使得运动员走向异化，汉斯·伦克曾反击说，在现代社会中体育并没有比其他领域更促使人的异化。体育仍然是自由世界的一个分支，运动员可以选择是否参加。也正是在这样一个自由选择的体育世界中，人们可以以‘自己工作的产物’——自己的表现——来区别出自己是一名运动员。”[①]从自然主义的角度看，体育是一种相对完整的生命存在秩序。“在体育成绩中，人们可以感觉到一种在别处感觉不到的一种完整感。在这里，正如在艺术当中一样，人们只屈从自由原则。‘竞技成绩……毫无疑问是自己的，这就与流水线生产的成绩相反’，在体育界，个人的成绩是公开的，这与物理研究完全不同，运动员可以在体育界以外获得认可。运动员可以做到欧文·戈夫曼意义上的向他人‘展现自己’。”[②]古特曼在这里强调的是体育与艺术的共通性特质。

英国户外体育本身就充满了自然性。奥运会的众多项目也呈现出了和大自然的多样性相匹配的特质。缤纷多彩的奥运会体育项目不仅展示出人体的潜能，还有一份与大自然永不分离的愿景。奥运项目的确再现了物以类聚、人以群分的经典命题。在群居性、聚众性和狂欢性方面，奥运会体现出了人类每一个简单

① [美]阿伦·古特曼著，花勇民、钟小鑫、蔡芳乐编译，袁旦审译：《从仪式到纪录：现代体育的本质》，北京体育大学出版社2012年版，第83页。

② [美]阿伦·古特曼著，花勇民、钟小鑫、蔡芳乐编译，袁旦审译：《从仪式到纪录：现代体育的本质》，北京体育大学出版社2012年版，第83页。

的个体的普遍性愿望，展示的是一种人类对万千世界的问候仪式，更显示出人类对自然本体意义的一种特殊的敬意。

二、奥运会是一种身体的艺术化展示形态

尚需重新回到感性化的范畴，唯其如此，方可寻觅到现代奥运会的纯正的格调。奥运会无法忽略人类自身的身体性。奥运会的真实价值体现在人类身体活力的最大释放层面。为同类型文化发展的惯性所决定，现代与古代奥运仍具有很高的相似度。作为人类动作语汇的集大成者，奥运会的项目参与者其实是在执行一种有身体传承的文化任务。现代舞蹈学教科书曾对身体传播作出了阐释："今天人们跳着的带有原始积淀的传统舞蹈，就是靠舞蹈这种身体传播方式，如符号一样一代一代地传至今天。它的根元素或许已经经历了千万年，甚至亿万年。"① 这里所说的亿万年当属概说，是一种推论，同时也强调了身体传播现象的久远性。斯坎伦认为："人们对体育运动的巨大热情不仅因为它可以强身健体，也因为它是一个利润丰厚、商机无限的产业。与此同时，体育运动还提供了一个可以公开讨论性和性别的平台，并且颠覆了传统的宗教制度。"② 在身体行为学的意义上看，奥运会的动作体系是对以古希腊人为代表的古代人类游戏行为的纪念形态，融合着裸体运动员的极限式表演。奥运会的裸体性构成了其对纯然的人类身体的敬重之情。贝林格曾记述："希腊的第三功能性体育设施是竞技训练场（Gymnasion），供参加重大体育比赛的运动员进行训练。该词源自 gymnos（裸），也就是说平时希腊

① 吕艺生、毛毳、武艳、张麟：《舞蹈学基础》，上海音乐出版社 2013 年版，第 194 页。

② [美]托马斯·F. 斯坎伦著，肖洒译：《爱欲与古希腊竞技》，华东师范大学出版社 2016 年版，第 1 页。

竞技运动员是不穿衣服的。”[①] 裸体竞技的惯性源自古代奥运会的特殊规制，古希腊运动员训练和比赛的着装略不相同。“古奥运会时，运动员的服装非常独特。前几届运动会选手们在腰间系上‘兜裆布’进行比赛，后来一名年轻运动员在比赛中不慎把‘兜裆布’散落在跑道上，他仍然坚持跑到了终点。一丝不挂的他不但没有招来观众的哄笑，反而吸引了人们欣赏的目光。大家觉得赤身裸体的男性胴体更能显示出肌肉的健美和男性特有的魅力，给人以美的享受。从此以后，裸体竞技就成了古奥运会的一大特色，通常又被人们称为‘赤身运动’。裸体的运动员身上要涂上橄榄油，以防止日光曝晒，也使皮肤富于光泽、肌肉富有弹性，看上去更加美观。”[②] 人类摆脱裸体时代是一种进步，然而，古希腊的裸体运动则是一种反动之反动，带有更高的回归人体自然性的象征性意味。“裸体竞技表现出古希腊独特的民族风尚和艺术风格，显示出古希腊人对健与美的崇尚，为举世闻名的古希腊雕塑艺术提供了丰富的素材。”[③] 在裸体主义精神的映照下，人类更容易释放情怀、放弃疑虑、解释仇怨，这可能是奥运会坚持裸体主义的真正动机。斯坎伦进而认为：“古尔德纳注意到，希腊人珍视年轻、健康和美以及所有具有‘身体曲线’的物体。拥有这些东西不如拥有声望，声望本身更稳定而持久，它也构成了那个社会的一种至高无上的荣誉。尤其是运动员的意识形态认为具有人体的美和力量是出名的原因，对于这一点希腊文学和荣誉法令已给出证明。古朴时期希腊青年男子雕像扩展到大约两万座，比

---

① [德] 沃尔夫冈 · 贝林格著，丁娜译：《运动通史：从古希腊罗马到 21 世纪》，北京大学出版社 2015 年版，第 38 页。

② 韩志芳：《点燃圣火：现代奥运之父顾拜旦》，四川文艺出版社 2002 年版，第 5 页。

③ 韩志芳：《点燃圣火：现代奥运之父顾拜旦》，四川文艺出版社 2002 年版，第 5 页。

真人尺寸要大并且具有理想形象的裸体青年（或者年轻的神祇），表明了当时对健康男性形象偶像化崇拜的普遍性。”①奥运会是按照项目划分的，奥运会中的每一个项目都有其固定的动作规定性及其附属的行为美学。人类进化的过程堪称漫长，人类的仪式化动作则是一种反抗个体独立进化的元素。人类经过千百年历史还在重复着同一种动作体系，并在这个动作体系的指引下获得极大的群体认同感，这里也寄寓着包括奥运项目在内的各种体育活动的超越性价值。古代奥运会竞赛期间的确展示出一种令人难以忘怀的景象，类似的景观在现代奥运会的场域中依然存在。

现代奥运会更为尊崇竞技的艺术化境界，这种艺术化境界构成了艺术和体育的共振点。体育的娱乐性可以追溯到古希腊时代。斯坎伦认为：“‘体育’在英语中最初意为‘娱乐、消遣、休闲’。直到一百多年前其意义才逐渐演变为现在这种狭义的版本。即‘一种具体的娱乐，常常包含有身体操练并有其固定格式和一整套的规则’。”②正是在此基础上，顾拜旦才决定在现代奥运会中重构体育的复合性价值。奥运会与艺术的关系十分紧密。“早在古奥运会就有体育运动与文艺相结合的传统。自公元前444年的第84届古奥运会就已开始举行文艺比赛，获胜者同样可获得奥运会奖励。1906年在巴黎举行的第4届现代奥林匹克代表大会决定设立这五项比赛，并与体育比赛享有同样的地位。”③李力研将竞技类体育解读为一种释放灵魂的过程。“竞技运动是怎

① [美]托马斯·F. 斯坎伦著，肖洒译：《爱欲与古希腊竞技》，华东师范大学出版社2016年版，第14–15页。

② [美]托马斯·F. 斯坎伦著，肖洒译：《爱欲与古希腊竞技》，华东师范大学出版社2016年版，第9页。

③ 檀明山编著：《不可不知的2008个奥运常识》，华文出版社2008年版，第58页。

球迷更容易建立超越国界的友谊。路云亭 2019 年 7 月 25 日摄于上海虹口足球场外

样的一种运动呢？它是一种梦想自己力量与敏感的运动，是梦幻自己捡回‘七分虎气’、‘三分猴气’的浪漫情怀。竞技体育有一些自不量力的味道，它不满足于芸芸众生那种像个动物就行的水平，运动者总是想回到远古的过去，像在丛林中一样，与各种动物搏杀，与所有运动健将较量，从而显示力量、速度乃至灵敏度。”[①] 从动物学的角度切入体育学，往往可以给人带来一种更为宏阔的启迪力量。“大众体育仅仅是大众不想忘记自己的动物性而已，竞技体育则不然，它想的是我在动物世界中也有上乘表现（尽管非常拙劣）。这实在是有些不知天高地厚的意味，权作一种重温旧梦的努力尝试。竞技运动的核心就是人类力图维护自己的‘世界 2’”。[②] 从休闲学、竞技学和娱乐学的高度考量，酒神精神及其文化体系可谓西方人对世界作出的一大贡献。巴赫金曾说：“狂欢是在‘神圣与粗俗’‘崇高与卑下’‘伟大与渺小’‘明智与愚蠢’等等传统价值体系中，把处于正负两极的分类及价值的对立项‘接近起来，团结起来，订下婚约，结成一体’。如果从对立项中被赋予了正价值的一项来看，那么被赋予了负价值的一项，就可以说是‘身份

① 李力研：《谁能与我同醉——试析波普尔“世界 3”中的体育运动（下）》，《体育文化导刊》2004 年第 8 期，第 23 页。

② 李力研：《谁能与我同醉——试析波普尔“世界 3”中的体育运动（下）》，《体育文化导刊》2004 年第 8 期，第 22-23 页。

卑微的人’了吧。”[①] 恰是一种公平性的狂欢才使得现代奥运会得以维持其基本的生命体征。

正像近代欧洲基督教文明在世界各地的传播形势一样，现代奥运会在世界各地的传播呈现出非均衡的态势。现代奥运会萌生于19世纪末期，从1892年到1896年的4年间是其急速发展并成型的时间节点。奥运会为身体性之学，但也有其鲜明的精神品格，无法脱离诸如宗教、学说、信仰、价值观之类的概念介入现象，而其内在的优越性迫使其成为一种普惠性的文化品类。其实，现代奥运会的传播史同样是一种证明其内在优越性的历史。一种文化品类是否优越，主要看其可以给接受者带来多少物质和精神财富。从现代奥运会传播的历史中可以看出，奥运会主办国、参会国及其理念的接受者都在可以在奥运会中获益。时至今日，竞办一场或几场奥运会已成为很多国家扩展存在维度的基础性选项。

所有的新生事物都会遭遇初起性困境，现代奥运会其在创始的阶段传播得并不顺利，一度呈现出弱小、谦卑、极不显赫的状态，顾拜旦为此倍受辛苦。“1892年，顾拜旦遍访欧洲，宣传奥林匹克理想。同年11月25日在庆祝法国体育运动协会联合会成立5周年大会上，他发表了著名的演说，第一次公开和正式地提出恢复奥林匹克运动会的倡议。在演说中，顾拜旦阐明：现代奥运会应该像古希腊奥运会那样，以团结、和平和友谊为宗旨，但应该比古希腊奥运会有所发展和有所创新，它应该向一切国家、一切地区和一切民族开放，并在世界各地轮流举办。顾拜旦的倡议，使现代奥运会从一开始便冲破民族和国家的界限，具有鲜明

① ［日］北冈诚司著，魏炫译：《巴赫金对话与狂欢》，河北教育出版社2002年版，第286页。

的国际性。顾拜旦热情洋溢的号召，招来的却是奚落和冷遇。”[①]顾拜旦在传播奥运会时遇到阻碍，其中很大一部分原因在于未能及时地阐释清楚其中的普惠性理念，也未能彰显出现代奥运会本体的内在活性。

现代奥运会一直内含有一种和平的理念，但现实世界中作为文化实体的奥运会依然带有很强的抗争性。现代奥运会的内容很丰富，以至于极易让人感受到其内在的矛盾。顾拜旦并未回避此问题，还对其作出了符合实际的解释：“1900 年在诸多不利条件下于巴黎附带召开的第 2 届奥运会强调举办的现代特点，新的奥林匹克精神追溯到古代，不过是完全为了现代所需。1904 年在圣路易斯召开的第 3 届奥运会强调奥林匹克运动的世界趋势，奥林匹克运动只有冲破地中海甚至欧洲的范围，征服新的环境，才能得到繁荣。”[②]奥运会蕴含着诸多的带有现代性的新观念，而这些新观念起先并不被人们接纳。

顾拜旦首创的“奥林匹克主义”一词就一度遭到人们的嘲笑。“他们怀有某种哲学的火花：对希腊的回忆，对斯多葛主义传统的尊崇，以及竞技运动要为现代世界服务的概念相当明确，这些使他们很快吸引了世人的注意。人们嘲笑他们，但是嘲笑并没有使他们有丝毫的气馁。当运动成了气候时，他们受到了激愤、猛烈的攻击。但是他们的事业已获得了青年人的支持。”[③]正因如此，现代奥运会的推广过程远比当今世界人们想象的艰难。好在顾拜旦本身是一个乐观主义者，他并不讳言传播现代

---

① 韩志芳：《点燃圣火：现代奥运之父顾拜旦》，四川文艺出版社 2002 年版，第 28–29 页。

② [法]顾拜旦著，詹汝琮、邢奇志等译：《奥林匹克理想——顾拜旦文选》，奥林匹克出版社 1993 年版，第 85 页。

③ [法]皮埃尔·德·顾拜旦著，何振梁审校：《奥林匹克理想——顾拜旦文选》，人民出版社 2008 年版，第 7 页。

奥运会时遇到的阻力。“奥林匹克精神是一台巨大而无声的机器。尽管有人不断地往这台机器内扔沙子，想破坏它的运转，但没人得逞。这台机器的运转齿轮没有被磨碎，它从来没有停止过运转。”① 现代奥运会是一种优质赛事，蕴含明显的新思维元素，并在当今以及未来很长一段时间都具有普惠性。

美国奥林匹克运动研究专家乔治·赫斯勒在讲述复兴古希腊奥运会时曾说：“奥林匹克运动会的复兴不是一个自发萌生的梦想，而是我们这个时代伟大的世界主义趋势发展的必然结果。19世纪见证了世界各地体育风气的觉醒；它在德国和瑞典初露端倪，在英国达到鼎盛，在法国和美国逐渐衰落。与此同时，铁路、电报等具有时代意义的伟大发明使不同民族的人们能够进行交流。当使用各种语言的人们之间的沟通变得容易之后，共同利益便自然而然地拥有了更广阔的发展空间。”② 乔治·赫斯勒在这里阐释了三方面的意向：其一，对古希腊体育精神的复兴需求；其二，高度重视人的身体性及其多维度意义；其三，追求古典主义与现代主义的内在均衡性。上述原则其实构成了现代奥运会的基本内涵。顾拜旦创建的现代奥运会强化了古典奥运会的文化均衡点，并在传播维度上作出了尝试。

三、奥运会在中国传播的易畅性维度

对于大多数中国人而言，奥运会在很长一段时间内都属于一种高度陌生化的外来文化，其在全世界的传播情况一度困扰过

---

① [法]顾拜旦著，詹汝琮、邢奇志等译：《奥林匹克理想——顾拜旦文选》，奥林匹克出版社1993年版，第76页。

② [美]乔治·赫斯勒著，梁亦敏译：《卓越、尊重、友谊：顾拜旦说》，团结出版社2021年版，第305页。

中国人的精神，同时，西方世界对中国的不信任情结依然存在。Susan Brownell 很敏锐地看到了奥运会的理想国性质。“体育运动是人类乌托邦式努力的一部分，因为它是一个‘游戏’的极限世界，并为新的社会结构的受控性实验提供了机会。一个最突出的例子是 1986 年女子比基尼健美赛的合法化：中国政府从来不鼓励在游泳池和海滩上穿比基尼，但健美运动为其进入中国社会提供了一个可控的领域。体育运动打开了我们的视野，它在日常生活中也正在变得司空见惯。中国正在寻求‘走出亚洲，走向世界’，并要求申办其第一届奥运会，世界各国应该予以关注。”① 西方和中国在地缘政治、意识形态、势力范围等方面都存在人所共知的分野，西方人对中国人的态度和中国人对自己的态度有较大差异，两者时而呈现出高度对立态势。中国和西方在对待同一种事物时会产生两种不同的阐释方法，且在百余年的冲突和纠结的过程中构成了两种迥异的阐释史。两种阐释史也可以演进为两种价值观迥异的话语权解读史。由此可见，西方和中国的关系无法做到完全的非错位性密合。

严格而言，传统意义上的中国人并不依赖高强度的竞技体育，中国人和西方人的生活习惯有时呈现出相反的态势。“在 19 世纪之前，中国未能大规模地进入西方学者的视野。越来越多的西方观察家和学者直到 19 世纪才开始关注中国，在 19 世纪末到 20 世纪初，西方人对东方主义的假设有了依据：东方人关于体育的记述十分稀少，因为竞技体育活动很难在那里存活下来，原因在于东方人的反竞争和过度重视智力的陈旧习俗。除此以外，这里

① Susan Brownell.Beijing’s Games.What the Olympics Mean to China.Lanham.Rowman & Littlefield Publishers, Inc.2008: 33.

还有很多习俗，诸如东方威权主义的传统。一个东方人宁愿让别人运动自己也不愿意参与其中。”[①]中国和西方之间一度存在一道互不接纳的道德与文化、传统与理念的沟壑。正因如此，最初中国提出申办奥运会时，并未取得理想的结果。无可否认，奥运会同样也蕴含为中国人无法完全接纳的元素，中国人也未必情愿全然接受奥运会的所有内容。从终极的理念上考量，奥运会和中国之间一度存在一种巨大的节结，这种节结很容易演变为一种隐性的开裂、脱离以及重构程序。

完全可以将现代奥运会的普惠性特质看作是顾拜旦本人宗教立场的一种世俗化的延伸形态。“顾拜旦的亲古希腊主义，正是他不断积累历史知识的产物，也源于他青少年时期从古希腊文化中受到的启发鼓舞。顾拜旦曾将‘对每个国家都怀有崇高敬意’作为其信仰信条的第一条。接着他说，为了表达对一个国家的敬意，必须先了解它，而要了解它，就必须研究其历史。”[②]早在 20 世纪初，少数接受过西方文化熏陶的中国人在权衡了西方文化的诸多面向后，毅然决然地接纳了奥运会。中国人看中的恰是奥运会中相对均衡性的理念、庄严化的仪式和可兼容化的思想。

中国人在争取奥运会举办权的过程一直小心翼翼地去除或淡化了其中的狂欢、聚会和规则意识之类的选项，因此，奥运会及其强大的现代理念体系在中国的传播称得上顺遂，其中的原因是多元化的。相关人士看到了奥运会的文化背景及其生发机理。

① Susan Brownell.Beijing’s Games.What the Olympics Mean to China.Lanham.Rowman & Littllefield Publishers.Inc.2008: 28.

② 国际皮埃尔·德·顾拜旦委员会编：《奥林匹克主义：顾拜旦文选》，人民体育出版社 2008 年版，第 4 页。

“现代奥运会的召开，恰逢殖民主义扩张、野蛮的原始积累的过程即将结束的时代，生活在这个时代的顾拜旦，倍感自幼以来所受到的理性教育与野蛮残酷的现实存在尖锐的对抗和冲突。一方面，理性教育要求尊重人的生活、重视人的价值实现。”① 奥运会是对更为激烈的排他性竞争的一种妥协化形态。奥运会并未放弃竞争，其所提倡的是一种有限性、宽容性与理性化的竞争。“顾拜旦对近代英国的理性教育有着深入研究，他极为推崇英式教育中将古典文化、竞技运动和伦理道德培养综合起来实施的方式，他认为这是英国人的自信心和活力的基本来源。但是，另一方面，同样是当时殖民帝国中的头号强国——英国却不断地通过征伐掠夺他国的财富、发动战争给人民带来种种苦难。这种相互背反的现实促动顾拜旦要寻求最佳方式去解决矛盾，古希腊奥林匹克运动则给了他启示，在他看来，古奥运会、艺术和品德高尚的公民是支撑古希腊文明的三大支柱，因此，组织发起奥林匹克运动会就成了他生命的理想追求和目标，而他的个人精神和气质，则使他实现这个理想和目标有了不竭的动力之源。”② 当感性主义为奥运会在全世界确立起优势的时候，其内含的理性主义也因为携带了大量的欧洲社会和文化的基因而得以优化，并成为促进世界各国彻底完成现代化转型的主要动能。“在顾拜旦的身上，体现了近代理性精神和个人能力、气质的完美结合，他是以组织奥运会的方式来实践和张扬近代理性精神的典范。”③ 其实，奥运会一直遵守理性主义的原则，并有严明的规则和高尚的趣味，而其源头则是自柏拉图、亚里士多德以来欧洲古典理性主

① 谢光前：《奥林匹克运动与人类理性精神》，《南京体育学院学报》2003 年第 5 期，第 17 页。
② 谢光前：《奥林匹克运动与人类理性精神》，《南京体育学院学报》2003 年第 5 期，第 17 页。
③ 谢光前：《奥林匹克运动与人类理性精神》，《南京体育学院学报》2003 年第 5 期，第 17 页。

义的传统。然而，体育一向尊重身体本位主义的价值观，崇尚本能的自由度，具有非理性的一面。游戏有多重形态，且有多元性的功能。体育本身就有宣泄情感之作用。“我们知道，运动形式各种各样，通过运动宣泄自己的情绪、缓解自己的压力，选择合适的运动形式是非常重要的。”① 奥运会并未放弃人的身体自由的价值观，古代奥运会甚至允许绝对暴力现象存在。胡伊青加曾记述：“在许多希腊花瓶上，我们可以看到武装人员的格斗由于有伴随的吹笛人的在场而被表现为竞赛。在奥林匹克运动中，就有致人死命的决斗。由雷神及其随从在与尤塔加洛基的竞赛中所表演的强有力的绝技，被称为lieka亦即游戏。”② 现代奥运会显然不会允许这样的暴力行为存在，但古代奥运会的原始性基因还在起作用。现代奥运会超越古代奥运会的地方很多，其中就包括将人类原始的动物性暴力游戏改良为一种理性化的游戏程序，借以消解掉人类在自然竞争过程中的硬性暴力，进而维持人类最起码的身体自由的权益。

现代奥运会首次为人类确立了一种超越信仰执念的感性化的聚会与沟通的文化体系，从而极大地提升了人类群体沟通的可能性。现代奥运会有其独特的功用，它尊崇身体价值，重视先期性的道德建设，同时还在法系范围内确立了一种体育与现代理性的呼应关系。现代奥运会本身就是一个国际组织，具有向全世界推广其理念与思想的强大的动能，同时，奥运会还和世界上许多文化机构一样，具有其独特的价值观，其所蕴含的超越国家、种族和地域的近乎无限度的内聚力无法让人忽略。“顾拜旦也发现了

① [荷]胡伊青加著，成穷译：《人：游戏者——对文化中游戏因素的研究》，贵州人民出版社1998年版，第2页。

② 高红敏编著：《人体情绪使用手册》，南海出版公司2009年版，第3页。

体育运动中无处不在的冲突现象：运动项目的热衷者与反对者之间的内战、不同项目运动员之间的彼此轻蔑、德国体操对瑞典体操的排斥、美国足球对英国足球的嘘唏以及商业精神对体育界的侵袭，等等。在顾拜旦看来，消除上述矛盾的有效措施，就是要团结一致，举办各国体育代表团都参加的、定期的‘奥林匹克运动会’。”[①] 顾拜旦设想的奥运会的理念本身并未脱离实际，而具有极强的现实针对性，其中包括了简约的团队意识，它是人类普通聚会形式的高级形态，具有一种令人难以释怀的精神品格。

四、结语

现代奥运会是古代奥运会的升级版形态，它本身既含有纯粹的逻各斯的意味，从而构建出一种现代理性主义精神。现代奥运会还保留了古代奥运会的身体至上的原始主义内涵。跳出每一个运动项目之外而言，奥运会大体都格外崇尚武力的价值，并始终对英雄主义有一种认可、赞美和讴歌意向，而这样的内涵对被儒学浸润过的中国文化是一种很好的补充和完善性元素。对广大的中国人而言，奥运会的逻各斯主义为中国的法制化建设提供了蓝本。奥运会的尚武精神，又可以对中国士阶层一度拥有的高度文雅化的生活方式形成冲击，并有效地阻遏来自传统士绅集团价值观的反现代性的元素。现代奥运会中蕴含着强烈的英雄主义理想，它已然成为一种针对中国的非现代性意识的阻隔性、制约性和压迫性力量。在很多中国人看来，中国体育代表团在新时期以来的历届奥运会上摘金夺银的情形具有十足的象征性意义，它至少在仪式学、符号学和文化学的意义上宣告了中国的非现代性

① 韩志芳：《点燃圣火：现代奥运之父顾拜旦》，四川文艺出版社 2002 年版，第 27-28 页。

时代的终结，同时还象征性地清除掉中国近代以来百余年的隐患式记忆，并有效地促使中国民众加入世界文化和谐性交融的宏大进程。

第三章

现代体育重构中国人的心理秩序

第一节　中国人对体育仪式演示功能的接纳

中国一直有其传统的游戏项目，但在西方游戏形态的干预下，中国的部分游戏方式受到了以奥运会游戏模式以及欧美职业体育为标杆的游戏形态的导引，一度以接近既有的国际性范式为目的，其中却鲜见成功者。其实，后工业化时代的中国体育无法脱离工具论的范畴而另谋出路。为了寻找更大的存在感，现代中国体育人和媒体人开始重新审读中国的民族体育，并力图设计属于自己的体育赛事，中国电视媒介领域中的《脚斗士》《武林大会》皆属于此类，上述由媒介策动的体育赛事一度成为热门电视节目，却因多重缘由而难以为继，最终被迫退出了媒介舞台。从目前的情况看，电视参与包装的多项中国传统游戏已然演化为一种过场戏，从而早早就淡出了民众的视线。在如此境遇下，中国体育人不得已又将相对成熟的来自异域的国际体育赛事看得如同己出，并对其实行了适度的改造，国际赛事的民族化改造事宜由此而变成一种新潮流。

一、大型体育赛事具有超身体的仪式治疗功能

现代流行的国际性大型体育赛事原本属于一种外域文化，如果没有强大的传媒集团的推介，中国人对这些体育赛事不会有太大的兴趣。真实的情况也是如此，那样的赛事一度和中国人没有丝毫的关系。然而，新时期以来，中国体育人不仅接近了外

域体育，还时常超越了外域体育，进而创造了许多里程碑式的体育事件。自从1981年中国女排获得世界杯冠军之后，体育逐渐成为中国人的集群性热议内容。这便涉及群体心理学的问题，其中的主体是心理治疗。

首夺世界冠军的中国女排构建出一种历史的里程碑，女排精神就此成为中国的道德符号，从而具备了恒久的意义。1985年中国女排获得三连冠后访美时全体队员签名排球，中国体育博物馆藏

西方心理学家很早就关注到心理治疗和游戏的关系。德国的苏兹在论述短期心理治疗时曾一度强调寻找合适的新伴侣的重要性。新的伴侣确定后，人的精神才会呈现出一种稳定、安静而欣悦的状态，其延伸性的生活秩序也会很好。“新的生存规则已经稳固。与其他人的交往不再受到缺乏信心的困扰，不再受到同伴的牵制，不再为获得他人的爱和认可苦苦挣扎，不再尝试去控制他人，不再拼命压抑自己反抗的冲动，不再害怕献身。大量的心理能量通过这些被释放出来了。游戏的创造力、对世界的兴趣和好奇心代替了以前的刻意清醒和恐惧的回避态度。”① 中国体育的高度精神性源于其仪式治疗的需求，此类仪式治疗源于20世纪50年代。卢元镇曾说：“50年代形成的中国体育模式被称为是‘举国体制’。这种体制的初衷是社会主义体育的人民性，它是一种将国家的最高意志，通过委员制的形式渗透到直接领导体育活动的群众团体中去

① [德]苏兹（Sulz，S.K.D）著，林璐、潘艳译：《策略性短期心理治疗指导手册》，广东教育出版社2005年版，第30页。

的政府统制。其主要管理控制手段是行政命令。所有的体育活动都以政府的行政机构为序，体育竞赛背后的利益群体是各级政府，出现了'人民需要金牌'，政府出钱向体育部门买金牌的机制。"[①] 并非所有人士都认同中国体育的超体育价值的合理性。尚需说明，那种将中国体育看成政治工具的观点仅仅触及事物的表象，却忽略了体育更为深邃的针对大众的仪式治疗功能。

古特曼曾系统地分析过游戏的仪式治疗效能。"弗洛伊德在他著名的《超越快乐原则》一书中，将有组织游戏看作是为战胜矛盾所做的努力。罗伯茨和史密斯评论道：'有组织游戏参与的矛盾假说认为游戏参与者起初对游戏感到好奇，继而多加练习，最终由于特定的心理矛盾高度参与其中。'这一意义上的有组织游戏是有治疗作用的。不同的游戏代表战胜心理矛盾的不同手段：'有组织游戏是战胜他人的手段。在游戏中，参与者通过神奇的力量（如在机运类游戏中）、通过体力（如在身体技能类游戏中）或者通过机智（如在策略类游戏中）战胜对手。'接下来的评论揭示了这种方法的隐含假设。孩子们在游戏中学会了'诡计、欺骗、骚扰、猜测和卑鄙的行径等必要的技术。'[②] 游戏有一种真假互易的假定性功能，这便有效地保证了游戏的虚构性特质。'老师们不会教他们这些技术，但这些艺术在婚姻、商业和战争的成功人际关系中起重要的作用'。弗洛伊德认为在努力战胜矛盾的过程中，游戏与玩笑很相近。"[③] 受到跨学科研究理

---

① 卢元镇：《走向市场经济的必然、困惑与对策》，《体育与科学》1994 年第 1 期，第 23 页。

② [美]阿伦·古特曼著，花勇民、钟小鑫、蔡芳乐编译，袁旦审译：《从仪式到纪录：现代体育的本质》，北京体育大学出版社 2012 年版，第 11 页。

③ [美]阿伦·古特曼著，花勇民、钟小鑫、蔡芳乐编译，袁旦审译：《从仪式到纪录：现代体育的本质》，北京体育大学出版社 2012 年版，第 11 页。

念的影响，现代心理学的发展速度很快。游戏的心理治疗作用正面临无限细化的考验，它揭示出游戏在社会生活中广泛的实用性价值。女排故事就有明确的心理治疗作用。“这种精神在当时的中国，被大力提倡，有着深刻的时代背景。改革开放早期阶段，国人猛地意识到了与世界的差距，而变得有些失落和彷徨。因此，在这一背景下，女排精神广为传颂，其实就是在向国人和全世界庄严宣告中华民族崛起的信心和能力。”[①] 作为游戏的体育有其独特的质的规定性。体育在充当了主体的仪式治疗工具之后，便无法摆脱对胜利因素的依赖。对很多中国人来说，寻求体育中自由游戏的快感要远远低于寻求胜利的快感。

人所共知的中华体育精神并非一种务虚之物，恰相反，它也内含一种强烈而鲜明的实用性，这种实用性就体现在其仪式治疗功能的层面。作为国家管理部门，国家体育总局总揽中国体育的全方位的工作，其主体功能是发展体育运动、增强人民体质。在特定历史时段内，中国体育客观上承载过群体心理学意义的仪式抚慰功能。中国职业体育兴起后，此类体育则兼具国际体育界通行的身体性、感官性和娱乐性的价值。人所言说之中华体育精神其实是媒介推介的产物，媒介推介出来的中华体育精神可以是一种群体心理治疗器具，还可以是一种验证媒体实体性存在的符号，更可能是一种重构体育基本定义的流行话语。已有学者关注到了体育与信仰、精神或道德的特殊连接关系。“个体化的流毒与国民性的顽疾在当代中国的社会土壤中一旦不期而遇，马上一拍即合、同流合污，使众多国人沉沦于由愈演愈烈的信念引退、理想缺失、自我中心、唯利是图、诚信丧失、去道德化和集体非理性等交织

---

① 单春晓、康丽、许雷：《精神的力量》，辽宁大学出版社 2019 年版，第 249 页。

成的泥沼与迷雾当中。在可预料的将来，如果没有采取超乎寻常的强力手段的话，国人的个体生活将极有可能陷入一种远离期望的、有去无回的悲观状态。这点并非杞人忧天、危言耸听。”[①]中国人要想提取到单一赛事中所谓的精神元素，需要有一种先决的条件，那便是将体育的身体性因素抽离出去，并将一种胜利模式灌注其中，让获得胜利的实体充当一种精神载体，这种精神载体在教化世界里是一种神圣价值观，在世俗的世界里很可能仅是一种娱乐对象或供人用作心理博弈或情感赌博的筹码。工具或筹码的神圣性和世俗性在这里都可以得到充分的展示。

体育的另一种说法是竞技，而竞技与博弈关系十分紧密。从终极的立场考量，竞技就是一场博弈，它和世俗生活中的资本博弈尚无法完全脱离干系。世俗生活中的赌博花样繁多，赌钱仅是其中最低端的一种，而赌感情则属于最高端的一类。古特曼认为：“与观众相比，博彩彩民更像是参与体育竞赛，但也并非是真正的体育运动参与者。”[②]大量观看体育赛事的人都会在不同程度上将自我的尊严一同押到虚拟的博弈场上去。新时期以来，不少中国人在观看体育赛事时也一度押上自己的情感倾向性，并因此而获得了一种长期性的兴奋感。那个时代的中国人在一种信息传输的非对称语境中度过了一段对体育的本质近乎异化性理解的岁月。关心中国竞技体育的学者认为：“在中国，竞技体育向来是和国家民族的尊严与荣誉捆绑在一起的。由于过去一个世纪的沦落，改革开放的中国必须摆脱‘弱国’的身份，才能融入西方发达国家主导的国际‘新秩序’里，竞技体育是达成

① 黄聚云：《全球语境下的体育强国理念》，《体育科研》2009 年第 4 期，第 14 页。

② [美]阿伦·古特曼著，花勇民、钟小鑫、蔡芳乐编译，袁旦审译：《从仪式到纪录：现代体育的本质》，北京体育大学出版社 2012 年版，第 9 页。

目标的一种最直接高效的途径。因此，参加奥运会夺取金牌，成了中国体育健儿一项不可推卸的历史责任，只有在体能和技术的较量中征服对手，才能在‘西强东弱’的世界格局中得到列强的认同和尊重。”① 其实，新时期的中国体育从一开始就是一种非身体化的体育，或者说具有强烈的超体育特性。从本质上说，这一时期的中国体育蕴含中国人的群体归依诉求，带有明确的原始性仪式治疗的功能。卢元镇曾经关注过中国人的金牌心理依赖状态：“中国对‘金牌’的情有独钟和狂恋，有着不可动摇的社会背景和无可指责的社会心理要求。在历史上中国受他人欺负的时间太长，在国力尚不强大的时代，人们就总寄希望能在一个‘擂台’上把外国人打下去，在刚有能力支配自己命运的时候，当然就更希望以一种最简捷的方式缩短与强国之间的差距，改变别人眼里的中国形象。中国的选择就是摘取金牌，与世界‘体育强国’平起平坐。”② 中国人的金牌迷恋情结来自独特的心理需求，这种心理需求造就了一种对胜利仪式的渴望之情。2016 年中国女排在里约热内卢重获奥运金牌，演绎的是同样的文化性、传播性与社会性主题，郎平也再度成为里约奥运会期间最受中国人欢迎的体育人。中国人获得了一次重温胜利仪式的机会。

胜利仪式指的是绝对战胜所有对手的一种仪式。胜利仪式和锦标主义往往更容易紧密地联系在一起。古希腊竞技本身就是金牌主义和锦标主义的产物，同时也竭力推崇胜利仪式。“古代希腊竞技会上没有第二名和第三名，每项竞赛只有一名最优秀的选手。对于那些在竞技比赛中的获胜者人们非常尊敬，给他

① 林家春：《竞技体育强国与“亚健康国民”矛盾的思考》，《江苏理工学院学报》2015 年第 4 期，第 69 页。

② 卢元镇：《体育的社会文化审视》，北京体育大学出版社 1998 年版，第 179 页。

们戴上用橄榄枝编成的冠，橄榄枝是由一名少年奉命去橄榄园用金刀砍取的。这些获胜者国家免除其赋役，在庆典时保留荣誉座位，有时甚至给其颁发终身津贴，还授予其在所有城镇的公共食堂内受用一辈子赠餐。获胜者不但被载入史册，其形象还被刻在陶瓷花瓶、大理石上，或被铸成雕像竖立在公共场所。他们的事迹被当时最优秀的诗人编成史诗咏唱。竞技会的这些获胜者被人们视为天神。"①现代奥运会与古代全运会并不相同。"简单而言，古代奥运会是为神，尤其是主神宙斯而举办的，现代奥运会则是为奥林匹克精神而举办的。理念是否独立，是古代奥运会与现代奥运会的本质性区别，古代奥运会是外部主导，现代奥运会本身则成为主导性的力量，它可以对外部产生巨大的影响。"②现代奥运会是现代主义精神的显性载体。"对竞技体育有两种看法：第一种，个人的分散的体育锻炼，简单地说，这是一个最好和最合意的观点，即当一个国家存在时，生活在其中的每一个年轻人，或个人或与他的同伴们，可以充分享受经常进行体育锻炼的权利。"③顾拜旦将体育看作一种人人可享用的社会福利，体育的终极使命在于其普惠性。"他们在健康的体育中，寻找一种极好的方式来增进健康、增长力量。到那时，整个人类，或一部分，就可以达到尽善尽美。但是，我们还做不到这些，因此，我们必须考虑第二个观点，即有组织地竞赛，为赢得什么而进行的竞技。我们必须估计到，它对体育既是有力的刺激，也是危险的腐蚀。我们不能否认它的有力的刺激作用，事

① 崔正华：《异域漫记》，甘肃人民出版社 2007 年版，第 230 页。

② 庹继光：《奥林匹克传播论》，巴蜀书社 2007 年版，第 88 页。

③ [法] 顾拜旦著，詹汝琮、邢奇志等译：《奥林匹克理想——顾拜旦文选》，奥林匹克出版社 1993 年版，第 26 页。

实上，是强有力的刺激。人类社会按照竞争的法则运动，历来如此，而且永远如此。”[①] 顾拜旦认为奥运会和世锦赛有差异，两者的区别绝非仅仅在于非单项赛事和单项赛事之别。“我不得不承认，依靠单个的体育项目锻炼和竞赛来经常地和坚持不懈地进行对健康、美、和谐的追求，是一种幻想。也许有的人能做到，但一般人永远做不到。因此，我们必须求助于有组织的竞赛制度，并让它在竞技体育中占主导地位。我们可以给它一种平衡，一种调节机制，就像我们已知道的古希腊人一样，用它来尽力解决那些使我们困惑的问题，这个调节机制就是奥运会。”[②] 尽管奥运会有一种均衡主义的内涵，而其内在的锦标至上的精神始终是支撑其存在的最大基石。在此意义上看，胜利仪式的内涵已经完全变成了经典的金牌至上主义。中国曾经扬弃过金牌至上的观念，但在提倡公平竞争的年代，金牌至上的观念恢复了其既有的地位。其实，职业体育赛向来如此，没有多少人在意世界杯足球赛事中亚军、季军是谁，但人们仍在谈论历届世界杯冠军的轶事。从文化学的角度看，金牌的仪式学价值更高，且具有其他颜色的奖牌无以具备的符码意义。在很多体育爱好者看来，失去了仪式学的语境支撑之后，体育的既有意义也会流失。中国式竞技体育的本体性价值体现在仪式学的层面。

二、中国人对体育的理解带有鲜明的大国仪式寓意

现代体育是西方文化的衍生物，因此，人们对体育的解读

① [法]顾拜旦著，詹汝琮、邢奇志等译：《奥林匹克理想——顾拜旦文选》，奥林匹克出版社1993年版，第26页。

② [法]顾拜旦著，詹汝琮、邢奇志等译：《奥林匹克理想——顾拜旦文选》，奥林匹克出版社1993年版，第26–27页。

无法完全脱离西方话语背景。当下中国体育人更多地走在一种趋于仪式化的体育发展路径中，中国的体育实验者反复尝试推广某种其所认知的民族游戏形态，却因不太熟悉现代体育的规制而难获成功，面对一次又一次的挫败，部分人士只好回归到否定自我的老路上去，并试图利用外来的游戏方式来安慰自己原本就不太稳定的心理，这里显示的仅仅是一种对身体仪式的极限追求动能。面对过于浩大的仪式治疗任务，中国体育人只能知难而上，承担其中的主体性职能。

现代体育本身就兼具神圣性和世俗性。古特曼曾说："赛前强制性的更衣室内的祷告与用体育节日来膜拜诸神是有根本性区别的。对于在代表着太阳和月亮的环之间接力的吉卡里拉伯切人，或是在特尔斐神圣道路上所建的体育场里面奔跑的希腊少年来说，竞赛本身就是一种宗教行为。而对于现代大多数运动员，即使对那些在比赛中寻求神的佑助的运动员来说，竞赛也是一件世俗的事。神圣的诤言并不会帮助运动员在球场上避开抢断与阻截，宗教被遗忘在赛场之外。"① 中国的体育也同样如此，兼具世俗性和仪式性品格。中国尽管无统一的民间性仪式条则，但仍旧保留了一些相对零散的仪式传统及其展示空间，因此，作为一种新型的仪式人，中国体育人经常摇摆于这样看似对立的仪式场域，且在较长的时间内都无以自觉。

仪式是一种人类群体行为，以其具有表演性、动感性和身体性，往往具有高度的普惠性。现代中国人的体育观几乎就是一种体育的仪式观。往大里讲，任何一种仪式都有跨文化的功

① [美]阿伦·古特曼著，花勇民、钟小鑫、蔡芳乐编译，袁旦审译：《从仪式到纪录：现代体育的本质》，北京体育大学出版社 2012 年版，第 29 页。

能。德国民俗学家 Van Gennep 曾说："仪式帮助了个人或集体完成他们生命过程中一个阶段到另一个阶段的转换，并记录人生的重大变化，提高了个人或集体的状态或地位并形成了新的人际关系。"[①] 如果说1981 年的女排事件是一种由偶然性的体育叙事缔造出来的国家仪式的话，那么，2016 年的里约奥运会女排夺冠就是对一种固有仪式的回忆形态，或者说是一种早已为人淡忘的旧有仪式的复活形态。英国人类学家马丁·艾思林认为："人作为一种社会动物，一种不可孤立的动物，势必形成一个部落、一个民族、一个民族的一部分，从而深切地依赖这些集体体验。因为一个社会团体的一致性就其定义而言，是由一系列共同的风俗、信仰、观念，由共同的语言、神话、法律和行为准则构成的。但是首先是，这个团体（和其中的每个个人）必须能体验到它自己的一致性：仪式就是一个原始部落以及一个高度发达的社会用以体验这种一致性的手段之一。"[②] 世界上每一个人都生活在特定群体中，而人与人之间的关系最终体现在交往仪式的层面。这也说明，仪式具有不可或缺性，就是已经缺失的仪式也会在特定的时间内得到复活，否则人类的社会性就不复存在，作为社会性生物的人类也将无法生存下去。具体到每个个体而言，仪式品质的高低会影响到当事者的常态化生活质量。仪式学家都会将仪式看作一种精神干预手段。"人们缺席了婚礼或葬礼这样的仪式，同时也就丧失了在生命过程中安全度过转变性事件或成功处理生活危机的机会。心理治疗就成为这些缺失仪式的现

---

① Van Gennep, A.The rites of passage. 1908. London Routledge & Kegan Paul, 1965: 3. 转引自王敬群、张志涛、井凯、马骥《仪式与心理治疗》，《江西师范大学学报》2012 年第 1 期，第 119 页。

② [英] 马丁·艾思林著，罗婉华译：《戏剧剖析》，中国戏剧出版社 1981 年版，第 19 页。

代的替代品。当人们被现有的身份或人际关系所困扰时，咨询师可以协助来访者构建一个治疗仪式处理未解决的危机，获得遗失的身份与地位，摆脱曾经的自己或困境，建立新的人际关系，获得生命的继续前进。”[①] 在此意义上考量，仪式是超时代的，任何一种固有的仪式都会在特别的时空以特别的方式展现出来，并带有其特别的社会功能。中国人还在回忆旧有的仪式，并且一如既往地将其视作一种抽象的精神。中国媒体屡屡声明的女排精神就是一种体育仪式化、仪式道德化、道德宣传化的代表。

现代奥运会不同于职业竞技，它一向带有相对明确的业余主义的理念。胡伊青加一度将职业体育看成游戏的终结性力量。“现在，由于对运动加以不断的规范和监督，某种纯粹的游戏特征便不可避免地消失了。我们可在‘业余运动员’与‘职业运动员’（或更可称为‘票友’与‘戏子’）的正式区分中很清楚地看到这一点。”[②] 从本质上说，职业体育是对业余体育的一种制度性打击，同时也对业余运动员造成了心理压制。在古典主义者看来，体育领域中的过度职业化现象也可能会影响到人的全面发展。胡伊青加显然看到了体育职业化的极端性特征。“这也影响到业余运动员，使他开始受自卑感的袭击。在自发性与随意性之间，他们使运动越来越远离真正的游戏领域，直至这种运动变成某种特别的东西：既非游戏又非严肃。”[③] 顾拜旦也坚决捍卫奥运会的业余化原则，他于 1894 年 1 月 15 日在巴黎国际体育代表

① 王敬群、张志涛、井凯、马骥：《仪式与心理治疗》，《江西师范大学学报》2012 年第 1 期，第 119 页。

② [荷] 胡伊青加著，成穷译：《人：游戏者——对文化中游戏因素的研究》，贵州人民出版社 1998 年版，第 254 页。

③ [荷] 胡伊青加著，成穷译：《人：游戏者——对文化中游戏因素的研究》，贵州人民出版社 1998 年版，第 254 页。

大会上曾说："许多国家的业余运动员，为了抵御侵犯他们尊贵地位的金钱的和职业化的精神，拟订了充满妥协和矛盾的复杂规则；而且常常受重视的是它们的条文而不是它们的精神实质。"[①]奥运会的业余主义始终是一种主流，其内在的意义指向在于体育本体的精神价值，其所构建的是一种用身体竞争的业余性与内在理念的专业性网系。中国一直是强调儒家伦理精神的国家，中国人最看重的体育赛事一直是与儒家尚德思想高度吻合的奥运会，其中的道理很简单，当道德成为主流的时候，其他任何事物都只能成为一种支流。换句话说，当道德成为主体事业的时刻，其余的事也便只能成为辅助性事项。

20 世纪 80 年代的中国人尚无法抵达奥运会的堂奥，唯其如此，许多中国人更加渴望看到奥运会的真实风貌。20 世纪 80 年代的中国正处于一种百废待兴、万机盎然且充满了未知性的时代，体育作为一种具备启蒙价值的先锋类文化产物，早已在一种安静的状态下化为一种公共话语。许多中国人在了解体育之前，最熟悉的仅仅是奥运会及其坚守的业余主义宗旨。受到固有价值观的影响，中国人一度较难接受西方式的职业竞技体育，对强调业余主义理念的奥运会反倒情有独钟。这里寄寓着一种简单的逻辑，因为否定客体等同于肯定主体。中国人既然难以接受极限性的职业竞技体育，自然会接受非极限性的奥运会。

体育在新时期中国的政治生活中一度起着举足轻重的作用。体育人在塑造中国人形象方面的作用十分突出。"当时国内仍然一穷二白，在国际上，中国长辫子男人、小脚女人的'东亚病

① [法]顾拜旦著，詹汝琮、邢奇志等译：《奥林匹克理想——顾拜旦文选》，奥林匹克出版社 1993 年版，第 2-3 页。

夫’的形象没有改变，振奋民族精神、提高民族自信心、自豪感、凝聚力，树立国家形象，展现国家实力成为我国体育的应有之义。”① 中国人热衷于体育为的是得到一种开放的国际视野，寻找更为充足的民族自信力，并借以建构一种更为豪迈而健康的国家形象。以奥运会为典范的体育赛事与国家意志的关系一直十分紧密。顾拜旦于 1936 年 7 月发表致柏林奥运会火炬传递者的祝词《高举火炬前进》。“历史的统治和斗争将继续下去，但是知识将一点一点地取代危险的愚昧无知；相互理解将减轻不经思考的仇恨。这样，我曾为之劳动了半个世纪的大厦将得以巩固。”② 顾拜旦未曾预料当时的德国政府对奥运会的曲解。顾拜旦一贯坚持奥运本位的理想，将任何国家举办奥运会都看成一种对奥运会精神的传播行为。1936 年的柏林奥运会开启了另外一种举办国与奥运会的连接模式，这种模式体现出三方面的特质。其一，彰显出一种秉持帝国思维的国民对奥运会真实的认知状态。其二，柏林奥运会将巨大的体育赛事和巨大的政治图谋融合在一起，形成了一种超越时空的文化景观。其三，柏林奥运会还开拓出国家仪式和体育仪式混同之先河，并推演出一种奥运会和具体的政治企图高度汇合的新的奥运会举办形态。古特曼对此曾作过系统阐释：“除了商业化外，西方体育也越来越成了灌输军国主义、民族主义和帝国主义思想的工具。20 世纪 20—30 年代，体育领域的高官欣然准备接受法西斯主义。法国小说

① 侯典云、张细谦：《体育大国向体育强国迈进的价值哲学思考》，《山东体育学院学报》2012 年第 2 期，第 10 页。

② [法] 顾拜旦著，詹汝琮、邢奇志等译：《奥林匹克理想 —— 顾拜旦文选》，奥林匹克出版社 1993 年版，第 158 页。当时顾拜旦没有认识到希特勒的政治意图而吹捧了希特勒 —— 编者注。

家亨利·德·蒙泰朗著有《奥林匹克运动会》和《梦想》，在其中，竞技主义是法西斯主义世界观的一个隐喻。当时德国体操协会的领导人埃德蒙·诺伊恩道夫恭喜希特勒成为总理，并郑重其事地说德国体操运动员与希特勒的突击兵共进退。1936 年在希特勒的支持下，柏林召开了第 11 届奥林匹克运动会，这是一场纳粹和现代体育的联姻。自二战以后，美国和西欧诸国继续将体育当作向群众灌输军国主义、民族主义和帝国主义病毒的工具。”[①] 中国很多学者论及近代中国师法英美和德日的情况，并高度强调了自然竞争体系的重要性。当德日系体育日渐衰落之时，苏联一度成为该项体育法系的代言者。古特曼曾说：“除了愉悦功能以外，体育还是国家安全和经济生产力中的因素。在前苏联，有一整个体育教育系统，从学前儿童的义务训练开始，包括中小学校、大学、工厂和办公室的有组织体育，包括前苏联上百万竞赛者定期参加的综合运动会，从‘青年成绩第二等’到‘荣誉体育能手’的 7 个不同等级的体育成绩系统，几十个大学中心的先进研究以及政府和党派权力不断的监督。”[②] 苏联体育一度呈现出高亮色，并引起了西方体育学者的高度关注，东西方冷战的硝烟一度蔓延到体育界。然而，随着中国的改革开放时代的到来，中国学者大多一边倒地否定了苏联体育的价值。“在苏联解体前，体育界有识之士就认为：以牺牲大众体育来推动高水平竞技体育发展的错误必须纠正。”[③] 苏联也出现过为统一国民精

① ［美］阿伦·古特曼著，花勇民、钟小鑫、蔡芳乐编译，袁旦审译：《从仪式到纪录：现代体育的本质》，北京体育大学出版社 2012 年版，第 71 页。

② ［美］阿伦·古特曼著，花勇民、钟小鑫、蔡芳乐编译，袁旦审译：《从仪式到纪录：现代体育的本质》，北京体育大学出版社 2012 年版，第 71-72 页。

③ 颜下里：《从竞技体育强国走向注重大众体育的俄罗斯》，《体育文化导刊》2012 年第 10 期，第 14-15 页。

神而实施的全民性仪式治疗现象。人们在这里甚至可以看到萨满教仪式治疗的原型。“原全苏体育运动志愿者协会中央委员会主席舍索耶夫更怒批畸形体育结构，呼唤人们的良知。他写道：‘我们只注意物质问题，并将其升级到国家政策的高度，却忘掉了道义的问题。’苏联的体育体制已经从当年曾经的革命产物变成了20世纪80年代改革的对象。但是直到苏联解体以后、‘冷战’结束，苏联的畸形体育结构的终结才有了现实的可能。”[①]体育与国家的紧密连接关系开始松动。与此同时，英美法系再度崛起，预示着体育要在另一种单极化的模式内发展。体育脱离了政治，必然要寻找到另一种出路，并在一种貌似公正、独立、公开的立场上展示出其和平、柔性、优美的一面。

自然游戏所倚重的是人类自身的生物属性，拥有摆脱一切外在符号的动能。胡伊青加曾说：“首先，一切游戏都是一种自愿的活动。遵照命令的游戏已不再是游戏，它至多是对游戏的强制性摹仿。单凭此种自愿的性质，游戏便使自己从自然过程的轨道中脱颖出来。游戏是多于自然过程的东西，它是覆盖在自然之上的一朵鲜花、一种装饰、一件彩衣。显然，自愿在此必须从不触及决定论这个哲学问题的较为广泛的意义上加以领会。”[②]奥运会的英文表述是the Olympic Games，属于游戏的一类。古特曼关注过游戏的属性差异。“英语中有游戏（play）和有组织游戏（games）之分，而法语和德语中却没有这种区分。游戏可以被划分为两类——本能游戏和有组织游戏，后者我们称之

① 颜下里：《从竞技体育强国走向注重大众体育的俄罗斯》，《体育文化导刊》2012年第10期，第15页。

② [荷]胡伊青加著，成穷译：《人：游戏者——对文化中游戏因素的研究》，贵州人民出版社1998年版，第9页。

为 games。这一观点似乎有悖常理。如果一个人服从组织管理，又怎么能处于自由的国度里呢？答案是：本能的游戏可以被看作是纯粹的自由王国，但大多数的游戏都是有组织的，有规则限制的。游戏仍然是非功利性的，从这个意义上来说，它有自己的自由，这与满足食物、住所以及其他生存的物质需求不同。参加有组织游戏意味着为了遵守游戏规则，人们心甘情愿放弃纯粹的本能行为。这时，人们还是处于满足物质需要的范畴之外，但必须遵守自己制定的规则。”[①] 仅仅在游戏的层面看，当今世界各大国已经无法忽略奥运会的特别意义。没有多少人会为奥运会是真正的游戏还是虚假的游戏而争执不休。对一个现代国家来说，实用主义一定是一种国际的硬通货，因为人类所倚重的只能是由风霜雨雪、河湖森林、大地山川能构建的现实世界。在实用理性符码的感召下，任何一个现代国家都会顺应这种文化惯性。这便涉及人际交往学中的核心意义，谁能够为自己带来实惠，谁就最值得交往。在真正的国际竞争的大舞台上，人们无法忽略实用主义的交际策略。

奥运会是个治愈类文化品类，很多发展中国家都过不了它的关，一旦过了这一关，人就会获得人性的自然性。且以东亚为例。东京曾于 1964 年举办过奥运会，此后，日本人便对奥运会失去了超然热情，但中国、韩国等亚洲国家在特定的时期仍需要奥运会。日本一度渴望举办奥运会。“日本人并不是从一开始就是‘重在参与’的，也有过主张‘更高更快更强’的时候……像日本还有一个叫作《体育振兴法》的法律，那是在 1961 年朝野一致弄出来的，为的就是三年后的 1964 年要在东京召开的奥

① [美] 阿伦·古特曼著，花勇民、钟小鑫、蔡芳乐编译，袁旦审译：《从仪式到纪录：现代体育的本质》，北京体育大学出版社 2012 年版，第 5 页。

上海还是一座高度自然化的城市，它与奥运会的文化距离并不远。路云亭摄于2016年7月14日。

运会。日本在申办东京奥运会的时候也是全国上下万众一心的，被称为‘东洋魔女’的日本女排在‘鬼教练’大松博文带领下夺冠的时候，日本人也同样觉得非常骄傲，和现在被他们一直在讥笑的韩国人、中国人也没什么两样。”① 处于相同的东亚文化圈，日本和中国在传统思维的层面具有同质性，日本申办奥运会的动机也和中国大体相同。东京获得1964年奥运会的举办权同时从另一个层面反证了北京在2008年举办奥运会的必行性、必然性和必须性。东京举办2020年的奥运会同样折射出上海或其他中国城市申办2036年奥运会的合理性。

体育毕竟是一种游戏，因此，体育一旦游离了游戏的范畴就会失去其原始的意义。胡伊青加在谈到棋类项目的非体育属性时曾说：“我们这个看法很可能与今天的普遍感受截然相反；按照普遍感受，运动乃是我们文明中的游戏因素的顶峰。”② 基于同样的道理，中国为了获取国际话语权，也会在文化观念上变更体育的仪式内涵。然而，体育在进入职业化时代以后，一种无法促使体育变异的动力正在源源不断地涌进体育圈，体育的异化之路只有快慢之别，而无止续之异。出于各种各样的目的，现代

① 俞天任：《冰眼看日本（贰）》，四川人民出版社2015年版，第105页。

② ［荷］胡伊青加著，成穷译：《人：游戏者——对文化中游戏因素的研究》，贵州人民出版社1998年版，第254页。

社会中几乎所有的政治集团、财团势力、媒介力量都在觊觎现代体育，其触角几乎探及体育的每一个细节，在强大的外域力量的支配下，体育的异化之力要远比维持其原始游戏性的力量强大得多。中国是世界大国，其在接受西方体育的过程中也会产生干预体育原始意义的外在动能。

人们仍在惊叹于改革开放时代的超凡价值。新时期的确给中国带来了空前的机遇，中国力量的崛起已经颠覆了国际社会中体育与政治的初始性关系。中国人高度认可奥运会的价值，主要原因在于奥运会可以很好地锻造中国的国家形象。为此，中国申办或举办奥运会的热情极高。2008 年北京奥运会举办后，少部分兴奋过度的中国人一度对那届奥运会投射出极度浪漫主义的热情，人们可以轻易地在报刊上看到歌颂北京奥运会的文章。“当然本届奥运会依然是我所看过的历届奥运会中最……成功的一届，无论是举办城市的城市建设、道路交通，无论是运动员的表现、志愿者的服务，无论是火炬传递、赛事组织，中国展现在世界面前的方方面面，可圈可点的太多太多。但是我们必须沉淀激动的心情，平和、公正地审视此次奥运的全过程，要理智地看到中国与世界的差距，要接受中国还只能称为金牌大户，而不是体育强国。因为‘体育强国’这不光体现在取得金牌的数量、项目这一层次，而是中国人对于奥运精神的理解，什么时候当绝大多数的中国人理解什么是真正的‘奥林匹克’，那时的中国才是当之无愧的体育强国。”[①] 这篇文章有意无意地使用了“最……成功的一届”的字眼，忽略了国际上对任何一届奥运会评价的中性化的用词惯例。最高等语汇的使用体现出使用者对既有文化

① 王磊：《中国还不是体育强国》，《中关村》2008 年第 61 期，第 31-32 页。

共同体尊严的维护意向，其行为动机中潜藏着一种对国际顶级仪式的追求意愿，它也全盘展示出东方大国的一种原初性诉求，唯有具备强烈意志力的国家才更愿意在公共媒体使用最高级别的修饰用语。

三、国民记忆中的金牌至上论

奥运会对中国来说，其重要性只能体现在提升中国的国际影响力层面。不少中国人认为，奥运会可以强化中国的大国形象，并促使中国在国际事务中产生更大能量。或许人们无法将一种纯然游戏式的原始奥运会和如此急切的大国诉求联系在一起，但是，这样的连接方式已经成为现实。奥运会同样面临空前的意义再造的可能性。杨华曾对中国成功举办奥运会感到十分欣慰："这个时候适合忆苦思甜，1958 年中国被踢出奥运组织，1979 年中国回归奥运家庭，1993 年北京申奥受挫，2001 年北京申奥圆梦，而今天国际奥委会极尽体贴讨好之能事，彻底离不开中国了。"[①] 当下的中国已经成为世界第二大经济体，中国同样一直秉承"不称霸"的固有承诺。这个口号在 20 世纪后半叶的较长一段时间受到国内外学者的怀疑，因为当年的中国处于极端贫困状态，没有多少人会想到一个由衣衫褴褛、面黄肌瘦的人群充斥的国度会有称霸世界的可能。但在 21 世纪的中国，这样的称霸或非称霸的选项却成为一种实实在在的问题。尽管仍有一些小国将中国看作一个庞大的"帝国"，但中国仅仅是一个奉行和平主义的国家，并非某些人所界定、想象或推演出来的"帝国"型大国。中国维持着对周边国家必要的影响力，那也是基于一

---

① 杨华："中国在国际奥委会话语权超美国"，新浪体育 2014 年 9 月 3 日。

种“蚁象效应”。所谓“蚁象效应”，指的是有一种大国和小国的特殊关系。大象在行走，或许不小心弄坏过一个废弃的蚂蚁窝。这便构成了一种“蚁象效应”。中国人举办奥运会客观上给人一种“蚁象效应”的印象，极端化的外域人士很自然地感受到那里有可能寄寓着一种隐形的“帝国”思维。小约瑟夫·奈、戴维·韦尔奇认为：“冷战后时代最为重要的地缘政治发展就是中国的崛起。中国这个曾经贫穷、落后以及农村人口占多数的国家，以极快的速度实现了现代化。它现在是世界上第二大经济体，城市人口占多数，有一个数量庞大的、日益富裕的中产阶层。”[①] 从奥运会的后异化时代的角度看，大国举办的奥运会已与小国举办的奥运会出现分野，两者在内涵、价值与意义等方面呈现出截然相反的特质。中国举办的奥运会显然属于大国奥运会的范式。

仍须回归到大国奥运会的语境。小国民众对中国崛起的感觉和中国本土国民不尽相同，其中不能完全排斥这种“蚁象效应”。只要国家大小现象存在，“蚁象效应”便不会消失。或许在蚂蚁眼中，大象永远是帝国主义，而蚂蚁永远是受害者。而真实的情况并非如此，蚂蚁集群可能利用繁殖的优势反制大象，而大象的生存一直比蚂蚁还要艰难万分，许多品种的大象一度抵达灭绝之险境。中国社会也面临各种变革以及变革过程中的各种未知性境况的考验。

认同中国举国体制的学者中不乏尚力主义者，其中的道理很简单，在很多中国人看来，体育一度是一种尚力主义的载体。

① [美] 小约瑟夫·奈、[加] 戴维·韦尔奇著，张小明译：《理解全球冲突与合作：理论与历史》第 10 版，上海人民出版社 2018 年版，第 307 页。

“中国是体育大国，涌现出许多位奥运冠军，十几年前，许海峰在射击场上实现中国奥运历史上零的突破，中国乒乓球长盛不衰……奥运健儿的每一次拼搏，奥运赛场上五星红旗的每一次飘扬，都承载着十几亿中国人的期盼。”① 说到底，在体育赛事中获得优胜可以极大地改善人的心理环境。而在强大的民族自觉的语境中，奥运会无法脱离大国的视野。其实，奥运会一定是大国逐猎世界的场域，或直接为其所猎获，或直接将其支配，但更多的是两相妥协，达成一种威权平衡。在大国主导的国际关系史上，奥运会同样担当重要角色。激情主义者还会谈论中国的民族主义思潮上升之类的话题，与此同时，旨在寻求和平的冷静型学者更为关注体育所营造出来的非霸权的内蕴。人们无以忽略体育的建设性功能，也不会遗忘其内在的强力性精神符号的寓意。“最重要的变化体现在人们的观念上。随着生活水平的逐渐提高，中国人对于自己的健康越来越关注，体育也由此由‘观赏性产品’慢慢向‘消费性产品’转变。”② 这便涉及中国体育的概念缘起问题。

从事体育研究的人士曾对体育大国的内涵作出过界定：“体育大国就是指开展体育运动的项目广泛，参与体育运动的人口数量众多，体育设施规模较大，在世界体坛上具有较大影响力的国家。”③ 相关人士对体育强国的观念及其实施维度也有过自己的设想：“‘体育强国’不仅仅是指竞技体育，更不仅仅是奥运成绩，

① 彭永捷、张志伟、韩东晖主编：《人文奥运》，东方出版社 2003 年版，第 332 页。

② 王镜宇、汪涌、岳东兴：《从体育大国冲向体育强国》，《新闻天地》2009 年第 10 期，第 12 页。

③ 周丽萍、田雨普：《“体育大国”与“体育强国”研究解析》，《体育成人教育学》2009 年第 6 期，第 2 页。

它更应当包括一个国家的群众体育和学校体育的发展水平，以及由此派生起支撑作用的体育人才、体育经费、体育设施、国民体质状况、体育科研水平和体育媒体素质等。体育强国是一个国家体育发展综合实力和整体水平的体现。”[①] 从直观的角度看，中国长期以来贯彻执行的体育战略设想对接的是大国崛起的宏大愿景。且以足球为例。中国的语文工作者也关注到了足球与 GDP 的关系：“既然是‘素养’的提高，必定是一个漫长的过程，它的天敌是‘急功近利’‘政绩工程’‘出线足球’‘GDP 崇拜’等等。”[②] 刘永佶曾经评述过“GDP 主义”：“GDP 主义者对西方资本主义政治经济学并没有深入系统的认知，他们简单地把经济总体归结为国内生产总值（GDP），片面地认为发展经济就是增加 GDP……GDP 主义与保留下的行政集权体制相结合，或者说行政集权体制采纳了 GDP 主义，使之成为中国经济的主导意识，从而不仅制约了经济发展，也制约了政治、文化以及社会生活、自然资源和环境的发展。”[③] 从现实的情况看，中国的全民健身战略更接近游戏体育的本体，属于经济中心主义策略的产物。如果没有仓廪殷实的事实，中国人拿什么来补偿消耗掉的卡路里？又从何谈起成天消耗巨量的奶、肉、谷物资源？其实，中国的经济中心主义策略并无过错，中国经济力量的崛起已然给整个世界都带来了震撼感，而中国的经济中心主义策略也会波及本国体育运动的发展轨迹。很多中国人都有一种非常朴素的体育观、身体观与经济观，类似的观念也是中国体育理念的本体基石。从历史的角度

① 周丽萍、田雨普：《“体育大国”与“体育强国”研究解析》，《体育成人教育学》2009 年第 6 期，第 2 页。

② 吕驾宇：《微语文：一个语文教师的读写手记》，杭州出版社 2012 年版，第 367 页。

③ 刘永佶：《中国政治经济学探究》，济南出版社 2019 年版，第 39 页。

看，中国的体育战略展现的是强国国民的身体与精神状态，体现的是一种对茁壮强悍的汉唐帝国的追思行为，从本质上看，它也更接近东方主义的大国思维域界，其所强调的是一种集体主义的原则。体育大国及体育强国策略不同于普通的健身性倡议，两者属于不同的体育思想。其中的精神性元素更为丰满。

从实用主义的角度看，中国现代体育意外地具备了仪式治疗的功能。其主导意义在于矫正中国人百年来的错位性历史记忆。小约瑟夫·奈、戴维·韦尔奇显然看到了中国人权益诉求的历史原点。“至于中国所期望的权利与特权到底是什么，这是一个有争议的问题。中国的立场是，中国所要的只不过是被有尊严地对待的权利。考虑到中国曾经在超过 150 年里受到其他国家的屈辱对待之事实，中国的这种愿望是可以理解的。”[①] 正因如此，当下中国的体育策略所具备的国家级仪式治疗作用依然有效。现代体育是一种高度智力化与极限体能化意味都很强烈的身体行为。对现代人来说，其所折射的是一种对人类进化模式的持续性优化的意义。从学科对应的角度看，其与人类学的关联度更为紧密。人类在大脑高速进化的同时，并未同步进化出相应的肢体能力。从历史上看，很多人都曾想凭借自己的能力飞翔，但不会真正飞翔。值此之际，人的大脑的高效活动生产出了大量的剩余物质，而支撑此类大脑活动的物质很难完全消亡，它们会以文化符号的身份留存下来。人的思维力、想象力、推理力与身体的能力并不平衡，许多不切实际的想象类元素变得多余，清理这些剩余物质的方法便逐渐熔铸成一种高强度的仪式行为，其中包括仪式治疗

① [美]小约瑟夫·奈、[加]戴维·韦尔奇著，张小明译：《理解全球冲突与合作：理论与历史》第 10 版，上海人民出版社 2018 年版，第 307-308 页。

的诸多程序。从自然进化的角度看，人类社会中的仪式治疗具有无可替代的价值。Karla O. Carmichael 认为："游戏治疗并非仅仅是在游戏室里使用玩具作为沟通手段的简单方式，而是包括诸如绘画、音乐、舞蹈、戏剧、运动、诗歌、讲故事等其他多种表现方式。尽管游戏治疗的主流仍然是游戏室以及象征性玩具的选择，但游戏心理治疗师已经将言语以及非言语的沟通媒介进行了很大程度的扩展。"[①] 中国竞技体育具有一种国家对民众的精神抚慰功能。在此意义上考量，大众体育的价值一度低于具有国民精神治疗意味的竞技体育。然而，来自中国的部分学者依然停留在传统体育与身体健康的浅近层面，无法认识到现代体育的深层价值。"有人说，北京奥运会的最大社会遗产，是群众对全民健身这一现代文明理念的认识更加深刻、更加理性，自觉健身的意识大大提高。体育健身逐渐融入人们的生活，'请人吃饭，不如请人流汗'的观念得到越来越多人的认同和回应。"[②] 此论尚未触及体育的本体，其所展示的是一种对体育的内涵所作的极端功利主义性质阐释，更是一种去本质化的体育认知。相关人士试图从理论层面阐释中国现阶段体育观念变更的必然性。"我们更因此滥用竞技体育模式，造成一系列低水平竞技文化冲击了竞技体育文化的市场认知和市场空间。即使我们在上述理论与实践的错位情势下取得了一些进展，那也只能是事倍功半的浪费性成果。要让未来的全民健身取得事半而功倍的高效成果，就必须有新的理念、新的顶层设计和新的模式设计。"[③] 当然，中国的体育改革

① [美]Karla D.Carmichael 著，王瑾译：《游戏治疗入门》，高等教育出版社 2007 年版，第 2 页。

② 王镜宇、汪涌、岳东兴：《从体育大国冲向体育强国》，《新闻天地》2009 年第 10 期，第 12 页。

③ 王衍榛、王虹：《论"互联网+"与全民健身新常态的融合创新》，九州出版社 2016 年版，第 197 页。

尚需尊重中国的历史，体现中国体育运动发展的逻辑自洽性，否则仍会徘徊于一种新型的单极主义的圈层。

很多人将美国之类的超级大国看成乐观向上且善于自嘲的国家，然而，自嘲之举可以体现为自信，也可以体现为一种复合性心态。坦言之，中国取得经济体世界第二的排名后，中国人的民族自信心在不自觉中得到了提升。且以旅游业为例，中国潮水般的出国旅游者，几乎充斥在全世界各个角落，体现出中产化国家国民行为选择的特殊风貌。中国奉行集体主义信条，个体力量的崛起必然在国家的层面同步折射出来。体育是一种竞争主义思想的载体，正因如此，体育的权力寓意始终存在，中国体育隐含着大国复兴的内在机理。小约瑟夫·奈和戴维·韦尔奇试图分析中国维权行为的多维度意义。“中国在南中国海、东海以及其他地方所表现出来的日益强势的行为，敲响了警钟并引发其他国家采取对冲和均势行为，中国反过来把这些行为看作遏制中国的敌对企图。”① 面对霸权主义的刻意压制，中国的维权行为不仅带有复兴国家的寓意，还有求取中国既有国土完整的圆满至上主义的诉求，而后者带有深度治愈中国人的近代心理创伤的元素。

恰是为了提升国家综合竞争力，中国人开始在竞技体育层面投放精力，并借此机会认真反思人的全面发展的问题。基于这样的前提，中国人对身体健康的关注才提到了议事日程上来，并开始勇于正视起自己在体育方面的短板。相关人士很容易就看到了中日学生的体质差异。“除却体能外，在身高体重、视力等

① ［美］小约瑟夫·奈、［加］戴维·韦尔奇著，张小明译：《理解全球冲突与合作：理论与历史》第 10 版，上海人民出版社 2018 年版，第 308 页。

方面中国仅在个别指标中稍占优势，其他方面均处于劣势，尤其是中小学生视力方面，中国中小学生更是较日本同龄学生差，在阳光体育运动大力倡导下，出现目前中日体质差异显著的现象更是令人反思，必须剖析其中根源，为我国中小学生体质的提升寻求突破点。”[①] 这些话语显然带有一些危言特点，它体现出中国人的某种危机感。中国人以日本为明确的比较对象，可能是因为日本在近代深刻地影响过中国，某些历史镜像还会长久地徘徊在中国人的记忆深层。

尽管中国取得了很好的经济发展业绩，西方人仍在另外的界面上抨击中国的国家体制。石培华曾说：“中国的发展一直受到世界的瞩目，世界上多数人对中国发展持肯定和客观的态度，但也不乏持主观态度和否定论者。他们要么轻视中国的发展成就，宣扬‘中国崩溃论’，要么高估中国发展，渲染‘中国威胁论’。轻视者嫉妒中国发展，不愿看到中国强大；高估者往往别有用心，企图为中国发展制造麻烦。‘中国威胁论’的版本也层出不穷、花样繁多，从最初的军事领域的‘中国威胁论’，到‘中国经济威胁论’、‘中国文化威胁论’、‘中国能源威胁论’、‘中国科技威胁论’，甚至体育领域也有‘威胁论’，另外还出现了中国软实力崛起论，无非是‘中国威胁论’的‘软实力’版本。”[②] 尚须回归游戏的领域。胡伊青加对人类游戏能力的衰退感到无比的惋惜：“我们不能不得出这样一个忧伤的结论：自 18 世纪以来，文化中的游戏因素就处于衰退之中，而在当时却达到了极

① 王德涛、任塘珂：《阳光体育背景下中小学生体质持续下降的因素分析——探究两个“甲午年”后中、日中小学生体质差异的根本原因》，《许昌学院学报》2015 年第 5 期，第 44 页。

② 石培华：《旅游业综合功能与国家战略研究》，中国旅游出版社 2009 年版，第 173 页。

致。”[1] 当游戏蔓延到政治领域后，游戏显然会变得更为多元化。其实，只要观看一下 2016 年美国民主党和共和党选举总统就会发现，无论是特朗普还是希拉里都显得不够优雅。特朗普和希拉里都在竞选演说中多次提到中国。小约瑟夫·奈、戴维·韦尔奇认为：“从现实主义视角来看，崛起的大国变得很强势以及衰落的大国焦虑地应对，这是十分自然的事情。某些人甚至认为美国与中国之间的冲突不可避免。”[2] 从1876 年开始，百余年来美国总统竞选史上从未见到过特朗普与希拉里如此频繁的不太自在的表演。从本质上说，恰是中国的崛起让美国失去了平常心。外域文化也就此注入美国社会的演进史，并间接地影响到其存世格局。

然而，一切似乎都在还债。如果说美国政界正在承受来自中国的巨大压力的话，那么中国承受来自西方的压力已有百余年了，而且，那种压力远远高于现时代中国对美国的压力。其实，任何一种高度紧张感都会在游戏形态中化解。美国的洛伊丝·凯里曾说：“卡普兰等提出了几个游戏过程的重要特征：（1）游戏是自发的，在游戏的世界里富含规则和要求，游戏可以使人精神焕发和感受放松；（2）游戏中没有评判，可以安全地犯错误，也没有所谓的失败；（3）游戏会鼓励奇思妙想，鼓励发挥想象力，让游戏者没有竞争感地掌控自己；（4）游戏会提高卷入性和兴趣；（5）游戏会促进自我的发展。”[3] 个体的人如此，整体性

① [荷] 胡伊青加著，成穷译：《人：游戏者——对文化中游戏因素的研究》，贵州人民出版社 1998 年版，第 265 页。

② [美] 小约瑟夫·奈、[加] 戴维·韦尔奇著，张小明译：《理解全球冲突与合作：理论与历史》第 10 版，上海人民出版社 2018 年版，第 309 页。

③ [美] 洛伊丝·凯里（Losi Corry）著，戴徐洁译：《给儿童和家庭的箱庭疗法》，中国轻工业出版社 2020 年版，第 4 页。

的国家亦如此。在以争夺金牌为主旨的赛事中，社会功能之一体现在以游戏的方式治疗民众的精神疾患层面，尤其针对的是中国国民从近代以来就忽隐忽现地一直存在的所谓“东亚病夫”自卑症。单纯从游戏治疗的角度看，大众体育的意义未必大于竞技体育。当然，大众体育的主体功能体现在提高民众的身体素质层面。

整体而言，时下中国人所崇尚的竞技体育更多地带有心理治疗的性质，而群众体育则属于身体改良范畴，两者只有功能之别。客观而言，体育运动可以短暂地消解参与者的仇怨情绪，但无法根除参与者由创伤记忆带来的不安全感，这便触及仪式化体育与游戏化体育的两重性现象。仪式带来群体主张的意味，在从众心理的压力下，经过仪式化改造的体育往往具备一种较为明确的精神治疗功能。中国人在 2008 年的北京奥运会中得到了高强度的精神治疗，但中国是大国，历史积淀丰富，历史记忆深刻而持久，个体与个体、群体与群体之间的差异很大，正因如此，中国仍旧需要大剂量的仪式治疗活动，因为相当数量的中国人无法做到精神的高度自觉，完整意义上的心灵升华更不易达到。很多中国人依然患有这样或那样的心理障碍症。中国国民精神的健全性、自然性和优美性尚无法和现代性元素更为丰富的国家媲美，而体育仍旧是中国人用于精神疗伤的最佳器具。

四、结语

从根本上说，中国现行的体育样态是中国近代以来饱受帝国主义压制历史之产物。集中精力办大事式的举国体制是一种高效、强力且充满单一性宗旨的仪式治疗手段，通过这种精神治疗，中国人的精神自抑综合征逐渐得到了缓解，“东亚病夫”的不实之名也得到了洗涤，而治疗之手段则是包括北京奥运会在内的一系列大型化的体育赛事。迄今为止，普通中国人理解的体育仍然带有强烈的仪式治疗的意味，它可以衍生出意识形态的品质，也可以派生出国家主义和民族主义的元素，却很难在短时间内还原到身体学、游戏学和体育学的范畴。换句话说，中国现阶段的体育整体上尚无法完全成为一种自然游戏性的运动，其精神性的价值远远高于其身体性的价值。在大众精神治疗的视野上，任何身体性的体育内蕴都显得失去了意义。中国传统体育项目在当下环境中的地位不显，造成此现象的原因很多，而缺乏强大的仪式感以及仪式治疗功能则是其中的主要原因。在时下的国情之中，中国的大型赛事仍有明确的仪式治疗功能，中国现代体育仍是国家仪式构建不可或缺的元素。

第二节　中国式体育赛事的风俗学解读

21 世纪，中国进入申办和举办大型体育赛事的高峰期，其所产生的媒介宣传效应很大。大量体育赛事的举办使得中国人的精神获得了解放，国人的精神面貌也得到明显的优化，大型体育赛事的媒介扩张效应在此得到了大范围的展示。中国申办或举办大型体育赛事的现象具有促进全民族价值体系更新的内涵。这样的道理很简单，中国仍旧需要大量的体育仪式来确立国际身份，改进群体精神，治愈历史创伤，改善心理环境。正因如此，中国举办大量国际体育赛事所缔造的仪式化张力日渐鲜明，且已超越了竞技体育的范畴，从而步入一种国家仪式建设的序列。其实，体育在中国很难成为纯粹的游戏行为。当人们以一种健康人的眼光重新打量那些曾经拯救过中国人精神的体育赛事之时，却发现了那仅仅是一种典型性的心理治愈程序，而非日常生活所需之健身活动。两者的关系犹如药物和食粮，由药物到食粮的演进，伊始导致现代中国人对中国现代体育的存在形态产生强大的反思诉求。

一、大型体育赛事让国人感受到国家仪式的释放强度

自从20世纪50年代以来，中国体育和中国的文学艺术一样，集中统一于相关职能部门的管理之下，高度行政化的管理程序使得中国竞技体育突飞猛进。进入新时期后，中国体育借助经济起飞之态势得以快速发展。21世纪以后，中国体育更是达到了井喷式发展之程度，取得了举世瞩目的成绩。与竞技体育繁荣昌盛之景形成鲜明对照的是中国的普通民众对体育的参与度仍旧不高，更多的中国人可能还在观看或谈论体育赛事，却很少参与体育活动。体育在很多中国人的心目中仍是一种观赏性、谈论性艺术，尚非一种身体实践活动，绝大多数的中国人依旧保持着对体育的游离态度。

中国的群众体育发展相对迟缓之态势值得人们关注，它再度让人感受到高度集中的体育机制中隐含不尽完善的地方。中国的体育机制与世界上主流国家的体育机制的确有不同之处。于是，一些人将中国举办的各种体育赛事以及与其相关的举国体制统统看作是一种文化或体系的特例。其实，那种看问题的方式仍然带有个体感验的因素。从体育本体的立场考量，此类观点显然低估了新中国体育的构建原则。从国情至上的视野考量，这样的观念也游离了中国的国情。从体育功能的视野上审视则会发现，持这种观点的人大体属于自由意志主义者。

大型体育赛事在世界上许多国家都曾经受到过怀疑，它甚至在现代体育的发端阶段就遇到了批评。顾拜旦在重建奥运会时也遇到了极大的阻力。“现代奥林匹克运动，拥有大批执著的职业传播者，从顾拜旦开始，许多人致力于奥林匹克精神的传播，他们积极奔走，传播奥林匹克理想，完善奥林匹克运动的各种形式、仪式和符号，使之能真正担负起改造社会的重要职责。”① 第二次世界大战以后，传统宗教的影响力相对弱化，竞技体育、摇滚乐、好莱坞电影吸纳了大量的观众。受到媒介力量的影响，这些观众正朝着信众的方向发展，世界各国的人文学者大多关注到此类现象。杰·科克利在讨论体育与宗教的关系时曾说，体育本身就有强大的宗教属性，因为体育与宗教有竞争性，有的宗教机构会对体育发出责难。“它们或者被忽视，或者被指责为放纵和邪恶。”② 中国如此紧锣密鼓地举办各种大型体育赛事，从主体上讲是一种政府的抉择，但同时也完全出于一种民众的需求，更兼有一种民间性思想，体现出中国普通民众的自然意愿。不仅如此，中国人举办大型体育赛事在自觉或不自觉的立场上已触及中国的国民性改造的大事业，体现时代移风易俗的内在诉求。

中国举办大型体育赛事的终极合理性体现在其仪式功能层面。由于中国人在近代以来的特殊经历，中国固有的国家仪式遭受到大面积破坏，中国需要重构国家仪式，并在此基础上重塑民族自信心，再造一种常态化的大国形象，因此，构建大国仪式的重要性、紧要性和迫切性日益凸显。在此意义上衡量，中国举办的大型体育赛事从来就未曾将经济利益放在首位。北京

① 虎继光：《奥林匹克传播论》，巴蜀书社 2007 年版，第 88 页。

② [美]杰·科克利著，管兵、刘穗琴、刘仲翔、何晓斌译，刘精明审校：《体育社会学——议题与争议》，清华大学出版社 2003 年版，第 593 页。

奥运会如此，广州亚运会同样如此。面对国家式仪式重构的超大型任务，经济问题便显得微不足道了。古代中国长期属于道德国家，重义而轻利，国家的行为以道义为指针，正因如此，中国人很少从经济成本的角度看待大型体育赛事。“对于人大代表的质疑，广州市官员是这样解释的：账不能这么算，广州如果没有亚运会，就绝对没有现在的国际地位。也就是说，不仅要算经济账，更要算政治账，要注重社会效益。我们不知道广州在亚运会后国际地位提高到什么水平了，莫非在外国人而前一提到中国，以前只知道北京、上海，现在还知道有一个叫广州的城市。其实知道了又能怎么样，世界上举办过奥运会的城市就有不少，如果不是体育爱好者，谁记得全。希望广州市能搞一个量化的评价指标，科学论证本市地位提高的实际效果，让全国人民好好地羡慕一下……”[①]仪式的重构可以在更为积极而稳健的层面上重新确立全体民众的价值观。为此，不少中国人对各级政府举办大型体育赛事抱有一种理性体认的态度。

武康路是上海最静谧的一条街，却总会遇到一些自然运动者。路云亭 2018 年 3 月 17 日摄于上海武康路

胡伊青加曾将仪式引到比较宗教学的层面：“我们触及比较宗教学的核心问题：神秘与仪式的性质和本质。古代婆罗门教的所有祭献仪式都建立在这个观念上，即：凡仪式——无论是

① 俞肖云：《高成本社会之三：体育强国梦》，《中国统计》2011 年第 4 期，第 22 页。

祭献仪式、竞赛仪式还是表演仪式——都能通过再现某一被意欲的宇宙事件而敦促神祇影响现实中的该事件。”[①] 从宏观的角度看，中国一度是一个仪式学、表演学和祭奠学十分发达的国家，当所有的仪式都消亡在历史云烟中后，人们终于有了一些隐忧。已经有人意识到了大型体育赛事的节庆价值，同时也有人看到了其中的符合道义性的做法。“有人打过这样一个比方，竞技体育像是过节，群众体育像是过日子。过日子当然要精打细算，过节就不同了，家长肯定重视，投入多，图个红火热闹，也为了让邻居看看我们家日子过得不错。这种说法有一定道理，但大操大办对家庭而言是陋习，对一个地方、一个国家又何尝不是如此。”[②] 节俭的正义性和休闲的务实性就此融合在一种文化载体中，两者呈现出一种隐性的对抗态势。但是，两者最终在仪式学的高度上达成了妥协。当看到了中国举办大型体育赛事的超体育价值时，人们很自然便会体悟到其对中国国家仪式的补足功能。在此意义上考量，中国举办相关体育赛事的积极意义非常明显，人们最终可以在其中体悟到积极而稳定的超现实的精神性内涵，更可以借此体验到其中的集体性的心理抚慰价值。

从 1981 年的女排事件可以看出，体育赛事在中国一度是一种感化民族共同体成员的教化性力量。因此，当中国集约式地举办大型体育盛会之时，人们首先联想到的是一种胜利仪式。且以中国足球为例。中国足球队曾于 2002 年打进过世界杯决赛圈，至少在中国足球队第二次打进世界杯决赛圈以前，中国人很难对一些类似中国国家足球队之类的非传统强势项目的实践者抱有构

① [荷]胡伊青加著，成穷译：《人：游戏者——对文化中游戏因素的研究》，贵州人民出版社 1998 年版，第 19 页。

② 俞肖云：《高成本社会之三：体育强国梦》，《中国统计》2011 年第 4 期，第 22 页。

建胜利仪式的企图，原因在于类似中国足球队这样的运动组织较难在高端比赛中获得胜利，从而也无法给人带来胜利后的愉悦感。中国足球协会一度放弃了申办世界杯赛事，理由同样是出于一种属于弱势群体式的忧虑，足球协会的相关人士担心在中国举办的世界杯本国球队在小组出不了线。中国人理解的体育基本上属于一种胜利模式，那里寄寓着一种简单、直白且单纯的教化性力量，这种教化性力量的指向性即在于获胜，而非其他任何选项，更非一种纯身体性、感官性和本能性的健康、娱乐和游戏的能量。在此意义上考量国家体育总局便会发现，强大的道德教化功能始终占据着中国体育的主导地位。直白而言，国家体育总局不仅是一种有关身体、健康或赛事类的管理性机构，还是一种特别的德育部门。

中国的确需要一种稳定而常态化的教化力量，其中的道理十分简单。2008 年以前，假如没有国家体育总局出面组织各式各样的体育赛事，中国人的精神生活或许要略显贫乏，其中一部分人还有可能会在精神上失去重心，或在精神上走上另一条陌生乃至无序自在之路。不妨从日常生活的层面切入话题。现代中国所取得的骄人的经济成绩依赖的是民众的辛苦劳作。早在 20 世纪六七十年代，日本人一度批评中国人的懒惰，原因很简单，当时大多数中国人吃的是大锅饭，民众劳作的意义体现得不够完整，人的劳动难以获得理性化的回报，干活如同打码式过日子的现象相当普遍。过去中国的教科书一直将中国人解读为勤劳、勇敢、智慧的族群，但当时的人们对此语汇尚缺一种真实的感验，而现在的情况则完全不同，中国人高度勤奋的民族特性已然为很多人感知。因此，举办大型体育赛事的首要任务便是给人民一种休憩的权利。从终极的角度看，任何民族都是勤劳、勇敢、智慧的民族，区别仅在于具体的评价指标以及相应的补全性措施方面。

二、在体育赛事中获取教化的能量

中国在20世纪80年代以后逐渐进入了经济发展的快车道。只要观看一下上海、北京这样的超级大都市中的街区便可知道，城市中的人流急速前进，人们的脚步总是那么匆忙，与此同时，民众财富的积累和其辛劳程度约略成正比。中国的经济成就真实而可靠，恰是国人脚踏实地拼争的结果。仓廪不实而难知礼仪。在举国贫穷的状态下，国人缺乏与之匹配的仪式活动。当时中国人的生活水平达不到时下的标准，因此很难举办规格高的体育赛事。仓廪实而后知礼仪，家境逐渐殷实起来的中国人，注意力几乎在同一时间指向了礼仪活动，而富有担当意识的中国政府则不失时机地善待国人，集约性地搞出了数场大型的体育赛事。

由国家组织的体育赛事往往是一种集文艺、竞技、娱乐于一体的综合性娱乐庆典活动，它或许仅可解决老百姓娱乐难、消遣难、聚会难之类的务虚性问题，但仍旧显示出国家的巨大进步。胡志毅在讨论仪式的社会功能时曾说："随着仪式的普泛化，仪式成为一种象征性的交际行为。这种象征性的交际行为实际上就是一种传播方式。从巫术仪式、宗教仪式到政治仪式以及公众的节日庆典仪式，这些传统的仪式是一定的社会部落、教派、团体以及民族区域得以凝聚的中心。"[①] 国之大事，在祀与戎。中国素为礼仪之邦，仪式问题自非小事。中国如此密集地举办体

① 胡志毅：《现代传播艺术——一种日常生活的仪表》，浙江大学出版社1997年版，第75页。

育赛事可谓前事有因，还是一种特殊的时代营造出来的合乎国情与有关章程之事。

中国体育的符号化现象或许是中国体育人的一种策略性选择的结果，但这种现象在中国仍有其特殊的历史脉系，并由此展示出其存在的合理性。中国体育无法脱离其社会语境的质的规定性。古特曼曾分析过社会主义国家的体育。“社会主义国家运动员比西方运动员更可能说他们是为祖国而竞赛。中国人将他们取得的成绩归功于毛主席的鼓舞；前民主德国人归功于瓦尔特·乌布利希的模范作用，而古巴人则归功于菲德尔·卡斯特罗的英明领导。用前民主德国一位‘体育能手’的话来讲，‘竞技体育最美好的一面是它使运动员有可能在国家竞赛或者国际竞赛中代表自己的国家出赛’。当然，共产主义国家经常报道运动员在国际竞赛中的胜利。共产主义国家非常注重在体育方面优越于资本主义国家的社会意义，这种态度也不足为奇。”[①] 曾有学者回顾过二战以后世界体育格局，并将苏联式体育体制当成一种值得肯定的体育体制。“二战后‘冷战’的发生对于苏联畸形体育结构的确立起了决定性作用。战后苏联体育组织陆续加入世界体育组织包括国际奥委会等，高水平竞技体育也被迅速卷入当时社会主义和资本主义两个阵营的斗争，成为两种思想体系竞争的特殊场地，任何一次国际体育舞台上的胜负都被视为与国家威信相关，都牵涉社会制度的优劣问题。”[②] 冷战是特定历史条件下的产物，更是人类社会中关于体制、文化、生产效益、生活品质多

① [美]阿伦·古特曼著，花勇民、钟小鑫、蔡芳乐编译，袁旦审译：《从仪式到纪录：现代体育的本质》，北京体育大学出版社2012年版，第79-80页。

② 颜下里：《从竞技体育强国走向注重大众体育的俄罗斯》，《体育文化导刊》2012年第10期，第14页。

元竞争的典型样态。体育在其中扮演过重要角色。“俄罗斯体育史学者库什科夫认为，在这种思维生成的过程中，‘苏联体育工作者最亲密的朋友’斯大林起了决定性的作用，而当时的苏共中央政治局思想部则是这一观念的坚定贯彻者。正是在这样的背景下，1948年滑冰世界杯赛上的失利受到斯大林的严厉批评，这成为战后高水平竞技体育走上政治之途的一个重要标志性事件。”[①] 从地缘政治的角度看，苏联仍属于欧洲地缘文化的组成部分。中国的体育机构虽然受到苏联模式的影响，但仍属于中国文化的统摄范畴，中国的体育在中国文化的浸润与干预下，已经形成了属于自己的独有样式。

当代中国是一个地缘政治大国，中国体育先要具备的是政治属性，其次才是经济、竞技、身体以及娱乐属性，其以政治为核心。如果仅从历史需求的层面考量，中国现行体育制度是冷战时期的产物。“在特定的历史条件下，充分利用竞技体育的特有价值和作用，成为展示一个民族和国家精神面貌和内政外交的最好平台。因此，为了满足国家的外交需要，为了满足提高我国国际地位的需要，为了满足展示改革开放后所取得巨大成就的需要，为了表明我国社会主义制度的优越性，我们选择了‘举国体制’这种非常规战略。”[②] 正因如此，不应该完全跳出特定的历史语境而孤立地谈论中国体育。“它通过提高运动成绩，建设体育强国等手段，达到为我国的外交提供平台、全面提升我国的国际地位、显示社会主义制度优越性及改革开放后的巨大成就等

① 颜下里：《从竞技体育强国走向注重大众体育的俄罗斯》，《体育文化导刊》2012年第10期，第14页。

② 张晓义：《新时期建设体育强国的认识基础》，《武汉体育学院学报》2010年第5期，第13页。

目的，做出了巨大的贡献。伟大成绩的取得，‘举国体制’功不可没。因此，我们应对举国体制进行客观的、历史的评价。”[①] 但是，当年因“冷战”而生发的体育体制的确已经出现了一些不适合现代性的倾向。

不妨再度从经济学的视野切入。从 1978 年开始的新时期以来，中国人经过持续艰辛的奋斗，终于在 2010 年使中国成为世界第二大经济体。按照惯例，身处这样的重大历史转折点，理应举办一个或数个仪式，借以展示国家的新气象以及国民的新风貌，并以象征性的方式向全世界作出一种简明而直接的宣誓。中国人无须过度超脱，中国的确是一个曾经历了百年屈辱历史的国家。小约瑟夫·奈、戴维·韦尔奇曾经阐释过现代中国人的固有心理。“英国、美国、法国、德国、日本、俄国以及诸如意大利、奥匈帝国、比利时、葡萄牙这些更小一些的国家，都在那个历史时期从中国获得不平等条约权利。不少这类的条约有治外法权条款，换句话说，中国在当时不被视为一个具有完整主权的国家。中国在某些时候曾经被肢解、主导和占领。比如，日本和俄国在 20 世纪初争夺对中国东北的控制，日本在第二次世界大战期间对中国的占领让中国深受其害。直到不久前的 1999 年，澳门还是葡萄牙的殖民统治地区。英国在 1997 年归还香港。无怪乎中国对冒犯其主权、领土完整以及尊严的事情是如此敏感。”[②] 中国在现代社会中一度出现过身份不明确的时候。中国仍为文明古国，但是，拥有古代文明的国家仍需获得在现代世界中

① 张晓义:《新时期建设体育强国的认识基础》,《武汉体育学院学报》2010 年第 5 期，第 13 页。

② [美] 小约瑟夫·奈、[加] 戴维·韦尔奇著，张小明译:《理解全球冲突与合作：理论与历史》第 10 版，上海人民出版社 2018 年版，第 308 页。

的身份。正因如此，中国人不可能超脱到无视或遗忘历史之地步，而完全有理由在适当的机会安排数场或数十场国家乃至国际级别的大型仪式活动，借以向全世界宣告一种值得宣告的内容，这便再度涉及大型体育赛事的仪式性问题。

自然游戏和竞争性游戏有着本质的区别。古特曼对此曾作过精确的描述："班尼斯特在海滩上欣喜欢愉的奔跑与他在牛津伊夫雷路跑道上夺冠的奔跑的区别，就是游戏和现代体育的区别。如果将一个孩子无意识地跳过灌木丛或一块岩石与电视转播的德怀特·斯通斯腾空跃过标准横杆的一跳相比，将掠过池塘水面的小圆石与融合了复杂的技巧和力量的掷链球相比，我们可以看到同样的区别。同样，如果将接球游戏与每一个现代国家中任何一个有组织联盟中的一个正规球队所进行的复杂球类比赛相比，我们也可以看到类似的区别。"① 体育在现阶段的中国很难成为自然游戏。胡伊青加从来未曾将游戏看成一种人类生活中纯然的随机性行为。"在游戏（其本身为一无意义、非理性的独立实体）的形式与功能中，人对于他被纳入一神圣事物秩序的意识获得了最初、最高、最神圣的表达。"② 大型体育赛事已经成为一种神圣意志的载体，且充满了强大的仪式感。类似奥运会、亚运会、青奥会、世界大学生运动会这样的大型体育赛事自然就会成为中国人的选择对象。基于同样的原理，那种用来代表中国国家意志的仪式也要一如既往地举行下去。这里体现出一种民族或国家意愿，而非简单的民间性意愿或政府性诉求。

---

① [美]阿伦·古特曼著，花勇民、钟小鑫、蔡芳乐编译，袁旦审译：《从仪式到纪录：现代体育的本质》，北京体育大学出版社 2012 年版，第 3 页。

② [荷]胡伊青加著，成穷译：《人：游戏者——对文化中游戏因素的研究》，贵州人民出版社 1998 年版，第 22 页。

中国正在急速走向现代化。中国步入现代化国家的每一步都走得扎实而深沉。古特曼曾引述理查德·D·布朗的言论:“作为一个建构性的概念,‘现代化’与西方社会主要进程这一历史进程的老观点有些相似……但是……现代化的概念并不意味着不可避免性甚或是必要的改进。科技发展、复杂化、专业化和理性化并不一定会产生一个更好的、更公正的、更人道的,或者是更为令人满意的社会。”①21世纪以来中国的经济、社会、文化改革都取得了惊人的进步,但中国仍须完善诸多的细节。古特曼对现代性充满了忧虑。“我们这些经历过20世纪的人有理由在考虑现代化好处的同时想想它相反的效果。有毒的废物垃圾、核灾难与激光手术以及电子通信一样是现代性的一部分。”②中国也正面临如此境遇。中国地域辽阔,其中一部分地区的空气、河流、土壤仍有污染。小约瑟夫·奈戴维·韦尔奇也认为:“北京的领导人在人口、环境和经济领域面临着一系列长期的挑战。”③然而,比环境问题更为持久的则是在多元文化冲击下普通中国人的心理建设问题,类似问题还会提高国家行政的运营成本。“政治学家约翰·米尔斯海默就公然声称‘中国不可能和平崛起’。正如我们在第一章所看到的,如果斯巴达害怕正在崛起的雅典并不惜以战争来保护自己的利益,美国是否也会因为害怕正在崛起的中国而在某一天采取类似的冒险行动呢?假如人们相信冲突是不可避免的,并且采取

① [美]阿伦·古特曼著,花勇民、钟小鑫、蔡芳乐编译,袁旦审译:《从仪式到纪录:现代体育的本质》,北京体育大学出版社2012年版,第188页。

② [美]阿伦·古特曼著,花勇民、钟小鑫、蔡芳乐编译,袁旦审译:《从仪式到纪录:现代体育的本质》,北京体育大学出版社2012年版,第188页。

③ [美]小约瑟夫·奈、[加]戴维·韦尔奇著,张小明译:《理解全球冲突与合作:理论与历史》第10版,上海人民出版社2018年版,第309页。

相应行动使得预言自我实现，那么权力转移是很危险的。”① 中国人也在回应，其中不乏体育选项，而举办大型体育赛事是一种价值观回应手段，同时也是一种政治、文化和教化层面反击策略。

三、以行政代道德的改进型体育类型

尚需回归仪式学的轨道。仪式有其既定的生发与存在原理。英国戏剧学家马丁·艾斯林曾说：“在仪式中正如在剧场里一样，一个团体会直接体验到它自己的一致性并且再次肯定它，这就使得戏剧成为一种极端的政治性（因其突出的社会性）的艺术形式。”② 经过仪式化改造的体育赛事可以有效地回应国际上所有游离中国话语导向的疑虑，体育在此无可避免地充当起为大国意志支配的器具。中国拥有隶属于自己独特的文明体系，中国永远都不可能完全照搬西方的做法来排演各种体育赛事。为繁难而紧要的时势所迫，中国人无法不对体育作出高度仪式化的解读。体育赛事在中国只能成为一种充满惯性力量的道德品类而不可能是其他的文化形态。胡志毅将仪式看成一种日常生活的经验。“我们知道日常生活是一种经验的存在，它具有一种惯性的、自敝的作用，而仪式是通过一种陌生化的方式，使人们重新体验和感受它的存在，这样日常生活就向我们敞开，这和艺术的原理是一致的。在日常生活中这种仪式是通过节日庆典来实现的。”③ 事实也是如此，经过多元化的变通性处理，但凡为中国改造过的体育赛事都沾染上了让西方人感到陌生的中国风情，体育赛事到了

① [美]小约瑟夫·奈、[加]戴维·韦尔奇著，张小明译：《理解全球冲突与合作：理论与历史》第10版，上海人民出版社2018年版，第309页。

② [英]马丁·艾斯林著，罗婉华译：《戏剧剖析》，中国戏剧出版社1981年版，第20页。

③ 胡志毅：《现代传播艺术——一种日常生活的仪表》，浙江大学出版社1997年版，第77页。

这里一定会变成一种仪式行为、政治宣言或国家节日。

中国一度创造过古代文明，拥有过高度成熟的古典式仪式体系。不仅如此，作为东亚大国，中国曾经是一个仪式输出国，那种典范的儒家仪式一度输出到朝鲜半岛、越南、日本等周边国家和地区。然而，经过近代数次革命后，中国固有的国家仪式几近废弃。改革开放以来，中国执行了带有高度务实主义意义的经济优先发展战略，一度冷置了诸多的繁文缛节，客观上使得中国经济进入发展的快车道，然而，过度的务实主义必然会以放弃部分传统文化为代价，而其中最先放弃的则是一种国家仪式。正因如此，当下的中国一度步入一种仪式感匮乏的状态，换句话说，中国重新成为一个暂缺仪式的国家。古装影视剧的出现给人带来了启发。儒家礼仪一度是中国仪式学的主体内容。那种温文尔雅的做人风范，让所有的中国人回忆起还有尊严的美好时代。中国人举办大型体育赛事并将其当作一种国家仪式的冲动始终未曾蚀灭。在中国强大的经济和行政力量的主导下，各种各样的体育赛事集群性地落户中国，呈现出一种单向度文化的繁盛景象，同时也展示出一种新型的聚会模式，新的仪式集群就此出现。中国不仅在近期要大密度地举办各种体育赛事，在不远的将来依然如此。中国的北京已经分别举办了 2008 年夏季奥运会以及 2022 年冬季奥运会，上海还有可能于 2026 年申办 2032 年的夏季奥运会。中国还会在特别的时间节点申办男子足球的世界杯赛事。中国申办这样的赛事，当然为的是体育，同时也高度看好其仪式价值。各种体育赛事到了中国，都会成为一种颇具中国特色的仪式，它时而也会成为中国社会仪式临时缺位前提下的替代性事物，而较难成为一种非仪式类的事体。

这里有必要解读一下游戏与仪式的关系。游戏原本就是一种社会生活的仪式化展现形态。游戏源于对生活的模仿，同时也拥有自身的真实性，游戏的真实性来自仪式的真实性。从人类文化学的角度看，游戏有其独特的基因生成特性。胡伊青加认为："柏拉图把游戏与圣礼相等同，这并未因为把后者称为游戏就玷污了后者，相反，这一做法却把游戏概念提升到最高的精神领域。"① 游戏的神圣感和随机性给游戏注入了巨大的活力。其实，"由动物进化而来的人类本身就有游戏的基因，使得娱乐文化较其他各种文化具有更强大的吸引力。在希腊语中，'文化'（paideia）与'把玩'（paidia）这两个词具有一种词源学上的相关性。"② 体育作为一种独特的游戏，从未逃脱过游戏的质的规定性。只要略加观察便会知晓，体育赛事到了中国就会变更其既有的基因，并呈现出和别的国家体育赛事截然不同的风貌。事实也果真如此，在中国举办的体育赛事大多要强化其中的奠仪成分，而适当削弱了其中的游戏成分。仪式的原始性始终存在。"仪式可能会流血，对等待入会的年轻人的资格验证可能是残酷的，面具可能是令人恐惧的，然而整个活动却具有节庆的性质。日常生活则停顿下来。而只要节日延续着，宴会、筵席以及所有的狂欢作乐就将一直进行着。"③ 现代奥运会对原始仪式的改良已经非常明显。从任何一个受过儒家思想熏陶的中国人的角度看，类似现代奥运会这样的世界性体育盛会仍旧充满了太多的道德学的意味。

---

① [荷]胡伊青加著，成穷译：《人：游戏者——对文化中游戏因素的研究》，贵州人民出版社 1998 年版，第 23-24 页。

② 徐岱：《审美正义论：伦理美学基本问题研究》，浙江工商大学出版社 2014 年版，第 261 页。

③ [荷]胡伊青加著，成穷译：《人：游戏者——对文化中游戏因素的研究》，贵州人民出版社 1998 年版，第 26 页。

中国是文化大国，对任何外来的文化类别都有改造、变易和同化能力。在中国举办的体育赛事同样面临这样的境遇，这些体育赛事并未朝单纯的体育化的方向发展，而是朝着变革性、复合性和兼容性的路径迈进。“到 20 世纪，已经没有一个人不是生活在国家之中了。与国家有关的一些概念，诸如祖国、爱国主义、民族精神、统一和不可分割性等等，都成为非西方国家的共同追求。从此国家与民族不再是一个自然概念，而是一个抽象范畴，它依靠一种叙事而存在。”①2008 年北京奥运会不仅体现出中国的民族主义主张，还在此基础上显示出了中国人对奥运会的改造能量。当年北京奥运会的开闭幕式灌注了大量的中国元素，不仅如此，整个赛程都注入了中国因子。中国投入了巨大的财力、物力和人力来举办奥运会，展示出体育超越自身功能的极限价值，体现出国家仪式的宏大性价值，使绝大多数中国人产生了稳定的从众性心理，从而有力地凝聚了人心。古特曼曾经阐释过体育仪式对参与者和接受者的团队精神的培育问题。“似乎没有任何方法能阻挡我们做出以下结论，对团体体育的偏好代表了一种合作倾向，而不是以长跑者所象征的自主倾向，但是倘若我们认为合作永远是个人主义的敌人，那么我们就大错特错。”②林毓生在讨论国家的文化核心论题时认为：“社会有一个中心，社会结构有一个中心带……而这个中心或中心带是价值和信仰领域的一种现象。‘奇理斯玛’是符号秩序中心，是信仰和价值中心，它统治着社会。它所以是中心，因为它是终极的，不能化约的；很多人虽不能明确说出这点，但感到有这样一个不能化约

① 胡志毅：《现代传播艺术——一种日常生活的仪表》，浙江大学出版社 1997 年版，第 39 页。

② [美]阿伦·古特曼著，花勇民、钟小鑫、蔡芳乐编译，袁旦审译：《从仪式到纪录：现代体育的本质》，北京体育大学出版社 2012 年版，第 179 页。

的中心。中心带是具有神圣性质的……中心价值体系的存在，根本上取决于人类需要结合能超越平凡的具体个人存在（并使其改观）的某种东西。人们需要与大于自己身体范围的和在终极的实在结构中比自己的日常生活更为接近核心的一个秩序的一些符号相接触。”①正因如此，中国的任何一级的相关机构都不会忽略体育的符号学功能。英国戏剧理论家 Francis Edward 曾说：“仪式，无论何时它都会与社会性的生死冲突相联系，因而必然趋向于成为一种神圣行为或场域。这在很大程度上是因为人类需要表达自身的欲望，这样的欲望其实是人类对一种无可理解的存在物的恐惧感，人类从不接受那种无可信赖的机会。”②北京奥运会便是这样的一种神圣仪式，很多年以后人们都会感受到北京奥运会的超极限价值，它不仅缔造出一场极为成功的体育赛事，而且借此而将中国的行政乃至政治的潜在能量发挥到了极致。美国戏剧家奥斯卡·G. 布洛克特在其《剧场史》中曾经总结出仪式的五种功能，分别为对宇宙的理解、传承既有知识、对控制事物的想象、炫耀超自然力量、娱乐。③仪式和人类表演现象的关系极为紧密，仪式对举办仪式的集团民众的精神凝聚作用十分明显。奥运会鼓励文化融合，并借以产生新知识。再以 2008 年北京奥运会为例。正如既往所有奥运会举办国所做的一样，北京夏季奥运会坚守了奥运会来自西方文化中的原始价值观，同时也为之注入大量的举办国元素，维持了举办者的东方性自然意愿，创造出一种新的知识结构。奥运会有明确的功能性。对于绝大

① 林毓生：《中国意识的危机》，贵州人民出版社 1986 年版，第 39 页。

② Francis Edwards.Ritual And Drama.London:Lutter Worth Press Guildford, 1976: 1l.

③ [美] 奥斯卡 · G. 布洛克特：《剧场史》，美国，1977 年第 3 版，第 5 页。转引自吴光耀《西方演剧史论稿》，中国戏剧出版社 1989 年版，第 7-8 页。

多数的中国人来说，2008 年的北京奥运会重塑了中国的国家形象，提升了中国人的国际身份，而 2022 年的北京冬奥会则彰显出中华文化的既有格局，展示出了中国人自然优雅的民族特性，人们借此可以更好地解读中国和奥运会的特殊关系。

四、结语

从各方面的情况看，2008 年的北京奥运会都更像个隐喻。进入 21 世纪以来，中国掀起了一股举办世界级体育盛会的风潮。从表象上看，类似风潮亦属于一种 2008 年北京奥运会的延伸惯性，这种现象很容易让人联想到世界各地经常出现的大规模的信仰类仪式活动中常见的镜像。然而，从体育聚会原理的角度看，在中国举办的各种体育赛事只能算是一种非常规的节日，且在很大程度上得到了中国以及海外许多华人的认可。中国举办的大型体育赛事展示出一种更为成熟的民众聚会方式，它同时还是对消逝的传统节日的一种集约式补进现象。不仅如此，大体量的体育赛事还可以极大地满足中国人所渴求的胜利仪式的意愿。大而言之，原始的体育仅仅是一种身体的运动形式，而体育赛事则已然具备了现代性的仪式形态。正如中国的诸多演艺类艺术一样，中国的体育早已超越了纯体育领域，跨越到了权威重构与仪式再建的地界。中国必然要步入现代社会，而进入现代社会的初级指标则是民众健全的人类观，这样的观念中蕴含一种与世界上主流国家求同存异的合作能力。

第三节　体育赛事对中国既有仪式文化的干预

进入21世纪以来，中国的大型体育赛事的确呈现出相互竞争、节节上升、方兴未艾之趋势，其超量消费的特性已然显示出来，其中也有人怀疑过其合理性。事物的存在都有其合理性。为迎接赛事，中国的相关部门修建了大量大型体育场馆，类似的建设不仅是一种恢复国家信仰之需，在客观上补偿了被连年战争毁坏以及特殊时期去除的公共活动空间，包括庙宇、道观、书院之类。中国留存下来的古代书院、寺庙、道观大多已改为商业性的旅游胜地，而新起的体育场馆反倒成为一种新型的教化类场域。如果以国际标准来衡量，中国用于体育场馆的建设成本并不算高。中国举办的各种各样的大型体育赛事都是一种将体育赛事仪式化的实验，更是对国际赛事施行民族化改造的一种尝试，从仪式学、节日学和文化学的角度来衡量中国的体育赛事，其中的必要性与高度的理性内质更容易被人认知。

一、体育赛事的民俗学价值

在很多中国人看来，奥运会与中国传统文化精神极易融通。正因如此，有必要重新认识中国和国际奥委会的关系。国际奥委会看到了中国不可替代的作用。国际奥委会主席巴赫曾说，2008年的北京奥运会以及2014年的南京青奥会皆为各国学习的典范。这一时期的国际奥委会比历史上任何时候都依赖中国。或许中国崛起现象对美国之类的强权国家有所触动，但对国际奥委会来说，却是一种强大的后援性力量。这里显现出一种充满历史感的宏大叙事。中国和国际奥委会的关系就此进入一种高度融洽的阶段，其中涉及中国的国家性体育机构与奥组委的连接度。中国国家体育总局的奥运争光战略对许多不赞成举国体育体制的民众来说或许颇值得争议，但对国际奥委会来说，则具有十足的正确性，其中的理由很简单，中国举办过的奥运会都由政府作出全方位的担保，国际奥委会几乎无须承受任何风险。

就目前而言，北京已举办过夏季、冬季双届奥运会，中国与奥组委仍在密切合作，中国的国家体育总局也就此成为一支奥运会的维护性力量。在奥组委看来，中国是财力雄厚的大国，且将大型体育赛事视为一种仪式演示手段，便很难按照商业成本核算的惯例来做事情。Rodanthi Tzanelli 认为："就像人类与众不同一样，国家是独一无二的。"[①] 在国际奥委会的视野中，中国是一位一度不太看重纯资本核算的助力者，这便极易达成一种简约而直白的交往构架。至少在 21 世纪最初的一段时间，中国和国际奥委会的合作关系完全达到了双赢的高度。

尚须说到奥运会的仪式化成分和奥运会开闭幕式的独立性仪式特质问题。2008 年的北京奥运会开闭幕式再度强化了文艺和体育不分家的品格，而体育赛事自身的艺术观赏性同样不可小觑。顾拜旦在 1906 年就阐释过奥运会和艺术的关系。"我们将奖励在建筑、雕塑、绘画、音乐和文学比赛中的杰出创作者。这 5 个项目每 4 年举办一次。主要针对受体育启发而构思尚未发表的作品。"[②] 体育与艺术的纽带关系已然被现代西方学者高度认同。奥运会的戏剧属性已经被很多人认同。Rodanthi Tzanelli 试图解读奥运会的现代价值："我们可以强调，scholé（深度对话）体

① Rodanthi Tzanelli. Olympic Ceremonialism and The Performance of National Character: From London 2012 to Rio 2016. Basingstoke: Palgrave Macmillan, 2013:6.

② [法]顾拜旦著，詹汝琮、邢奇志等译：《奥林匹克理想——顾拜旦文选》，奥林匹克出版社 1993 年版，第 19-20 页。

现的是一种通过与戏剧、哲学和体育等艺术的激烈参与来实现自我完美的古老原则，最终使身心的协同性达到极致，这是当代奥林匹克现象的基础。就像古代戏剧通过视听和运动美学的傲慢（向神展示人类的傲慢）教育观众一样，当代奥林匹克运动会是世界戏剧，人类渴望完美，这种感受可以用来指导观众接受游戏中的公平价值。”[①] 体育与艺术有一种极为深邃的纽带关系，两者在很多场域中几乎就是一件事物的两种呈现维度。

柏拉图曾说：“每一个都要以此为职责，让最美丽的游戏，成为生活的真正内涵。游戏、玩乐、文化——我们认定这才是人生中最值得认真对待的事。”[②] 包括音乐、美术、电影、舞蹈、话剧、电视剧之类的中国艺术或许在世界上暂时失去了竞争力，在中国举办的体育赛事中却占据着主导地位，并使得中国举办的大型体育赛事几乎朝着文胜于质的方向迈进。中国在举办 2008 年北京奥运会之后，仍在广州亚运会、深圳大运会、杭州亚运会上延续了体育与艺术相结合的办会模式，再现了顾拜旦所号召的体育艺术化和艺术竞技化的主张，同时也呼应了 Rodanthi Tzanelli 所说的奥运会的流浪主题。换句话说，中国举办的大型体育赛事本身就是一种新型的观赏性艺术，其中开闭幕式所具有的艺术品格更是十分鲜明。

2008 年的北京夏季奥运会对中国普通民众的精神冲击力很大，在很多中国人的心目中，2008 北京夏季奥运会几乎成为大型体育赛事的一种标杆。亚运会和世界大学生运动会自身的影响力无法和奥运会相提并论，因此，低级别的体育赛事仪式中艺

① Rodanthi Tzanelli.Olympic Ceremonialism and The Performance of National Character:From London 2012 to Rio 2016. Basingstoke:Palgrave Macmillan, 2013: 13.

② [西] 何·奥·贾塞尔著，商梓书译：《什么是哲学》，商务印书馆 1994 年版，第 68 页。

足球比赛从来不乏仪式感。路云亭 2020 年 12 月 6 日摄于上海虹口足球场

术表演的价值更容易压倒赛事的仪式价值。近年来，由于亚运会的国际文化品牌功能的下降，包括中国在内的诸多亚洲国家都逐渐忽略了亚运会。“举办综合性运动会巨大的消耗令有意申办者望而却步。雪上加霜的是越南政府放弃了第 18 届亚运会主办权，而第 19 届亚运会只有我国的杭州申办。不言而喻，历经 60 多年光辉历程的亚运会正面临严重危机。”[①] 这反映了一种极其微妙的群体性心理变化。体育赛事是仪式，而仪式具有强烈的表演性，中国人和世界上其他任何国家的国民一样，无法忽视仪式的独有价值，仪式的艺术性、表演性、如常性都在中国体育界内得以很好地呈现。英国菲奥纳·鲍伊曾对仪式作出过解释：“就最一般的和最基本的方面说，仪式是按计划进行的，或即兴创作的一种表演，通过这种表演形成了一种转换，即将日常生活转变到另一种关联中。而在这种关联中，日常的东西被改变了。”[②] 奥运会本身就是人类展示身体文明的现象，含有鲜明的展演性效应。顾拜旦曾将奥运会提高到一种纯粹艺术鉴赏的高度。“这里是鉴赏的发源地，世界闻名。我们正在寻求建造鉴赏大厦的第一块砖，在其

① 李光欣、家三爱、张晓义：《亚运会的危机及解决策略研究》，《南京体育学院学报》2017 年第 6 期，第 124-125 页。

② [英] 菲奥纳·鲍伊著，金泽译：《宗教人类学导论》，中国人民大学出版社 2004 年版，第 176 页。

他地方都不可能进行得如此顺当。”① 只要回顾一下在广州举办的第 16 届亚洲运动会的开幕式即会发现，那场文艺演出极富创新价值，据外媒报道，已然达到了 2008 年北京奥运会开幕式的水准。中国的体育学者对其作出了积极的评价：“广州亚运会开幕式创意新颖，将舞台转向珠江，利用海星沙独特的自然地形巧妙设计，酷似一艘面朝东方、即将启航的巨轮。集结诸多顶级艺术大师，设计了与北京奥运气势恢宏不同的开幕式，更多地展现出了中华文化巨人魅力的另外一面，浪漫和柔美以及岭南文化来自‘水’的迷人风采。”② 广州亚运会综艺表演学的价值几乎压倒了其赛事本体之价值，其中折射的是一种仪式类型的变异、游走与重组现象。

二、体育赛事是对中国人仪式生活的一种补进性元素

体育赛事的节日性十分鲜明，而体育赛事中的开闭幕式本身就是一种主体节日。胡志毅曾对现代主体性节日作过阐释：“如奥运会的开幕式和闭幕式典礼、奥斯卡的颁奖仪式，等等。这些仪式也往往以大型的文艺表演来烘托气氛，并通过卫星直接传输，为世界各国所关注。”③ 一场开幕式竟成经典，并构建出一种超越赛会体育价值的景观，这本身就是一个奇观。胡志毅在讨论艺术的仪式性时认为：“在传播艺术中，引进仪式的概念是非常重要的，这不仅因为传播与仪式有一致之处，更重要的是仪式

① [法]顾拜旦著，詹汝琮、邢奇志等译：《奥林匹克理想——顾拜旦文选》，奥林匹克出版社 1993 年版，第 20 页。

② 王茹、卢佳：《从北京奥运和广州亚运开幕式视角看体育强国建设》，《新西部》2011 年第 21 期，第 239 页。

③ 胡志毅：《现代传播艺术——一种日常生活的仪表》，浙江大学出版社 1997 年版，第 78 页。

作为一种神话的存在方式，与媒介艺术具有异质同构之妙。值得指出的是，仪式在现代的存在是以一种泛宗教性存在作为前提的，所以传播艺术是一种日常生活的仪式，我们有必要认为，以电视为主体的传播艺术实际上承担了现代图腾的神圣角色，而这个神圣角色的扮演者就是演员，它在现代社会中的作用是不可替代的。”① 在中国举办的诸多大型体育赛事的开闭幕式一度展示出一种仪式改良的力量。其中扮演的力量压倒了竞赛的力量之后，体育的内在精神面临解体，体育的基本功能开始异化，而代之而起的则是一种新型的仪式品格。如何解决类似的问题，则是摆在很多中国人面前的一项新任务。

游戏是一种融合了高度仪式感和自由想象力的文化品类，游戏对体育与艺术都有支配力。由于游戏精神的整体性缺失，现代中国不仅是一个游戏仪式相对匮乏的国度，还是一个艺术原创精神暂时隐遁的国家，中国人仍旧需要借助大型体育赛事中的仪式能量来消弭当前仪式缺位与原创艺术消隐的状态。中国的仪式匮乏及艺术原创精神遁匿现象由来已久，且有其独特的道德学、社会学和文化学原因。中国在历史上的大多数时间都属于无神论国家。王树增对此有所阐释：“中国几千年的封建社会一直是儒家学说的天下，但是‘儒学’不是一种宗教。宗教的最显著特征是对某个固定不变的神或者偶像的崇拜，而中国的儒学从它诞生之时起，其理论核心便是无神论。儒学其实是一种伦理制度的‘课本’或‘章程’。它主张控制社会秩序的力量不是来自信仰，而是来自自我道德约束。它的所有著述无不是关于道德的说教。这种说教不是用某个神灵的力量来规范人的行为，

① 胡志毅：《现代传播艺术——一种日常生活的仪表》，浙江大学出版社 1997 年版，第 75 页。

而是要求人在思索和领悟中教育自己。”[①] 儒教不信鬼神。从历史的角度审视，中国的一神崇拜的文化传统并未确立。中国作为一种无神论国家的国体不仅完全可以成立，而且一直运行良好，并在汉代、明代、清代等数个王朝中多次缔造过盛世模式。中国的国家秩序也在此种内涵丰富的仪式化进程中得以展现。

仪式可以保全文化，还可以优化艺术。顾拜旦曾经反复强调体育与艺术的亲缘关系。体育与艺术的亲缘关系是通过仪式来实现联通的，而仪式和艺术创造的关系较为复杂。仪式缔造过程是一种群体行为，而艺术创造在更多的时候则是一种个体行为，能将两者统一起来的便只能是游戏。如果从个体优先发展的视野上说，人类社会中的每个个体的需求都显得极为复杂，每个个体的人的进化程度也难以评估。而具体到每一个国家而言，其群体的心理变化更是难以考量。一个国家或许可以在短期内弃置特定的或固化的信仰体系，却无法长期弃置信仰主体及其替代品。任何一个族群看似废除了某种信仰体系，但另一种信仰体系一定会在某一个时空节点上走进这一族群中每一个个体的心灵深处，并在相关的分支族群中种植下相同或相似的情感、想象和意志之类的元素。“伊芙特·皮洛指出，仪式的奥秘和力量在于它的普遍性。它的意义如此单纯和普遍，以至于我们觉得它与我们同生，它是我们的一部分。我们还知道，它已是被接纳的一员，是一份固定遗产——我们不可能随意解释它。仪式是一种社会的约束，是一套共同使用的语言，是一条纽带。”[②] 仪式与艺术之间经常出现一种复合性的融汇状态。胡志毅对此有过更进一步的解释：“艺术，尤其主流艺术就是通过这种仪式化的

① 王树增：《1901 年：一个帝国的背影》，海南出版社 2004 年版，第 109 页。

② 胡志毅：《现代传播艺术——一种日常生活的仪表》，浙江大学出版社 1997 年版，第 83 页。

方式被制造出来的。对于现代人来说，古代神话消亡了，古代神话赖以生存的古代仪式衰微了。然而，每一个时代都必须制造出它的神话仪式，不然的话它是一天也生存不下去的，只不过它不像我们理解古代神话那样是一种显现的存在，而是一种隐蔽的存在。它需要通过解释者的解释才能向我们敞开其意义。”① 人类个体有崇尚独立化的需求，它缔造了艺术的原创精神。人类也有追求同一性的欲望，它驱导出一种群体意志，并创造出一种仪式化的生活形态与内涵。为了缔造族群共同体，任何一个国家都会在群体仪式中强化国家共同体的价值，借以强化一种共同认可的生活方式。“中国需要奥运金牌，但同时又不要被奥运金牌所困扰。中国是一个大国，在奥运会上不能没有金牌。中国绝对不能重新陷入‘东亚病夫’的境地，在奥运会上不能只当看客。”② 中国对奥运金牌的需求已然构建出一种超越体育本体的意义体系，以至于一些业内人士将其视作一种价值扩张元素。中国须根据自身实力赢取相应的金牌数。但中国不能唯金牌论。金牌能够反映一个国家的社会发展状况，但不能反映一个国家社会经济发展的全部。因此，要理性地看待奥运金牌及其社会价值。具体到中国而言，唯有信仰性极强的仪式才有可能为本族群的人寻找到同一性的归属感。类似的问题立即呈现，如何为那些同族群的人找到一种精神的栖身之所？中国的相关机关凭借什么来洞悉、掌控本国民众的群体心理？权衡再三，人们最终发现，也唯有大型化、全民化、经典性的仪式可以完成如此艰巨而重大之任务。

中国之所以付出如此高的成本举办或申办如此多的体育赛

① 胡志毅：《现代传播艺术——一种日常生活的仪表》，浙江大学出版社 1997 年版，第 83 页。

② 舒盛芳：《大国竞技体育崛起及其战略价值研究》，上海人民出版社 2015 年版，第 229 页。

事，完全是为了不间断地缔造一种复合性的仪式活动，并为当代亿万中国人寻觅一种足以容纳内在精神世界的巨大空间，在此基础上向全世界证明中国跃进为经济强者的新身份。“我们知道仪式可以追溯到原始的巫术和宗教，那么传播同样具有原始的‘神性’。”[①] 中国文化是一种世俗性很强的文化，尽管其中包括了所谓的喜好面子、好大喜功之类的思维惯性，但这仅仅是一种表象。在所有的表象之下，中国人更善于将一种简单而直接的仪式改造成变革本国国民性的综合性文化类型。古特曼认为约瑟夫·斯图特是首先关注体育与国民性关系的学者。斯图特认为：“要想对任何特定民族的性格作出公正的评判，就一定有必要调查在他们中通常最为流行的体育项目和消遣方式。战争、政策（政治），以及其他偶然的情况，或许可能有效地在不同时期使他们产生不同的观点，但是，当我们跟随他们进入他们的休闲世界时，那里任何伪装都是没有必要的，在那里我们最可能看到他们真正的状态，或许能最好地对他们的最自然的取向做出判断。”[②] 国民精神的变异性动能可能来自一种风俗、法律或时尚，历史上最为彻底地变异风俗的文化动力则常常来自宗教。杰·科克利曾说：“在历史上，体育和宗教经历过一段不断变化的关系。在某些阶段，体育活动要么同宗教意识和宗教节日联系起来进行，要么被教会当局定性为有价值的追求。”[③] 一些无法理解中国国情的人士还在讨论中国的运动场馆过度闲置的问题，其实完全可以

① 胡志毅：《现代传播艺术——一种日常生活的仪表》，浙江大学出版社 1997 年版，第 83 页。

② Joseph Strutt,Sports and Pastimes of the People of England, 2nd ed.（London:Thomas Tegg，1838）,PP.xvii-xviii．引自［美］阿伦·古特曼著，花勇民、钟小鑫、蔡芳乐编译，袁旦审译：《从仪式到纪录：现代体育的本质》，北京体育大学出版社 2012 年版，第 156 页。

③ ［美］杰·科克利著，管兵、刘穗琴、刘仲翔、何晓斌译，刘精明审校：《体育社会学——议题与争议》，清华大学出版社 2003 年版，第 593 页。

将这样的问题置之度外，因为中国举办各种各样的大型体育赛事蕴含着一种简单而明了的道理，中国兴建的体育场馆既是一种体育建筑，还可以是一种教育或教化载体。完全可以换一种思维看待中国的各类体育场馆，如果仅从补充中国的教育或教化建筑的角度看，那些新建的体育场馆仍旧显得太少，而非太多。

中国是一个经历了百余年内忧外患的国家，混乱的历史一度给中国人带来了迷惘的心境，而治愈这样的心理疾患需要强大的仪式活动。如前所述，自从20世纪初以来，中国城乡所有书院、文庙、武庙以及其他种类繁多的寺庙、道观以及其他宗教建筑先后遭遇两次拆毁高潮，第一次是1919年的五四运动前后，这一时期兴办的新式学堂直接占用了大量的旧式书院和庙宇，这种现象一直延续到20世纪七八十年代。中国拆毁书院和庙宇的第二个高潮是“文化大革命”时期，当时以“破四旧”为名，拆毁了无以计数的书院、庙宇及其他教育及宗教建筑，那些承担过民族或国家记忆功能的空间场域因为意识形态内涵变更而遭到废弃或铲除。胡志毅曾经阐释过伊芙特·皮洛的仪式观：“在伊芙特·皮洛看来，人类不会放弃超越自身的追求，如果人类无法相信一种纯而又纯的意识形态（无论是未来乌托邦，还是现世乌托邦），它就会以间接的方式求得完美：它对自己的日常生活加以神话化。”①20世纪70年代，笔者在山西省长治县荫城公社桑梓村上小学。当时村后有上下两座庙，上庙为初中生使用，下庙为小学生使用。在那一时段，笔者并未看到寺庙内有过任何祭祀活动，象征旧有神圣性的寺庙随后遭到拆除，旧庙原址上已经建起一所校舍全新的学校，新校舍的建筑风格简单而无个性，丧

① 胡志毅：《现代传播艺术——一种日常生活的仪表》，浙江大学出版社1997年版，第76页。

失了旧有宗庙建筑的生动气象。中国乡村的世俗性再度出现更为单纯的真实镜像。

三、体育赛事变成柔性化的悲情仪式

仍须回到体育和信仰体系的关系层面。体育和信仰体系的关系十分紧密。宾夕法尼亚州立大学教授查尔斯·普里比什在阐释体育和信仰体系的组合体时曾明确表示："那并不仅仅是出现在体育和宗教之间的相似物，它更是一种完整的身份。对越来越多的美国人来说，体育就是宗教。"① 古特曼认可现代体育的世俗性，但同样认为体育一度是一种宗教性很强的文化，这种宗教性仍然沉积在现代体育的本体当中。"记者们提及威尔士人对橄榄球的热情或是得克萨斯人对足球的钟爱时，将体育描述成一种全民的'宗教'。一名澳大利亚官员说：'体育是澳大利亚终极的超宗教，是唯一的、每个澳大利亚人都虔诚信仰的宗教。''现代奥林匹克运动的发起人皮埃尔－德·顾拜旦，也曾很虔诚地谈到'宗教体育'，而莱妮·里芬斯塔尔拍摄的1936年奥林匹克运动会史诗般的纪录片（法语版）也命名为《运动场上的诸神》。迈克尔·诺瓦克对体育有着狂热的崇拜，而将棒球、橄榄球和篮球比喻成三位一体。他还认为体育是'世俗宗教、民间宗教……当然运动员可以是异教徒，但是体育仍然是天生的宗教。'"② 体育的信仰性价值在中国同样体现得十分明显。仍以书院与庙宇为例。现代中国境内的绝大多数旧式书院、庙宇遭

① ［美］杰·科克利著，管兵、刘穗琴、刘仲翔、何晓斌译，刘精明审校：《体育社会学——议题与争议》，清华大学出版社2003年版，第593页。

② ［美］阿伦·古特曼著，花勇民、钟小鑫、蔡芳乐编译，袁旦审译：《从仪式到纪录：现代体育的本质》，北京体育大学出版社2012年版，第29-30页。

到了拆毁，它使得国学、佛学以及大量民间文化和本土信仰失去了空间载体，其丰富多彩的仪式活动也就此弱化乃至消亡。然而，搁置了民族和国家仪式的后果十分严重。“加拿大原型理论家N·弗莱指出，仪式是叙述程式的原型。他说，从这种观点来看，文学的叙述方面是一种周期性象征交际活动，换句话说，是一种仪式。在原型批评家那里，叙述被当作仪式或对人类行为整体的模仿加以研究，而不是被看成对某一个别行为的模仿。”① 人是群居类生物，大型仪式活动也是一种群体行为。这也意味着人类社会中的仪式活动从根本上说无法消亡，它只能转移，并以别样的面貌呈现在人们面前，且发挥其既有的作用。20世纪六七十年代是中国社会发展的非常时期，很多学者认为那是一个固有仪式或缺的时代，但是，仔细考量就会发现，那一时段国家也有仪式，所不同的是那种仪式大体属于一种脱离了本土文化传统的高度提纯化的仪式。那一时段的中国也有体育，但那种体育最缺少宏大仪式感，更缺少仪式的意义符号。一些体育记者认为20世纪六七十年代的中国体育人极少参加国际比赛，于是，那里几乎存在一种与世隔绝的美。体育有很多种价值，而其终极的价值便是仪式。正是由于有了仪式的内蕴，体育的聚会功能才得以存在，相反，缺少仪式感的体育往往显得原始而缺少内涵。在所有体育项目中，足球的仪式感最强，足球因此而成为世界第一运动，排球、手球、乒乓球等球类项目相对仪式感不强，只能算作一种影响力有待提升的体育项目。

传统中国社会的仪式场域退出历史舞台仅是一种表象，其

① Northrop Frye.Anatomy of Criticism.Princeton,New Jersey:Princeton University Press,1971:104-105.引自胡志毅：《现代传播艺术——一种日常生活的仪表》，浙江大学出版社1997年版，第96页。

背后是传统仪式体系的真空化现象，这也在一定程度上降解了民众的心理聚合效能。受到人类群居基因的影响，仪式很难消失，它总会在特定的场合以特定的面貌呈现出来。在历史上较长一段时间，人们曾将街道、礼堂、餐厅之类的公共空间当作一种临时性仪式场所。仪式具有充分强化人的记忆细节的功能，仪式行为中的细节符号也凸显了其内在的精神治愈特性。中国人选择了竞技体育赛事作为一种仪式展示方式，也是看中了其所演示的残酷性符码的意义。文化有其自然的延伸性，中国的儒教文明视残酷现象为禁忌，现代社会是一个高度竞争性的社会，中国要想进入现代社会，必须加入抽象性的残酷仪式的元素，甚至可以认为，中国人选择了赛事就是变相地接受了残酷仪式的主体内容。尚需说到人类学意义上的成人仪式。世界上各民族都有自己的成人仪式，很多带有残酷性甚至残忍性。“秘鲁少男在成人仪式上须通过的唯一考试是从约 8 米高的悬崖上跳下，因而胆怯者就永远不能成为‘大人’。尽管每次仪式上都有一些少男在跳崖时被摔得鼻青眼肿，但这种古老的‘跳崖礼’至今仍在秘鲁盛行。墨西哥海滨地区有个部落的成人仪式更为奇特：少男们须每人携带一块沉重的大石头游过一条海峡！加拿大洛基地区的印第安少男在成人仪式上人人都须生吞一条活蜥蜴，望而生畏者即被取消‘成年’资格。位于非洲西部的多哥有 40 多个部族，世代居住在北部山区的卡布列族是第二大部族。每年 7 月下旬，卡布列人都要为部族里年满 18 岁的男女青年举行成人仪式：男的举行摔跤节，女的举行成熟节。扎伊尔的女子到了一定的年龄，就要被带到森林里，关在一间男子不得入内的‘圣屋’里戒斋三天，并由妇女开导，让她们对即将开始的成年生活做好准备。爱斯基摩族的少女，以驯一头鹿独自跨越冰原来向族人宣告我已不再是小孩，我要独立闯荡冰原了。”[①] 人是竞争性动物，人类社会竞争的残酷性和成人仪式的残酷性具有同质的关联度和缘起的同一性。

从人类学的高度看，竞争残酷性可能是人类社会和动物社会共有的一种本质。竞争的残酷性还是成年人和成年的兽类共同面对的一种生存境遇。世界上各民族的成人仪式都不同程度地带有竞争残酷性内涵，仪式学家大都关注过残酷仪式中的细节元素，它也构建出人类社会中成人礼的核心内容。关注教育的学者也未回避成人仪式的极限性元素。“如秘鲁的跳崖、澳大利亚的断齿、坦桑尼亚的割礼、加拿大洛基地区的印第安人生吞活蜥蜴等，虽然这些民族的成年仪式各具特色，甚至近于残酷，但它们所表达的都是一个民族希望其后代在真正‘成人’以前接受一定的考验，这种考验不仅仅是能力的，更是意志的。”[②] 任何一个民族早先的成人仪式都具有残酷性。在非洲的津巴布韦西南部地区居住的宛亚部落的成人仪式就十分残忍。“宛亚部落中有一种残酷的成人仪式——他们为了证明自己已经是成年男子，必须抓一个外来部落的陌生男子杀掉并毁掉他的性器官。”[③] 成人礼的残酷性与民族的进化程度有关。“人类早期的‘成人礼’，通常是以成功捕杀猎物甚至敌人为标志。环境越艰苦，成人仪式就越残酷、越血腥。这种残酷版的‘成人礼’，时至今日仍可在一些部落地区找到踪迹。比如澳洲土著人的成人仪式上，要把少男的门牙折断，必须在成年人制造的种种‘恐怖音响’前镇静自若，然后还要接受三名成年男子的挑战，血洒脚面坚持到底就能成人。而

① 徐艟主编：《商务礼仪》，安徽师范大学出版社 2012 年版，第 319 页。

② 王北生主编：《18 岁成人仪式教育》，河南大学出版社 2012 年版，第 42 页。

③ 韦杰编：《神奇世界未解之谜》，中国戏剧出版社 2002 年版，第 136 页。

在刚果的一些部落，倒霉的也是门牙，族长会在成人仪式上用锉刀把你的门牙锉成尖刀状，据说这种‘锉牙礼’意味着少男就此长成‘男子汉’，可以与任何野兽搏斗了。可以想象，该部落的许多猎物，都是被活活咬死的。”① 成人仪式的残酷性和仪式施行者所在民族的文明程度相关。中国学者对此有过解读。“总结一下，发展水平越低、环境越艰苦，‘成人礼’就会越残酷，所代表的青春也就越残酷。而当文明发达、国家富裕时，‘成人礼’就会越来越规范、越来越雅致。古代中国是世界上最富裕、最文明、最发达的国度，难怪那时我们会向邻国出口最规范的‘成人礼’模式。”② 成人仪式的标志性符号是风险场景，古特曼对此作过阐释：“传记、自传和小说都经常聚焦在运动员所受到的伤害上，很多伤害是蓄意的。伤害也是美式橄榄球的一部分。乔治·施塔德认为，伤害可以使美式橄榄球显得更有尊严，并且给予了这个项目以激情。最后一个观察非常重要。它暗示着，伤害在美式橄榄球项目中起到了正面的心理作用。这就可以假设，运动员很少希望饱受严重伤害的痛苦，但是当他们在讲述他们参加的那场比赛时，尽管遍体鳞伤，他们的话语中仍然毫无疑问地充满着骄傲。在美式橄榄球术语中，‘Play Hurt’并不是伪装受伤而是在受伤的情况下仍然继续比赛。”③ 人类社会中的任何一个族群都有属于自己的残酷仪式，区别在于其场合、维度以及直接性等层面。中国汉民族的残酷仪式体现在科举考试以及后来的高考当中。残酷仪式广泛存在，它也构建出一种人类社会中普遍存

① 林中白狼：《高考战斗手册》，中国对外翻译出版公司 2009 年版，第 37 页。

② 林中白狼：《高考战斗手册》，中国对外翻译出版公司 2009 年版，第 38 页。

③ [美]阿伦·古特曼著，花勇民、钟小鑫、蔡芳乐编译，袁旦审译：《从仪式到纪录：现代体育的本质》，北京体育大学出版社 2012 年版，第 134-135 页。

在的悲剧基调。“在佛家的究竟理论中，佛即是众生，也就是说任何杀戮都是出佛身血的无比重罪，西方极乐世界里绝对不允许有这种东西。随意杀戮，把杀人当游戏，正是原始文化的重要特点。原始巫术文化中就有用人祭祀的残酷仪式。原始巫术文化从来也不把人当人，人甚至可以成为巫师们修炼的工具。由此可以看出，东方文化的三位原典作家在从原始巫术文化中吸取精华的同时，也非常注意去其糟粕。”① 人类原本就是地球上的一个普通的物种，具有生物世界诸多生物的共有的特性。因此，预设一种公开、公正、公平的风险性场域往往可以显示出人类原本应该具备的危机意识，换句话说，这样的预设机制在任何国家或威权实体中都无法长期空缺。在此意义上，中国举办大型体育赛事也是一种变相地更换中国成人礼的程序。竞技体育赛事中有大量的悲情元素，其所揭示的是一种竞争的必然性结局。中国的科举被人称作文战，高考的冲刺阶段也被人形容为决战，其中残酷仪式的影子隐然可见。在终极的意义上考量，大型体育赛事的残酷性仅具有象征性，而无以具备真实性。

受到中庸哲学思想的影响，中国的仪式程序一度处于一种体系性隐遁状态，由什么来填充这种仪式缺失后的精神空白就成为一种新的社会问题。最好的填充之物便是当今国人经常见到的大型体育赛事，而那些承担过重大赛事的体育场馆就会成为一种新型的仪式空间，它在一定程度上构建了一种准神话的境界。朱狄曾说：“对原始思维而言，神话与祭礼构成的是一个整体。关于原始宗教的研究表明，神话与祭礼这两种表现方法是紧密结合在一起的。祭礼活动也就是以一种戏剧的形式与神话相一致。

① 董子竹：《老子真面目》，崇文书局 2016 年版，第 217 页。

当一个神话用诗句来加以朗诵时也就是一种带有祭礼性质的演说活动。”[①] 大型体育赛事大体属于一种表演性仪式，并非以自然话语见长，大型体育赛事具有以人体为主导因素的强烈的仪式化品格。体育的道德性、国人的信仰需求、国家的仪式建构，都在那种大型的体育赛事中得以呈现。

四、结语

从表象上看，中国举办的大型体育赛事是在张扬一种国家形象，其实不尽然。只要略加观察就会发现，中国举办的大型体育赛事几乎全部由西方主流体育为构件，它所扬励的恰是一种经典的现代主义内涵，而其直接的对接对象则是人所共知的奥运会及其意义体系。探究一下中国人热情举办体育赛事的动机就会发现，中国体育赛事还有教化仪式的内蕴，其中又蕴含青春式竞争仪式的诸多变体性元素。竞技体育本身有残酷性，但较诸中国的考试制度则仅具有象征意义。中国举办的诸多大型体育赛事展示出中国的国家仪式的重构状况，大型体育赛事已成为中国步入现代社会的必备条件。中国人举办大型体育赛事恰是一种中国式公益活动，其中蕴含着鲜明的仪式感，它不仅可以完善中国的仪式形态，还可以有机地促使中国的道德文化趋于平衡。

第四节　大型体育赛事是中国进入现代社会的典型仪式

2008 年北京奥运会结束后，国内外媒体都对其作了全方位的

① 朱狄：《原始文化研究》，生活 · 读书 · 新知三联书店 1982 年版，第 535-536 页。

报道，国际体育学术界也对北京奥运会有所关注。尽管如此，仍有理由认为，2008 年的北京奥运会所具有的意义还是被低估了。不应从纯体育的角度衡量北京奥运会，因为北京奥运会是一场空前绝后、宏大无比且足以超越任何体育形态的心理治疗仪式。从表面上看，2008 年的北京奥运会仅仅给中国人带来了很强的视觉冲击，而无涉心理治疗的范畴。对很多中国人来说，2008 年的北京奥运会并不仅仅是一种简单的体育赛事，中国人申办、举办奥运会，除却要获取媒介效应之外，还看中了其中的仪式学的价值。中国从来就是一个高度务实的国家，中国人认为，花费万亿元的资金换来一种大型仪式，而这样的仪式可以确保中国人获得一种现代国家的身份，类似的价值置换程序完全合理。北京奥运会远远超越了体育的范畴，而进入国家乃至国际级超大型仪式的行列中，其精神治疗的价值要大于身体改良的功用。

一、高密度的体育赛事源自民众对过往群众运动的简单记忆

人类社会中的仪式有许多种类，而尚武类仪式则以现代体育为代表。古特曼曾说："在卡尔·迪姆的《体育世界史》这一巨著中，他一开始便宣称，'所有的身体运动一开始都是带有祭礼性质的'。有足够多的证据来证明他的观点，原始社会中，人们经常将跑步、跳高、投掷、摔跤，甚至是打球也融入他们的宗教仪式或庆典。"[①] 从原始仪式的角度看，中国举办的各种大型体育赛事都带有尚武的内涵，它展示出中国国民的一种自然的仪式疗救需求。江华曾经评述过中国弱国心态的表征，其中包括受虐心态、偏执心态和扭曲心态。其一，受虐心态。"在和平与发展

① [美]阿伦·古特曼著，花勇民、钟小鑫、蔡芳乐编译，袁旦审译：《从仪式到纪录：现代体育的本质》，北京体育大学出版社 2012 年版，第 20-21 页。

的新时期，依然回忆曾经的遭遇，永远觉得自己是受害者，经常揭开自己的伤疤让别人观看，永远觉得世界充满阴谋，抱着怀疑和激烈的反抗态度，这是弱国心态的表现。弱国心态的思维方式是二元对立，非此即彼。把自己的利益同别人的利益对立起来，仿佛全世界都在给自己布下陷阱，稍不留神就会葬身于此。弱国的心态是多疑的、恐慌的，实质是自卑的表现。”① 其二，偏执心态。“弱国心态下人们普遍习惯用感性思维代替理性思维，听任和放纵感情，只求感情宣泄的痛快，却不计较国家和民族利益的得失。用道德价值代替法律公正的判断，用政治口号和意识形态代替国际章程和国际惯例。弱国心态下人们往往有足够的抗争精神，却没有足够的契约精神。弱国心态下人们容易为一时一事的得失而失去最基本的原则与底线。”② 其三，扭曲心理。“扭曲心态表现为喜欢夸大自己的成就和优点，取得一点成绩就沾沾自喜，进而自我陶醉，看不到自己的缺点和不足。如果自己的缺点和不足被提及，就会无法承受，引起过激反应。扭曲心态很介意人家的批评，不能冷静进行反思，心态浮躁，容易造成因小失大。”③ 中国人力争在国际赛事中获胜，多多少少与这种历史记忆有关。从根本的意义上看，中国人试图在大型赛事中获得优胜，借以建立起优越感，重构自己一度缺失的尊严。

胡伊青加在论述游戏中的德行和高贵感时曾说：“建立在德性之上的高贵，从一开始便包含着两个概念，并且，正是通过这两个概念的演进，德性的含义才随文明的发展而发生变化。德性的观念逐渐获得另外的含义：它上升到伦理的层面与宗教的层

① 江华：《中国化马克思主义文化理论》，中国石油大学出版社 2008 年版，第 214 页。
② 江华：《中国化马克思主义文化理论》，中国石油大学出版社 2008 年版，第 214 页。
③ 江华：《中国化马克思主义文化理论》，中国石油大学出版社 2008 年版，第 214 页。

面。”[①] 中国人在诸如奥运会这样的大型赛事中获得冠军就等于让世界高看自己，从而获得如西方人所认可的“高贵者”的感觉。“竞争精神是希腊人最重要的精神，而城邦中举行的体育竞技则是希腊人表现其竞争精神的最主要形式之一，除了奥林匹克运动会、地峡运动会和尼米亚运动会这四大泛希腊运动会之外，每个城邦都有自己的运动会，在运动会上赢得冠军的人获得巨大荣誉的同时，也会得到城邦的重奖。”[②] 从少数西方人士描述中国人形象的文献中可以看出，此类人士不仅认为中国人形象不佳，德行也不太好。因此，中国人为了重塑中国人的形象，除却用实力赢得锦标外，还需要赢得德行方面的正向评价。“高贵者通过力量、技能、勇气、机智、智慧、财富或慷慨来展示他的‘德性’。”[③] 对中国人而言，在体育赛事中展现出来的最大的德行便是胜利，因为一旦失利，所有的意义便化为乌有，包括所谓的德行。中国人几乎不遗余力地在大型赛事中追求胜果，以便赢得德行。这样的逻辑看似简单，却极为实用。它至少可以很好地治疗中国人的心理失衡症，打破中国进入世界大家庭的心理障碍。中国人不遗余力申办、举办、大办奥运会，其潜在的动机就体现在这里。体育是一种身体性的行为，或以身体为先导性元素。体育的仪式治疗功能即来自其身体性功能，体育除却既有的身体性和仪式性的功能外，还有一些附加的柔性化的社会功用，如体育还具有向全社会提供公共服务的职能。

---

① [荷]胡伊青加著，成穷译：《人：游戏者——对文化中游戏因素的研究》，贵州人民出版社1998年版，第81页。

② 黄鑫：《作为生活方式的古希腊体育》，湖南大学出版社2019年版，第104页。

③ [荷]胡伊青加著，成穷译：《人：游戏者——对文化中游戏因素的研究》，贵州人民出版社1998年版，第81页。

中华人民共和国成立后的30年间，中国为了完成意志统一之任务，一度开展过各种群众运动，那种群众运动一直为所谓的“热火朝天”“大干快上”“多快好省”等叙事语汇及其意义体系所支撑，带有快意恩仇、一决千里、一举拿下等粗豪型、战斗型和意志型内涵。刚猛的行为做派不仅一度形塑中国人思维和行为惯性，还一直影响到时下中国人的思维习惯。那里展现出中国从古典社会向现代社会转型过程中的相对激烈的裂变感，而身处此境的中国人大多也可以感受到一种内在的躁动性。事实也的确如此。现阶段中国人的精神跃进诉求并非绝对体现在体育界，其他领域或多或少都存在。

1990年的北京亚运会是中国新时期以来举办的第一场大型国际赛事，由于距离中国群众运动的年代较近，那届亚运会的影响依然存在，人们从当时的文献中即可以感受到这一点。“‘做好东道主’‘文明迎亚运’‘我为亚运作贡献’等口号和行动，真可谓轰轰烈烈！全国上下都把努力办好亚运会作为自己的神圣义务。人们关注着亚运工程的进展，关注着我国体育健儿的举手投足。歌星、影星为亚运义演，作家、画家为亚运义卖，从少年儿童到耄耋老人，纷纷为亚运捐款，爱国华侨解囊相助。一时间，举目可见‘亚运指定产品’，充耳尽闻‘亚洲雄风震天吼’。由此形成了一种强烈的‘亚运意识’，人们期待着亚运会的成功举行，并把它作为当时最大的政治任务。”① 随后的申奥活动中，类似模式还在起作用。“中国几千年的传统思想对我们的影响是何等顽固，我们的亚运宣传乃至整个体育宣传还是显得苍白无力。值得安慰的是，我们至少看到了后者的端倪。人们从

① 金育强：《亚运意识、奥运战略及体育强国》，《沈阳体育学院学报》1991年第2期，第8页。

各个角度在进行着‘亚运会后的思考’，中国人没有沉湎在成功的狂热中，而是在冷静地寻找自己的不足，并且自信地向2000年第27届奥运会的举办权伸出了有力的手！不久前北京市组织的一次民意测验表明，被测者绝大部分赞成中国举办奥运会。”① 文中出现了“传统思想”“宣传”等字眼，充满了向特定时代告别的意味，但同样保留下十分明晰的群运思维范式。从文化类型的承续角度看，中国举办的大型体育赛事和大型社会活动或群众运动的外在形态上完全一致，两者在风俗学的轨道上实现了对接。

群众运动也是一种仪式，且兼具仪式治疗的功能。在诸多的群众运动中，中国人可以用诅咒的方式数落帝国主义、封建主义、资本主义，此类活动导致中国人的民族主义精神空前提升，并极大地提高了中国人的民族自信力。在失去信仰类精神治疗的前提下，中国的群众运动一直担当着治疗国民心理疾患的功能。在此意义上说，当前举办的大型体育赛事和当年开展的群众运动具有同质性，两者仅仅在治疗策略方面有差异，其治疗的对象、程序、手法大体一致。

回忆一下新时期中国人参与的主要体育事件会让人萌生诸多联想。从20世纪80年代开始，中国进入以经济建设为中心的时代，大型的群众运动一时间销声匿迹，但是，很多中国人的思维惯性仍在群众活动的画面上滞留，原本这种思维惯性只能在宗教学、仪式学和精神现象学的领域去寻找。教育、文化、生理惯性等因素所致，人们的心理和生理习惯还残留着对大型群众运动

① 金育强：《亚运意识、奥运战略及体育强国》，《沈阳体育学院学报》1991年第2期，第9页。

的依赖性，尤其对其独特的超大型的聚会模式格外留恋。于是，大型体育赛事就成为弥补群众运动的必然选项。中国人对举办大型体育赛事的热情主要源于这里。

大约从20世纪80年代开始，中国人就开始谋划举办大众大型体育赛事了。只是当年中国的财力、物力以及外交和内政都存在一些困难，一时无力举办太多的体育赛事。到了21世纪，中国政府的财力、物力达到了一个新值，中国人的精神面貌也焕然一新，于是，举办大型体育赛事就从原先的设想变成了行动，从幻想变成了现实。中国人为此快慰异常，大有冲决一切阻碍誓死举办成功的气概。造成此现象的缘由极为特别，因为一个常态化的国家不可能有如此的群体性心理冲动；但是，中国不同，在中国当下社会性巨大能量的背后，一直潜藏着一种治疗心理疾病的诉求。中国人举办大型赛事的潜在动机是获得更多的世界第一的名号。但凡条件具备，各行各业的中国人都偏爱追求世界第一，这也构成一种中国现象。“当代中国物质文明之丰富，信息多得令人疲劳，这方面堪称世界第一，可资旁证：全球制造业第一大国，全球贸易第一大国，全球黄金产量第一大国，全球纺织品出口第一大国，全球家具出口第一大国，全球粮食、肉类、煤、钢铁和铜消费第一大国，全球能源生产和消费第一大国，全球出境旅游客源和旅游花费第一大国，全球移动支付第一大国，全球高速公路通车里程第一大国，全球高铁运营里程第一大国，全球城市轨道交通第一大国，全球桥梁建设第一大国，全球152米以上摩天大楼数量第一大国，全球专利第一大国，全球科技人力资源第一大国，全球大学生和大学教授数量第一大国，全球图书出版品种和总印数第一大国，全球艺术品拍卖总成交额第一大国，全球富豪财富增速第一大国，全球独角兽企业数量第一大国，全国科技企业孵化器和众创空间数量第一大国……”[①] 在无法确保其他行业夺取并维持世界第一序位的前提下，大型体育赛事就成为一个理想的选项，这里体现的是中国人的实用主义诉求。

体育有强大的聚会功能，这便涉及一个问题。体育是否也可以成为一种社会时尚？体育本身是否可以缔造出一种周期性、持久性且充满时空节律感的聚会风潮？这是一个难以给大众带来完满答案的问题。卢元镇在阐释西方体育文化时认为：“地理环境是一个民族的文化形成某种类型的前提性因素。古代希腊政治和文化因素支持着自身的体育发展，并导致了广泛的体育聚会（最终发展成为悲壮的奥运会）。”[②] 卢元镇高度认可体育的聚会功能。王赛时在描述中国古代体育现象时就看到了其中的聚会功能。“群体体育促成了体育聚会的出现。在特定的日子里，人们会从四面八方汇聚而来，形成自发性的群众体育聚会。每逢此时，众人会根据各自的爱好，选择适合自己的体育项目，烘托出盛大而热烈的体育氛围。”[③] 关注媒介现象的人士在陈述人类的聚会形式时也经常引述体育现象。“由英国户外运动，德国和瑞典的现代主义运动带来了体操，也逐渐成为世界体育发展的主流，并发展成各种形式世界级的体育聚会。”[④] 体育聚会本身就有极大的群体运动的内涵，其构建原理与中国人熟知的群众运动很相似。杰·科克利高度认可了体育消弭挫折的功能。“运动经常是

---

① 《新周刊》杂志社：《中华物典：献给物质文明的赞美诗》，广东人民出版社 2018 年版，第 5-6 页。

② 田麦久主编：《塑造健康与挑战极限》，山东友谊出版社 2001 年版，第 81 页。

③ 王赛时：《中国古代体育文明》（上），山东大学出版社 2018 年版，第 24 页。

④ 王世军：《当代体育传播：体育、媒介与社会研究》，河南人民出版社 2017 年版，第 232 页。

与朋友一起进行。这意味着提供了社会活动机会，在这种社会性的机会里，受挫折的人可以从他人那里得到对策性建议，以处理家里或工作中的挫折来源。除了提供‘暂休’之外，进行体育运动还会卷入社会互动，从而有可能防止以攻击性作为对挫折的反应。”① 体育虽为身体之学，却有很强的心理干预功能。当体育与参与者的解压诉求、聚会欲念相统一的时候，体育的整体性社会价值才可以全然展现出来。

二、体育赛事是对中国本土节日类型单一化现象的补充

从根本上说，21 世纪是中国社会和文化发展的转捩点。自从北京举办 2008 年奥运会以后，中国掀起了一个举办大型体育赛事的高潮。广州于 2010 年为民众奉献上一出开幕式、闭幕式堪称异常壮观的亚运会，它让中国人再度感受到一种盛世欢乐的极限时光。尽管盛世说仍属于一种古典主义的理念，但是，不少中国人仍然习惯于将一种处于高位化的国家存在形态视作盛世。2011 年，深圳举办了第 26 届世界大学生夏季运动会，同年江西的南昌举办了中国的第 7 届全国城市运动会。众多的大型体育赛事让中国人获得了节日般享受的同时，也让人联想到群众运动时期民众大规模聚会的场景，那里一度展现出“团结一致”“举国同心”“众志成城”“莺歌燕舞”之类的共同意志和欢愉镜像。巴赫金曾说：“狂欢节不妨说是一种功用，而不是一种实体。他不把任何东西看成绝对的，却主张一切都具有快乐的

① [美]杰·科克利著，管兵、刘穗琴、刘仲翔、何晓斌译，刘精明审校：《体育社会学——议题与争议》，清华大学出版社 2003 年版，第 229 页。

相对性。”[①] 现代学者还将充满狂欢格调的群体盛会释读为一种盛世情怀，理由是人们也可以借此享受真正的节日般的快乐，更可以释放掉一些工业化带来的巨大社会压力。古特曼曾说：“除了马克思主义对资本主义体育以及现代体育显著特征的批判之外，阿多诺和马尔库塞的追随者又增加了对体育潜在功能的批判。最重要的指控是，体育是为性的升华而设计的。体育以攻击的形式释放性冲动。倘若这种冲动没有得到释放，他们就可能以政治革命的形式爆发出来，当然，如果资本主义存活下来，这个结局就可以避免。据马尔库塞所说，性压抑是资本主义的一个必要部分，但是当压抑过度时，体育就为其提供了一个安全阀门。被压抑的性能量不能为经济系统创造效益，而体育却恰恰能将它释放出来。场上运动员的性升华，通过认同的精神机制，使观众也加入其中。”[②] 中国刚从农业国转型到工业国，其所受到的压力大多来自工业化的规模强度及其实现过程的高速度，而非后现代性的诸多社会剩余能量，因此，从外在的角度看，各种各样的大型体育赛事的确是一种视听盛宴，其中不乏声光电气之美、欢歌动天之景，更有如仙如幻的艺术镜像，它让中国人感受到一种作为大国国民的潇洒品格，而当年的群众运动也曾经在一种纯美学的范畴中寄寓着同样的审美元素。就目前的情况看，中国存在更为急迫地走向古典主义时代的倾向，而绝无任何后现代性的社会和文化压力。

还须回归节日学的范畴内。柏拉图曾给节日下过定义：“首

① [俄]巴赫金著，白春仁、顾亚铃译：《陀思妥耶夫斯基诗学问题：复调小说理论》，生活·读书·新知三联书店1988年版，第178–179页。

② [美]阿伦·古特曼著，花勇民、钟小鑫、蔡芳乐编译，袁旦审译：《从仪式到纪录：现代体育的本质》，北京体育大学出版社2012年版，第76–77页。

先，节日必须通过编制年历固定下来，要规定庆祝哪些节日，在哪些天庆祝，分别荣耀什么神祇、神祇的儿子，或精灵。其次，某些部门必须决定在庆祝某位神的节日里要唱什么样的赞歌，在节日仪式中要跳什么样的舞。当这些事情都已经决定了以后，所有公民都必须公开向命运之神和所有神祇献祭，向个别的神分别唱颂歌，献上庄严的奠酒。”[①] 节日大体可以分为固定性节日和临时性节日两类，两种节日都有聚会功能。单纯从节日的聚会性特质来看，20 世纪 50 至 70 年代新中国的非固定性聚会方式包括了识字班、科普班、纪念会、举旗游行表演之类的集体活动，它构建出中国的临时性节日，同时也寄寓着构建新型国家仪式的愿景，并体现出迥异于传统节日的鲜明的时代特征和意识形态符号。这类群体活动更像一种政治性、社会性、风俗性聚会生活，而体育聚会更像是一种文化性、自然式、感验性聚会形态。从古代礼乐文化的角度看，前者近乎礼，后者近乎乐。

中国的节日有其固有的东方性特质，体育赛事可以成为替代社会运动的暴走式、刚烈式、强猛式聚会形式，同时也不乏喜悦、吉祥以及团圆精神。新时期的体育赛事有其独特的价值，中国人举办的大型体育赛事和当年的群众运动还有不同之处，即大型体育赛事是一种自发的聚会形态，或者说体现了高度的现代性的价值，更是一种充满喜庆元素的非定期性节日，还是一种足以让国民感受到强大国家所特有的身体性和精神性双重满足的仪式。大型体育赛事替代了既往的群众运动模式，展现出一种国家主导、群众接受的聚会形态，重构了中国节日学、仪式学和庆典学的深刻内蕴。不得不说，1949 年是一个具有时代隐喻的时

① ［古希腊］柏拉图著，王晓朝译：《柏拉图全集》第 3 卷，人民出版社 2003 年版，第 555 页。

间节点。中国人在1949年以前的仪式性聚会大多选择大自然的季节轮回、皇家内部的生活节律以及新政府的构建时日之类的时间节点，而新中国成立后的前30年则大体属于一个重新调配传统节日的时期，一度开启了以社会性活动代替传统节日的先河，它使得节日回落到一种相对单一的意义层面。

无以否认，中国在迈进现代社会之前面临诸多的难题。不妨列举三问，何者为现代社会？现代社会是否需要高强度的节日效应？体育在构建现代国家时所起的作用为何？这里需要将新中国体育的来龙去脉作出梳理。

新中国最初的体育体制仿的是苏联，它呈现一种典型化的举国体制模式。体育界人士曾梳理过苏联体育的前世今生："1917年十月社会主义革命后，创建了世界历史上第一个社会主义国家——苏联。社会主义生产关系的建立使人类几千年来体育平权理想第一次有了实现的可能。充分满足社会绝大多数成员的体育需要的长远和根本目标的确立标志着苏维埃体育开创了人类体育史的新纪元。在极其艰苦的条件下，早期苏联体育虽然只能以军事训练为重心，却从未脱离无产阶级体育的长远和根本目标。正是这一目标决定了高水平竞技体育与大众体育都作为体育的有机构成而受到同等重视。但是在之后的几十年里，随着两者地位逐渐变化，一种由超常态的高水平竞技体育与严重萎缩的大众体育所构成的畸形的体育行业结构在苏联逐渐形成。"① 新中国体育和苏联关系紧密。"20世纪20年代兴起的国际工人体育运动对这种畸形体育结构的出现产生了最初的影响。当时苏

① 颜下里：《从竞技体育强国走向注重大众体育的俄罗斯》，《体育文化导刊》2012年第10期，第14页。

联共产党领导的‘红色体育国际’与社会民主党领导的‘纽泽恩体育国际’长期进行的路线斗争迫使苏联体育不得不用体育成绩来证明路线的正确。高水平竞技体育开始被赋予了较多的政治含义。”① 在苏联模式的干预下，中国的体育理论家无法忽略苏联体育模式的巨大影响力。熊斗寅曾呼吁要构建一支又红又专的体育队伍，借以改善体育队伍的人才结构。“体育事业是一项科技性很强的事业，从事体育工作要求具有现代科技知识的人才。体育人才应包括运动人才、科教人才和管理人才。为适应未来体育的发展，体育工作需要大批又红又专的人才。”② 中国现代体育的底层化特性十分鲜明，中国体育人对此从不隐瞒。“从历届奥运会中国代表团奖牌得主来看，大多数体育健儿都是来自一般工人、农民家庭，经过他们艰苦的训练与国家辛勤的培养，为提升国家威望和中华民族振兴做出了永垂不朽的贡献。”③ 中国体育始终维持着一种底层化特性，秉承集体主义理念，并不扬励任何个人的价值，其所凸显的是群体的意志，但这种群体意志并非以狂欢的途径释放出来，而是以集体符号代表的方式呈现出来。从本质上说，它没有差异性，而只有仪式性。从体育的价值观层面也可以看出，苏联体育并未突出其节日性，反倒一直在强化其中的意识形态以及国家主义内涵。

体育的政治寓意并非苏联独有，它是一种潜藏于体育本身的元素，其中包括现代奥运会。现代奥运会除却其节日性外，尚

① 颜下里：《从竞技体育强国走向注重大众体育的俄罗斯》，《体育文化导刊》2012 年第 10 期，第 14 页。

② 熊斗寅：《世界体育强国浅析》，《四川体育科学学报》1985 年第 4 期，第 4 页。

③ 马兆明：《中国竞技体育强国使命之民族精神需要探析》，《运动》2010 年第 10 期，第 24 页。

有极为鲜明的政治指向。体育和权威实体所倡导的象征性价值系统有很高的关联度，而且迄今为止仍未见削减之迹象。权威实体所倡导的价值观也会通过特殊的渠道渗透、留存在社会风俗中，成为一种新型风俗的基本元素。中国人一度高度依赖苏联的体育理念，将体育解释为一种自然科学全然笼罩的行为，从而将其丰富多彩的人文内涵剥离出去，无以将其与诸如戏曲之类的农耕文明的仪式形态作对比，进而看到其中的仪式性价值。

改革开放以后，中国体育范式开始向欧美体系靠拢，并在一定程度上摆脱了苏联模式的影响。在21世纪最初的十余年内，以体育赛事为核心的聚会方式逐渐得到了中国全社会的认可，它也就此成为一种和国际性节日接轨的庆典形态。任何节日都具有多维性，节日可以给实际的操办者带来劳顿感，却给审美接受者带来享受感。即将迈进现代社会门槛的中国民众面临的是工业化的巨大压力，而非举办节日过多所带来的空虚感。中国历史上繁多的节日一度是国家虚饰性繁华乃至过度享乐的一种标志，但是，工业时代以体育为内容的身体释放行为已经无法使人堕落，因为工业化客观上将人或人的身体彻底纳入机器时代。举办节日只能拯救身体，并不能使之失去既有的价值。其实，工业化时代的体育赛事只能是一种拯救性力量而非毁灭性力量。中国申办或举办为数众多的体育赛事则有其独特的国情动因。对很多中国人来说，世界杯、奥运会之类乃异域之物。它们进入中国后，中国人破天荒地体验到一种前所未遇之刺激、触动与激励之情，当此之际，体育开始与其他各种社会力量联动，进而改变了中国人已沿袭数千年的生活方式。具体到日常性的领域而言，体育其实也在改变中国的风俗。

世界上所有的节日都带有休闲功能。就体育赛事与休闲的关系而言，中国的赛事举办者和参与者其实一直有一种共同利益，两者属于同一共同体中的两种互相依赖的元素。赛事举办者设计并建设一种休闲程序，而接受者则通过消费而获得休闲类享受。换句话说，体育赛事的举办者举办一场赛事须付出劳动，而休闲者则可以借此体会到一种高品质的休闲生活。因此，对一些留置于小康生活线上的普通劳动者而言，大型体育赛事无疑是一种值得享受的视听盛宴，更是一种优质的休息手段。中国的劳作者是国家的基础国民，他们中的绝大多数已然在各自的领域付出了艰辛的劳动，且属于法定意义的纳税人，他们所能够享受的文化产品都是通过货币交换获得的。古特曼对此有所阐释："人类行为日渐市场化的倾向，使体育变成了一个有盈有亏的经济问题。业余体育组织呼吁大学生运动会进行门票销售，类似业余田径联合会这样的体育组织所赞助的运动会也开始实行门票制。体育产品与娱乐产业市场庞大，职业体育的商业化不再羞涩，而变得毫不遮掩。运动队的所有权落在了公司和富人的手中，他们利用税务法来获得经济利益，同时还不断地抱怨他们的特权还远远不够。"[①] 中国社会中的休闲活动也大多经过了商业化操作，具有现时代的合法性和合理性，民众无须向一些提供休闲服务的机构额外致谢。体育的休闲性和节日的休闲性在此达成妥协，而聚会功能则成为沟通两者之间的一座桥梁。

21 世纪以来中国举办的体育赛事相对密集，面对如此的镜像，人们更需要探究其中的必然性。通常而言，任何一个国家

① ［美］阿伦·古特曼著，花勇民、钟小鑫、蔡芳乐编译，袁旦审译：《从仪式到纪录：现代体育的本质》，北京体育大学出版社 2012 年版，第 70 页。

的法定节假日都屈指可数，因此，许多国家在法定节假日之外还有诸多补充性的节假日。胡伊青加曾对中国的节日有过论述："例子是不胜枚举的。根据中国古代的传说，音乐和舞蹈的目的原是要使世界保持正道，使自然赐福于人。一年的繁荣昌盛有赖于在季节性的节日里恰当地表演神圣的竞赛。如果没有这些公众集会，就没有好的收成。"① 中国人对节庆日历来重视。中国在 2010 年以来陆续将原先的除夕、端午、清明、中秋等传统假日归入国家法定节假日的序列，借以强化中国节日中的民族化元素。然而，传统节日虽然有更多的民族认同感，却因为有过一段受到漠视的经历而丧失了其必要的神圣性，中国节日的神圣性降解现象是一种自我化、本土化和意识形态化滤导的结果，它涉及唯物史观的制度性作用，而非外界势力直接介入所致。

节日是一种流动性的文化，时至今日，如帝王生辰之类的节日已经消亡，还有一些东方化的节日由于未能受到现代威权主义的关注而不再享有高端化的地位。其实，古典节日在中国社会的地位并不稳固，它在现代性语境中一定会有变革、异化乃至消亡之可能，然而，受到人性的自然性需求和传统文化的根性作用之影响，中国仍旧有大量的娱乐性节日的空缺量。巴赫金认为："节庆活动（任何节庆活动）都是人类文化极其重要的第一形式。不能从社会劳动的目的和实际条件来对这种形式作出推导和解释，也不能从周期性的休息的生物学（生理学）需要加以推导和解释，因为这种解释更为庸俗。节庆活动永远具有重要的和深刻的思想内涵、世界观内涵。任何组织和完善社会劳动过程的

① [荷] 胡伊青加著，成穷译：《人：游戏者——对文化中游戏因素的研究》，贵州人民出版社 1998 年版，第 18 页。

‘练习’、任何‘劳动游戏’、任何休息或劳动间歇本身都永远不能成为节日。要使它们成为节日，必须把另一种存在领域里即精神和意识形态领域里的某种东西加入进去。”[①] 抛开传统节日的固有价值不谈，一个繁荣之国一定是节庆种类繁多的国家，换句话说，中国在历史上就一直是一个节庆日多样化的国家。胡志毅曾经解读过新中国成立后30年间主流戏剧的仪式化功能，认为新中国成立前17年的戏剧是一种仪式化戏剧，后10年的戏剧则是一种乌托邦戏剧。“广场上的狂欢是一种节日的体现，它与样板戏构成了大剧场与小剧场的关系。对于中国的政治而言，必须通过戏剧的神话与仪式，强化革命的历史，这不仅使革命合法化，而且使革命神圣化。样板戏是节日和狂欢中的‘主旋律’。”[②] 有鉴于此，将那一时段的中国看作一种新近构建出来的仪式化国家则更为贴切。

在许多人的眼中，繁多的节庆日是盛世的标志，而所有关于盛世的描述在终极的意义上都会演化为一种仪式。在书写盛世场景方面，大型体育盛会几乎是一种不二的选择。行政意志统摄下的节日与仪式构成了现代中国大众文化的真实风貌，在此意义上考量，中国举办的大型的赛事足以构成一种赛事学，而中国的赛事学可以和节日学相提并论。体育赛事有时间、空间、人员的协调性之类的刚性化限定，其对组织性、纪律性和硬件实用性的要求很高。从文化形态学的角度看，中国举办奥运会的实操作风可以在古罗马帝国的行政形态中找到依据。英

① [苏]巴赫金著，李兆林、夏忠宪等译：《拉伯雷研究》，河北教育出版社1998年版，第10页。

② 胡志毅：《国家的仪式：中国革命戏剧的文化透视》，广西师范大学出版社2008年版，第177页。

国学者纳撒尼尔·哈里斯在《古罗马生活》记载，罗马帝国经历过王政、共和及帝制3个时期，罗马帝国时期的人大致可以分为两大阶层，即由国王、官员、教士、骑士和自由民组成的贵族与平民阶层以及奴隶阶层。以现代奥运会为范式的体育继承的是古希腊的竞技原则，但也融合了罗马贵族与平民的竞技传统。顾拜旦曾对奥运会和骑士制度的关系作出过论述："在许多人心目中，中世纪是禁欲主义潮流占优势的历史时期。这种观点用以看待封建社会之前的历史时期，较之看待封建时期更为真实些。无论如何，在封建社会的中心，我们清楚地看到一个界限明确的奥林匹克再生物——骑士制度。"①学术界高度认可过奥运会的节庆价值："现代奥运会还有一大特点，每一届奥运会都是一次国际性的庆典，是全世界人民的运动盛会，体现出体育运动的欢腾、热闹的气氛。奥林匹克五环标志图案是顾拜旦于1913年亲自设计的，根据奥林匹克宪章的正式解释，五环图案的含义是：'代表五大洲团结和全世界的运动员在奥林匹克运动会上相聚一堂。'其本身就具有体育节的意义。"②中国也一样，2008年之后掀起的举办大型体育赛事之浪潮之所以引起人们争议，完全是民众对中国现代历史的态度不同所致。这些赛事看似劳神费力、劳民伤财，却已经是中国国家仪式或民族仪式的组成部分，寄寓着一种经历了百余年内外战争后民众释放情怀的需求，它显然还是一种由诸多的历史与文化的欠账作用催生出来的文化现象。

---

① [法]顾拜旦著，詹汝琮、邢奇志等译：《奥林匹克理想——顾拜旦文选》，奥林匹克出版社1993年版，第120页。

② 赵锡凌、汪军锋、党黎明主编：《体育文化研究》，东北林业大学出版社2008年版，第170页。

三、体育赛事成为中国国家仪式的有机组成部分

仪式与节日不同，但在以儒家文化为主导的混沌性的文化体系里，两者的界限较为模糊。而在祭祀与庙会文化中，两者的边界更是难以分辨，甚至是一种合二为一的文化客体。中国在百余年的时间内并未举行过几次带有巨大而彻底的欢乐寓意的国家性庆典，如今在具备了足够的财力、物力的前提下，移植、引进或补办一些国家仪式不仅毫无过错，还适逢其时。在此意味上考量，那些对举办大型体育赛事持否定态度的人一定也是对中国百年的屈辱史缺乏清晰记忆的人士，亦为一些对仪式功能缺乏深度理解并对仪式的精神治疗价值尚少感知之人。

反对中国高密度地举办体育赛事的人隐含一种否定举国式体育体系的情绪。中国体育的举国体制出现于20世纪50年代，已存在了数十年，且一直散发着一种显在的正能量，为何在一夜之间变成了负面典型与非议目标？原因在于举国体制是一种治疗仪式的主体元素，而现代国人对仪式的治疗作用一向意识模糊。“在一些文化中人们从超自然的层面理解健康和不适，认为疾病是由超自然的神、祖先的灵魂、鬼或是具有超自然能力的巫师或巫婆所引起，所以人们通常采用宗教或巫术仪式来治疗不适与疾病。中国传统文化中讲究人与天地在空间和时间上的和谐，医疗的方式是通过仪式恢复人与宇宙的秩序与和谐。在人类处理与自己及自然的关系时存在一个人力所不能及的领域，仪式被认为是一种可用于与超自然力量沟通的工具或手段。”[①] 仪式治疗一向具有及时性、当下性和瞬间性效应，其中举国团结的场面延续的

① 王敬群、张志涛、井凯、马骥：《仪式与心理治疗》，《江西师范大学学报》2012年第1期，第119页。

是一种古已有之的群体仪式性宣告景象，其所再现的是如莱维－斯特劳斯所说的“共同体的信念和期望”。“它们始终像一种引力场那样起着作用，而巫师和受术者的关系便存在于和被规定于其中。”[①] 詹鄞鑫充分认可仪式性扮演在日常生活的实用性、普泛性和有效性，扮演的真实性来自仪式认同的真实性，其根源在于一种经验传统。“一旦成为传统，成为大众无须深究的‘常识’，就会被大众无条件地接受。”[②] 不难看出，经过高密度的由体育赛事为主导的仪式性治疗之后，现代中国人的“东亚病夫”的不实之症已近乎完全消亡。人们不应忘记作为治疗的主导性工具的各类大型体育赛事，理应认可北京奥运会的精神寓意。“通过延续与继承计划经济时期所建立的体育管理体制，依靠国家意志的强力主导，在强大资源的有效保障下，‘赶超型’或称非均衡的奥运战略在局部范围获得了巨大成功。其结果是北京奥运以几乎完美的姿态向世人展示了中华民族的崭新形象。”[③] 近代以来的中国人一直都在求取在世界的合法身份，这里可以将其看作一种现代性身份。从过渡仪式的角度考量，中国人真正获得现代性身份的时间节点很可能是 2008 年北京奥运会的举办时间。如果找不到更为适合的时间节点，那么，2008 年的北京奥运会就成为中国进入现代世界的典型性符号。

人类在进化的过程中高度发展了智力，而智力的单向度发展一直以精神的伴生性疾患为前提，这便是人类社会中的思想、教育、文化、艺术的生发基础，其中也包含仪式学。在这个意义上

① [法] 克洛德 · 莱维－斯特劳斯著，谢维扬、俞宣孟译：《结构人类学》，上海译文出版社 1995 年版，第 178 页。

② 詹鄞鑫：《巫医治疗术“有效性”析论》，《华东师范大学学报》1999 年第 6 期，第 38 页。

③ 黄玉珍：《关于体育强国若干问题的思考》，《体育科技》2010 年第 3 期，第 2 页。

说，思想、教育、文化、艺术都是出于治愈人的进化伴生性精神疾患而生发的精神医治品。作为一种文化现象，仪式也有治愈性。仪式的类型很多，而不同的仪式有不同的治疗功能。仪式是酒神精神和日神精神的重合体，其中不乏一种定向性的政治寓意。巴赫金曾说："狂欢节上形成了整整一套表示象征意义的具体感性形式的语言，从大型复杂的群众性戏剧到个别的狂欢节表演。"[①] 中国崛起程序的书写往往带有强烈的大众性、表演性和公开性，它是中国经济、文化发展到一定程度的产物。在中国崛起程序书写者的视野里，大型体育赛会为中国所急需。中国崛起程序的书写首先考虑的是功能性符号或文化性元素，而非狂欢之类的辅助性内涵。

中国古代也有自己的主流性国家仪式，明清两朝的主流国家仪式是戏曲而非今人所知之体育赛事之类的文化项目。国家仪式的主导性指向只能是国家神话的构建，而非其他世俗性的元素。诺斯罗普·弗拉亥指出："神话在提供情况方面占有中心地位：它给宗教仪式以原型的意义，给神的传谕以原型的叙述，因而神话就成了原型，虽然我们为了方便，在讲到叙述的时候才说神话，在讲到意义的时候说原型。"[②] 神话思维对帝制时期的任何人都有强劲的感染力。在戏曲作为国家仪式的时代，任何人都无法摆脱戏曲的内在仪式化能量的统摄。英国文学理论家里维斯说："伟大的戏剧有时不仅是供人娱乐的。我想称它为一种典礼或仪式，即用一种郑重的方式展示某种深刻的涵义结构，演员和观众都参加进去。因此，一出伟大的戏剧，你越熟悉它，你的收

① [俄] 巴赫金著，白春仁、顾亚铃译：《陀思妥耶夫斯基诗学问题》，生活·读书·新知三联书店 1988 年版，第 175 页。

② 伍蠡甫主编：《现代西方文论选》，上海译文出版社 1983 年版，第 344 页。

获也越丰富。”[①] 帝制时期的帝王很难将戏曲看作是一种艺术，而更多地将其视为一种仪式活动或带有教化意义的娱乐形态。英国戏剧理论家墨雷曾说：“希腊悲剧是从古代宗教仪式中脱生来的，甚至在较晚的悲剧家欧里庇德斯的《酒神的伴侣》中依然可以清晰地分辨出酒神祭仪的结构。”[②] 中国戏曲自元朝始成熟，以后逐渐成为国家仪式的代表。开创康乾盛世的乾隆皇帝是一位戏曲爱好者，乾隆皇帝终其一生多次借助戏曲显示皇威与国威。表面上看，乾隆皇帝一直在褒扬戏曲的艺术功用，其实他仅仅是利用戏曲做了一种教化事宜。新中国开国元勋中不乏戏曲爱好者，其对戏曲的理解同样无法脱离仪式的轨道。戏曲一向具备展示国家强大的仪式化功能，但帝制时期的戏曲并非新中国的原始创造型文化类别，而天然地带有本土性、农耕性、封建性之类的符号元素。在超越既有社会结构、内涵和意义的层面上看，它与新中国的主流观念形态略有抵牾。因而，戏曲一直在改造与维护的两难选择中徘徊，其演进或生存的焦点便在于仪式的内涵、结构以及其形态的改变方面。

体育是一种内涵深厚的文化类别，它既具有游戏特性，也有明确的意识形态寓意，更是一种具有独特价值的仪式。放眼当今世界，唯一能将体育的游戏内涵和意识形态寓意融合得较好的国家恰是现时代的中国。中国人将体育推向新高度的方法无非是将体育赛事作出仪式化、节日化和庆典化处置，而赛事的节日化与节日的赛事化规划可以在世界上许多国家找到根据，其中包括古罗马帝国种类繁多的节庆日名录。现代中国很少有人首肯罗马人

① 郑士生主编：《莎士比亚全集》下卷，中国戏剧出版社 1997 年版，第 876 页。
② 叶舒宪编：《神话——原型批评》，陕西师范大学出版社 1987 年版，第 421 页。

奢侈的生活方式。以古希腊奥运会为原点的现代奥运会在中国传播得极为顺利，这便与中国人对古希腊文化的认同态度有关。从本质上而言，罗马人的生活方式更近似中国的商朝人。周武王在姜尚、周公的协助下很快就推翻了商王朝。周朝集团中真正的意识形态和政治制度的制定者是周公。依照后世儒家经典的说法，周公的道德符码赢得了民心，并最终废商立周。礼乐制度的建立也使得中国很快进入一种非尚力国家的序列，直到今天，罗马帝国就如同一种遥远的故事，中国人无以洞悉其本真的面目，也无法阐释其存在的合理性，更无以接纳并发扬其中的尚武精神、狂欢思想以及肉欲主义理想。

罗马帝国的兴亡也和帝国的民众过度参与娱乐活动有关，相关资料带有启示性作用，不妨赘述如下。“各种娱乐活动的蓬勃发展是在共和末期，尤其是王政统治时期，娱乐活动成为古罗马重要的政治活动之一。”[①] 罗马人作为强大帝国的国民，其最大的爱好便是在节日中找到简单而纯净的快乐，即一种为荷尔蒙主义所主导的感官快乐。罗马人的这一爱好的确和商纣王崇尚的酒池肉林之类的生活方式略有相似处，它再度推演出一种享乐的合理性和堕落性的两重意向。然而，罗马人理性的享乐主义和中国商代东方式的非理性的暴虐主义有所不同，罗马人的节日往往具有全民性的狂欢元素。古特曼对此也有过分析：“古罗马体育是以古希腊体育为原型的，他们也采纳了竞争的平等性原则，但是很明显角斗士格斗并没有形成统一的规则。在竞技场上，剑士与携带罗网和三叉戟的人打斗，人与兽打斗，而且观众还贪求更难以

① [法] 让-诺埃尔·罗伯特著，王长明、田禾、李变香译：《古罗马人的欢娱》，广西师范大学出版社 2005 年版，第 54 页。

置信的比赛，这使得堕落腐败的帝王还急于满足观众的贪求。公元 90 年，多米提安王以一场侏儒对妇女的比赛撩起了观众的热情。直至那时候，角斗士一直是奴隶而不是市民，这一点与希腊人的参与理念完全相反。”① 由此可见，罗马人有娱乐至上的思想，为了达到娱乐目的，他们宁可牺牲竞技的绝对公平性。

狂欢属于原始性文化，其所承载的意义十分丰富。对人类社会中的任何一个族群来说，狂欢也是一种精神治愈手段。受到儒家中和思想影响，中国并不鼓励过度狂欢化的文化类型，高度狂欢化的节日只流行于民间，中国人在公共空间中的主体仪式类型富含静态化元素。在讲求外显式仪式方面，中国和罗马帝国有相似之处，但在狂欢无度、感官至上、彻底纵欲的理念方面，中国人和罗马人差异巨大。中国一直属于一种行为有所节制的东方国家。然而，在亟须整合国家意志的时期，中国人无法抵挡大型化仪式的诱导。真实的情况也是如此，中国人在大国情怀与意志、体面与排场需求的刺激下，再也无法释怀节庆时光的巨大传播效应，中国人一定要追寻到一种令人心仪的空间和时间，并借以构建一种大型化的仪式，且在这样的时空中展示出自己的生活理念，使群体的意志归于统一。类似的行为也包括诸多有组织的大型群体活动。

狂欢也是一种仪式行为，而任何一种仪式都有治疗心理疾病之功效。正如某种情况下鸦片的作用。马克思在《黑格尔法哲学批判》导言中说：“宗教里的苦难既是现实的苦难的表现，又是对这种现实的苦难的抗议。宗教是被压迫生灵的叹息，是无情世界的心境，正像它是无精神活力的制度的精神一样。宗教是人

① [美]阿伦·古特曼著，花勇民、钟小鑫、蔡芳乐编译，袁旦审译：《从仪式到纪录：现代体育的本质》，北京体育大学出版社 2012 年版，第 33 页。

民的鸦片。”[①] 此处马克思所说的“鸦片”指的是一种病痛的缓解性药剂，而非后世人们所说的易成瘾类制剂。人们无法严格区分狂欢中的宗教元素，但狂欢的确可以缓解人们的紧张感，成为一种治疗内心焦虑的“鸦片”。现代学者好以“好大喜功”四字来形容中国的汉唐伟业、乾嘉盛世。其实，这也是对人类伟大帝国共性的一种简约陈述。排除了感情色彩的褒贬，从根本上说，“好大喜功”可以理解为对大型仪式活动的一种戏谑化描绘。无以否认，任何一种大型仪式活动都具有治疗即时性创伤心理的效能，中国参与或举办的大型体育赛事的仪式化意义即体现在此。

节日是一种重要的仪式类型，而世界上任何一种节日都有传承性。在节庆至上、仪式先行理念的统摄下，现代中国同样需要更为宏大的国家仪式，借以消解掉中国人百年来的屈辱史。2014 年以后，随着东海局势的发展，中国的爱国主义教育被重新得以强化。在西方学者看来，中国崛起已然成为事实。小约瑟夫·奈、戴维·韦尔奇认为：“正如美国官员一再表示的，美国欢迎中国的和平崛起，因为一个强大、富裕的中国可以为解决一些地区（以及世界）的巨大挑战做出重要贡献。”[②] 其实，秩序与仪式有关联度，两者互为表里。中国的日常性仪式大都带有胜利、喜庆、强大、威严的内涵，而北京奥运会同样无法游离出这样的主旨。现代体育学者对北京奥运会的评价就带有仪式学的意味：“中华人民共和国的体育事业发展到今天，很好地完成了民族和历史赋予的使命，在这个过程中，体育自身也获得了巨大的

---

① 中共中央马克思恩格斯列宁斯大林著作编译局编：《马克思恩格斯选集》第一卷，人民出版社 1995 年版，第 2 页。

② [美] 小约瑟夫·奈、[加] 戴维·韦尔奇著，张小明译：《理解全球冲突与合作：理论与历史》第 10 版，上海人民出版社 2018 年版，第 308 页。

发展。2008 年的北京奥运会以‘无与伦比’谢幕，这在一定意义上把中国的体育推到了时代发展的前沿，因此，中国的体育没有回头路，只能前进。这次奥运会的成功举办，让我们看到了希望，让我们看到了成为体育强国的可能，因此建设体育强国成为顺应历史潮流之举。”[①]21 世纪以来中国逐渐形成的体育赛事密集举办现象并不存在国家体育总局和其他各地方部门沟通不畅的问题。中国举办如此多的大型体育赛事，是因为中国需要如此规模的仪式。“世界上包括中国在内的许多国家，通常把体育事业发展的成就和夺取奥运金牌作为大国崛起和正在崛起的信号和象征。”[②]从仪式学的意义上说，由体育所塑造出来的国家形象也蕴含表演学的内涵。体育塑造国家形象在新媒体时代显得更为便捷。“新媒体不仅成为信息传播甚至也是社会变革的强大引擎。如果我们将当今世界比作一个各种文化同台较量的‘全球剧场’，将各种文化体系比作一出出‘文化剧目’，新媒体就是这文化大戏的优先‘售票系统’，赢得了新媒体，就等于控制了‘世界观众’。”[③]中国各大城市出现的体育赛事密集举办现象有其积极的文化动因，它展示出中国在社会转型时特殊的集体心理需求。

人类在闲暇时的获得性动机很强烈，其中包括了多元化的身体主义的文化细节。客观而言，节日、仪式、表演三者关系紧密，且具有联动性。胡伊青加在论述完仪式的本质后进而认为：“仪式便主要是一种显示、表现、游戏性表演或一种替代性的想

① 张晓义：《新时期建设体育强国的认识基础》，《武汉体育学院学报》2010 年第 5 期，第 12 页。

② 齐立斌：《“体育强国”战略内涵及评价指标体系的研究》，《南京体育学院学报》2010 年第 1 期，第 73 页。

③ 黄聚云：《体育强国建设中的文化安全命题》，《上海体育学院学报》2012 年第 3 期，第 10 页。

象性实现。在那些重大节庆中，地方上的人通过举行神圣的表现——它们代表季节的变化，星宿的升降，庄稼的成熟，人畜的诞生、成长与死亡——来庆祝自然生活中的重大事件。”① 节日的自然性、季节性、轮回性导致了中国这样长期以来是农耕文明的国家对定期休闲类活动高度依赖。依照儒家文化中的理念，任何大型庆典性活动都属于喜庆之事，而在儒家文化圈内的任何喜事都具有天然的合理性，更具有不折不扣的文化扩散能量。中国人在过大年的时候仍然保留不让人说不吉利话的传统，体现出中华文化中固有的禁忌原则。在此意义上审视，各种对中国举办大量体育赛事的风评类言论皆已游离出国家仪式治疗体系之外。

四、结语

近代以来，中国曾长期受制于人。中国人始终认为，在一种除旧布新的喜庆时节，已无须有多余的议题类语汇的存在。从历史的角度看，中国的国家主义意志力始终钳制着边缘性社会能量，集团主义的价值也会一如既往地高于个体主义价值。如此的镜像在中国素有存在的合理性和贯彻执行的正确性。中国依然是世界级大国，而大国都有自己独特的外显性形态，其核心则是仪式的类型、品格与实用效能。中国具有举办典型而盛大的仪式之必然性。大型体育赛事是一种大众性身体竞技行为，还是一种普泛的人类仪式，中国人很顺利地将其改造成一种民族仪式，甚至将其看成一种民族团结的象征体，体育赛事存在的合理性在中国获得了更大的阐释空间。大型体育赛事不仅是一种单纯的身体展

① [荷]胡伊青加著，成穷译：《人：游戏者——对文化中游戏因素的研究》，贵州人民出版社1998年版，第19页。

示性的体育活动，还是一种融合了表演性元素和心理治疗功能的大型仪式，而隐性的仪式治疗能量使得中国人获得了更为稳定、恬然与平稳的心境。在此层面可以更好地理解大型体育赛事的仪式治疗价值。高强度的仪式治疗程序对中国人的身心健康有利，中国人大都知晓，实施那种仪式的主体是中国体育的高端机构。大型体育赛事显然可以转化为一种全民族的精神治疗仪式，在此意义上看，中国的国家体育总局的作为带有典范性，它已然成为一种富含现代主义精神的礼仪文化的创设机构。

第四章

大型体育赛事成为中国的国家仪式

第一节　体育赛事对中国式仪式类型的补缺功用

体育有群体狂欢性，正因如此，在当前西方学术语境中，体育是一种新型的宗教，这个观点在中国很难获得广泛认同。一部分中国学者认为原始体育仅仅有宗教的属性，现代体育是科学而非宗教，中国学者中也有人认为体育是一种道德或教育手段。然而，在人的个体性经验世界里，人们很容易地感受到由大型体育赛事的聚会性、节日性和教化性元素融汇而成的复合性能量。现代中国正从一个农业国转向工业国，中国人正面临空前的工业化社会的压力。中国举办体育赛事应当是一种必然的选择。在许多中国人的眼里，奥运会更像一种彼岸世界，具有天然的价值观的正确性。2008 年以后，中国人遇到了前所未见的一种机会，北京奥运会使中国人近距离接触了奥运会的风采。在很多中国人看来，统领世界主流文化秩序的欧洲文明形态也在中国土地上以平和柔性的身份展示出来。2008 北京奥运会让很多中国人感受到正式步入国际社会的巨大新鲜感。中国开展的一系列国际和国内体育赛事更是将一种赛会文化推向高点。中国人终于真切感受到了做一位中国人的自然之境与快乐之情。从仪式学的层面考量，大型体育赛事高密度降临中国的现象蕴含了多元的价值。

一、体育赛事让中国人重温礼仪之邦的国家威仪

进入 21 世纪以来，中国各类媒体出现率较高的词汇是“盛

世”。“盛世收藏”“盛世庆典”“盛世欢歌”之类的词语经常见诸新老媒体，高密度举办体育赛事更是使得中国人近距离体会到一种盛世景象。在如此炫目化的语境中，人们几乎忘记了奥运会、世界杯、亚运会之类的体育赛事的原始的意义指向仅在于做一场游戏。体育的游戏性在当代中国人的世界里几乎全方位隐遁。体育赛事中仍有巨大的狂欢性，许多人可以借此达成一种借花献佛、借酒浇愁、借道观火的效应。2008年的北京奥运会就是这样。中国人可以如此近距离地接触奥运会，奥运会也因此而得到中国学者近乎全方位的解读。在中国学者的认知世界里，奥运会自身的游戏本质遭到一定程度的解构，奥运会的仪式功能得以高扬，奥运理念也因此获得了一种重新阐释的机会。真实的情况也是如此，中国人与其说在接纳、赞美、拥戴奥运会，不如说在书写自己的强国策略、大国思维以及盛世情怀。

中国是文明古国，对外来文化一直有强大的融合力。对当下的中国人来说，举办奥运会只是中国式系列性表现盛世主题的一部分，而非其他。这里有必要对盛世的表征、理念、特质、理想作一个简单的梳理。中国人理解的盛世大体体现在三个层面。其一，安宁而有道德的天下。相关文献往往集中展现出儒家文化对盛世的固有想象。赞美儒家文明的读物这样解读盛世理想：“颜回终生所向往的就是出现一个‘君臣一心，上下和睦，丰衣足食，老少康健，四方咸服，天下安宁’的无战争、无饥饿的盛世理想的社会。”[①] 儒家心目中的盛世还包括了圣王的重要作用。“在儒、墨两家的盛世理想中，圣王是最高境界，圣王一出万乱皆休。先秦诸子对圣及圣王关系的认识千差万别，但争鸣与交融

① 肖东发主编、李勇编著：《教化于民：太学文化与私塾文化》，现代出版社2015年版，第110页。

铸就了共同的政治文化成果。传统政治思维提出了这样一种高度理想化的政治模式：圣与道同体，王与圣合一，成就帝王之业则有赖于功德。”① 盛世的概念为儒家学者所崇尚，其中寄寓一种对社会性高峰时刻的向往之情，正因如此，盛世也便成为儒学信徒们的理想国，信奉者亦可借此表达对国家的最大敬意。袁瑜琤认为：“儒学一方面肯定人生的意义，肯定基本的生活需要，肯定‘人欲’。‘饮食男女，人之大欲存焉。’从而也就有了小康社会‘和夫妇（色）’、‘立田里（食）’的制度，也就有了孟子反复呼吁的‘五亩之宅，百亩之田’的盛世理想。”② 袁瑜琤还进一步强调了儒学厚人伦的基础性价值。“另一方面，儒学又强调‘人性’的高贵所在，它不等同于简单的‘人欲’。这就是‘谨庠序之教，申之以孝悌之义’的道理。在这个逻辑与实践中，完美的人性因此得以彰显光大，它超越了简单的食色享乐本身，正所谓‘人之所以异于禽兽者几希’。人性高贵，它有如辰星的光芒，在隐约处闪烁。”③ 其二，超大型的国家范式。相关人士曾描述过唐代社会超凡的艺术氛围。“杜牧生活在内忧外患日益加深的晚唐时期，从青年时代开始就非常关心国家大事，抱有恢复唐王朝盛世的理想。”④ 中国人心目中的盛世一直伴随着汉唐式的大国情怀，很少有人会将小的王朝和中国式盛世联系在一起。其三，务实。儒家哲学中蕴含丰富的务实主义的元素，其在哲学思想史上的统治地位使得中国人对超验性的事物缺乏兴趣，相对而言，中国并非一个善于缔造理想国的国家，但中国人仍能准确地寻找到

① 刘泽华主编：《中国政治思想通史 · 综论卷》，中国人民大学出版社 2014 年版，第 150 页。
② 袁瑜琤：《走在拐角：我的台北纪行》，生活 · 读书 · 新知三联书店 2014 年版，第 199 页。
③ 袁瑜琤：《走在拐角：我的台北纪行》，生活 · 读书 · 新知三联书店 2014 年版，第 199 页。
④ 良石、王会军、武焕平编著：《毛泽东书法品鉴》，台海出版社 2012 年版，第 173 页。

理想国和盛世的融汇点。“易中天最后得出的结论‘十六个字总结’是‘天下主义，家国情怀，世纪梦想，人类幸福’这样一个既有民族主义色彩又有普世主义色彩的结论。而这样的结论，也就正是我们前述‘盛世’的理想。”①21世纪中国举办大型体育赛事显然符合上述各种描述中的诸多条件。至少在追求简单幸福感的层面，中国人在自己举办的体育赛事中自然而然地体会到了盛世带来的某种感性化与理性化相统一的快乐。

中国足球关注者也意识到了，足球犹如一种信仰。路云亭于2017年6月21日摄于虹口足球场

中国被礼教体系长期调控，乐教精神仅起辅助作用。现实是历史的延伸，当下中国礼、乐文化的合流渐成趋势，人们终于可以一睹礼乐齐鸣的和谐景观。如果说20世纪50至70年代的中国人是在口号、游行、集会过程中感受大国情怀的话，那么，21世纪大量的中国人则是在连云般的欢歌、梦幻般的视听境界中感受大国情愫的，此中寄寓着他们深刻的乐教理想。礼乐教化本身就是一种仪式形态。关注仪式现象的学者描述过相对固化的仪式空间的演示性活动，其中包括天安门前的仪式展示历史。“天安门前的仪式，从共和国前期的接受领袖检阅的游行仪式到改革开放之后的升旗仪式，体现了两个历史阶段的不同，而这两个历史阶段又有着共同的东西。两个仪式都是在天安门进行的，都共同

① 韩云波:《“后金庸”武侠》，西南师范大学出版社2013年版，第158页。

地体现着天安门的雄伟庄严，都由以天安门为中心的天安门广场的建筑整体彰显出来。比如，游行仪式仍然存在于天安门体系的国家仪式之中，只是用了另一种形式，具有新的意义。”① 接受检阅的游行及升旗仪式别具意味，且都带有身体元素，两者与体育仪式的展示具有可类比性。体育的仪式化品格也十分鲜明，体育赛事中蕴含和谐精神、团圆意趣和狂欢格调，也不乏大国情调、彼岸想象以及理想境界。大型体育赛事几乎包含了既往描述中盛世的所有特征。

中国大范围接受西方文化源于近代。中国是地缘文化大国，其容纳西方文化很难呈现出均衡性。真实的情况也是如此，体育在中国的传播大体体现在传输渠道更为通畅的沿海城市以及一些较大的城市，中国的乡村则呈现出不同的风貌，很多乡村人士仍旧浸润在儒教文明及其所缔造或派生出来的文化支脉中。改革开放以后，现代体育对中国的冲击力逐渐体现出来，大型体育赛事更是如此。

仪式带有规整群体行为的特定作用。加拿大人类学家格兰姆斯认为：“仪式化是指具有仪式意味的行为或姿态，任何非实用性的、含有象征意义的姿态、行为，都可以包含在内。”② 格兰姆斯进而阐释道：“礼仪源自大众交际和社会生活，是人际间面对面的交往，其特征是‘个人间的、形式化的’。”③ 格兰姆斯对典礼也作过阐释：“典礼是大型群体政治性的互动。典礼的特征

① 张法：《北京的深邃：京城模式与象征体系》，安徽教育出版社 2015 年版，第 129 页。

② 王敬群、张志涛、井凯、马骥：《仪式与心理治疗》，《江西师范大学学报》2012 年第 1 期，第 118 页。

③ 王敬群、张志涛、井凯、马骥：《仪式与心理治疗》，《江西师范大学学报》2012 年第 1 期，第 118 页。

是‘群体间的、政治性的。’”[①] 中国的大型体育赛事中蕴含了大量的转型、礼拜和庆典性元素。在此意义上考量，中国举办的大型体育赛事更接近转型仪式，而非其他仪式。“格兰姆斯把礼拜看作是一种精神的实践，是一种符号的行为，是期待神圣力量的一种结构。礼拜的特征是宗教性的、神圣性的。”[②] 格兰姆斯进而认为：“庆典中没有交易、没有获得、没有期望的结果，也没有巫术。庆典是社会的和形而上学的虚构。当我们身临其境时，一系列现实问题都会消失。庆典的特征是玩耍性的、戏剧性的、审美性的。”[③] 中国举办的大型体育赛事也包含了庆典的成分。庆典本身也是仪式，因此，仪式的复杂性和中国文化、国情、历史的复杂性在此得到了充分的融解与沟通，并共同构建出一种时代性、标志性、典型性仪式文化。中国举办的体育赛事无以脱离庆典的意味。大型体育赛事是一种充分具备西方性仪式的文化品类，它第一次大规模地进入中国便给国民带来了身体性和精神性的愉悦感。任何事物发展到一定高度都会出现反向延展效应。2011 年 10 月 28 日《人民日报》的刊登文章开始关注并评价中国举办大型运动会过多之事。中国人借助体育赛事获取快乐的惯性受到质疑，一种有关此类赛事的疑惑或疑问再度涌现。大量举办体育赛事究竟是否算得上一种过激之举？符合理想主义思想的节庆节律体现在哪里？娱乐究竟应当归入市场规则体系还是保留政府干预的权力？类似的疑问都值得探讨。

---

① 王敬群、张志涛、井凯、马骥：《仪式与心理治疗》，《江西师范大学学报》2012 年第 1 期，第 118 页。

② 王敬群、张志涛、井凯、马骥：《仪式与心理治疗》，《江西师范大学学报》2012 年第 1 期，第 118 页。

③ 王敬群、张志涛、井凯、马骥：《仪式与心理治疗》，《江西师范大学学报》2012 年第 1 期，第 118 页。

相关媒体人对其所关注的近乎每月一两场的大型运动会频频提出质疑，显然将举办运动会看作一种给举办者带来精神困扰和身体疲劳感之类有负面作用的事宜。这里呈现出三方面的解读结果。其一，相关媒体人的见解带有中国传统文化中的静观、静养以致岁月静好之类的和美主义的元素。从本质上讲，和美主义原本是中华古典哲学中的一种修养哲学，但它缺少必要的身体性、极限性和宣泄性。正因如此，反对举办与赞同举办的分野实际上呈现了古典主义与现代主义的差异。其二，对举办大型体育赛事持不同观点者或许对盛世理想的理解与常人不尽相同，类似的观念可能与精简节约论、岁月静好论、和谐社会的理念有关，却极有可能忽略了体育仪式的精神治疗功能。其三，不赞同大量举办运动会的观点具有微观学的正确性，却有宏观学的不完整性。《大型运动会是不是太多了》一文对当年中国高密度举办大型运动会提出的质疑较典型。“国内最后一项综合性运动会——第七届全国城运会的落幕，繁忙的中国体坛终于迎来一个难得的喘息之机。不过，这个休整期仅仅是短暂的两个月。明年1月，第十二届全国冬季运动会的圣火又将在吉林长春点燃。”[①] 相关论题的媒体人显然担心举办体育赛事会让各级政府人员感到太辛苦，同时也在暗示常年坚持大运动量训练的运动员具有足以危及健康的高度辛劳感。

质疑中国举办了过多体育赛事的文章起先是在网络媒体上呈现出来的。在此意义上说，《人民日报》所刊登文章是对网络文章的一种回应措施，其中不乏呼应草根群体观点的诉求。高密度的体育赛事或许引起了一些人的审美疲劳感。审美疲劳是人对经

① 许立群：《大型运动会是不是太多了》，《人民日报》2011年10月28日。

常性感受对象的一种临时性的麻木感、淡然感和疏离感，而非理性化、内质化和信念化的反感，民众所依赖的审美或信仰对象一旦失去的时间过久，其审美疲劳就会消失，处于如此境况下的人会再度投向当年被人遗忘的审美和信仰对象。中国举办的诸多大型体育赛事就是这样，一旦失去这些体育赛事及其电视制作节目之后，人们的生活重心将出现不规则的震荡。问题顿时出现，人们是否真心讨厌那些体育赛事？这里需要说明，国家体育总局以及举办过体育赛事的各级地方政府一直是类似大规模仪式化活动的施行主体。

一场典型的体育赛事是举办者和观赏者共谋而生的一种文化产品，从休闲组织和休闲感受方面看，两者呈对立状态，但在行为上又有一致性。体育赛事的举办者需要出售一场赛事，而赛事观赏者则购买了一场美轮美奂赛事的观赏权。媒体人未必考虑到休闲学的基本内容和运行规程，文章认为："2012 年虽是奥运会年，但国内体坛依然不会沉寂，除了年初的全国冬运会，第九届全国大学生运动会、第七届全国农民运动会将分别于 9 月、10 月在天津和河南南阳举行。"[①] 作者为此进一步表明："2011 年，在国内举行的综合性运动会可谓摩肩接踵，先后进行的包头全国中学生运动会、深圳世界大学生运动会、贵州全国少数民族传统体育运动会、杭州全国残疾人运动会、南昌全国城市运动会等国际、国内大型赛会，将下半年的日历填得满满当当，少则'一月一会'、多则'一月两会'（残运会与城运会就重叠举行），赛事的密集程度令人目不暇接。"[②] 客观而言，中国各级政府高密度地举办体育赛事已然缔造出一种新型的社会风气，甚至使得全社会

① 许立群：《大型运动会是不是太多了》，《人民日报》2011 年 10 月 28 日。
② 许立群：《大型运动会是不是太多了》，《人民日报》2011 年 10 月 28 日。

在一定时间内呈现出一种高度狂欢化的格局，正如那位媒体人所说："放眼全球，亚洲是拥有最多综合性运动会的地区，若论国家，则以中国为最。"[①]中国对大型体育赛事表现出更高的热情，而引发中国人热情高涨的原因来自三个方面。

先说诸多社会转型现象。近代中国社会经历了多次转型，而每次转型都无法脱离仪式的确定性作用。现代中国是一个处于剧烈社会形态转变期的大国，任何一个处在社会转型时期的国家都会选择集约式的大型仪式。美国的狄尔·甘乃迪在谈论企业文化时曾说："把许多人都带入改变过程中，是管理人员不时听到的一项建议。而这样做的最好方式就是透过转型仪式。在仪式进行的过程中，人们可以哀悼旧的方式、承接新的价值观和工作关系、祝福新的英雄。这有助于人们了解、接受和相信新的秩序。就某种意义而言，这项过程变成了临时的文化，很像追忆仪式。它可以防止人们再回到老的形态，或是冒失地撞入不熟悉的新地形。"[②]新中国的社会转型仪式包括从松散的贫穷国家转型到新型统一国家时的惯常仪式，其文化核心一度是回忆苦难的历史。"我们在毛泽东的理论中找到他关于贫困的'乐观阐述'，毛泽东的总结相当振奋人心，'中国六万万人民有两个特点：一是穷、二是白，看起来这是件坏事，但实际上却是件好事。穷则思变，要干，要革命，一张白纸没有负担，好写最新最美的文字，好画最新最美的画图。'他甚至将'贫穷'作为民族强盛的必然缘起。当然，这只是关于'贫穷'的一个方面，在另一个方面，'贫穷'甚至转化成了一种宝贵的认同资源，成为'人民'这一

① 许立群：《大型运动会是不是太多了》，《人民日报》2011年10月28日。

② [美]狄尔·甘乃迪等著，黄宏义译：《企业文化》，长河出版社（中国台湾）1983年版，第235页。

阶级宏大力量的起点。在很长的一段历史时期内，‘诉苦’就成为整合国家的重要的社会意象。通过话语的叙述，‘苦难’变成了社会转型的仪式，变成意识形态深远的结果。”[①] 从仪式革新的角度看，毛泽东领导的革命实践意义重大。那场中国革命给无以计数的底层人士带来了空前的希望，也使得千百年来形成的社会壁垒走向破灭。革命强化了中国的组织力、军事力和宣传力，随后又强化了科技力，并为当下中国全方位的崛起奠定了基础。类似的文化惯性还在延伸。从仪式学的角度上审视，2008 年的北京奥运会并非倾诉仪式，而是胜利仪式。这显然是一种国际性的仪式展现符号，展现出一种高度开放的态势。

再议中国人的民族特性。中国是一个多民族的大国，节庆日可以构筑起多元化的国家仪式，借此为民族团结之业提供积极的资源。中国国家及地方之所以高密度地举办大型体育赛事，主要还在于认同体育赛事的价值，以便于凝结大国情怀与意志，构建一种可以感验的场面，借以获得一种全新的身份。类似的宏大仪式有助于完成上述诉求。因此，不应该用“好大喜功”之类的语汇来描述中国举办的大型体育赛事，其并非真实的“好大喜功”，而是社会需求的自然显现。

中国有其自身的独特历史。新中国之前是民国，民国又脱胎于旧有的帝国体制，而旧体制在百余年时间内一度让中国人体验到压抑感。为慕强心理驱使，不少中外学者都很在意汉唐等强盛时代的国家仪式，正因如此，考量中国的国家节日和大型仪式，应当以与盛世时代的中国相类似的世界级大国为参照系。

① 滕翠钦：《被忽略的繁复：当下“底层文学”讨论的文化研究》，生活 · 读书 · 新知三联书店，2014 年版，第 98 页。

从仪式类型学的角度看，最为理想的参照对象应当是古代罗马帝国以及当下之美国。不少人以为美国是一个缺少仪式的现代型、务实型国家。其实不然。美国的好莱坞本身就是一个世界级的仪式生产基地，美国的玫瑰碗庆典类似中国的春晚，带有国家仪式的性质，美国还有无以计数的教堂和各种各样的宗教组织机构，几乎每天都有各种各样的仪式感极强的群体性活动，其中包括大量世俗性仪式元素，如商业巨头所操持的权力化仪式，仪式权力开始在民间弥漫。从新型工业化国家构建层面而言，中国的国家仪式正在走向成熟，而有关盛世的仪式程序不仅无以废弃，在特定的时空语境中还需要再现，而再现这样的仪式往往需要刚性化的细节支撑，呈循序渐进之态，借以显示中国的大国情态，且自然而然地彰显国家意志。

二、中国举办的体育赛事蕴含无限度的仪式元素

仪式活动具有族群本体的延续性。帝制时代的某些时段，受到儒学教化至上主义的影响，以汉民族为主体的大型社会团体的舞蹈、音乐之类的艺术发展得未必稳定。唐朝、元朝歌舞文化发达，与宗教的关系很大。唐代信奉道教，元朝尊崇喇嘛教，在儒教失去其独一性统治地位后，唐朝和元朝种类繁复的歌舞活动很容易成为朝廷认可的仪式，唐朝将舞蹈、元朝将戏曲看作一种礼仪建设所必需的仪式化活动。中国文化圈内一度流行汉族人不善歌舞之说，其实不然，汉民族的歌舞完全体现在戏曲体系中，其中包括影响巨大的京剧、昆曲、豫剧之类，还有数以百计的地方剧种。正因如此，不能说汉族人不善歌舞，而只能说帝制时期思想统治集团中的主体成员对过度陶醉于歌舞的现象有担忧。由于有庄严性行事做派的要求，这部分人更为推崇肃穆正大的行为情

态，反对脱离实际的胡思乱想。其实，华夏文明高度成熟，融扩了大量的均衡性文化元素。从汉民族发达的戏曲文化中可以看出，汉民族部分成员不仅善于歌舞，亦擅长游戏，也长于推理、想象、思辨。中国的先民不仅缔造了富含人文主义精神的诗歌、哲学、书法、绘画，还缔造了属于自己的仪式文化体系，中国的仪式文化体系一直存在于官方与民间，呈现出双轨发展的均衡态势。在失去了神话性想象的语境中，普通的中国人仍旧维持着生产美学及其感性化产品的基本能量，而类似的美学产品就包含了仪式活动，其中不乏庄严类仪式与欢乐类仪式两种体系。

仪式很难成为一种空想性资源，仪式的原始元素便是身体，仪式自身也是一种表演示范。“仪式是在一个特定的时间、环境、场景中展开的一系列的综合行为。格尔兹把仪式看作是一种‘文化表演’，把宗教仪式看作是宗教表演；意大利宗教学家西奥多·加斯特则将仪式看作是对神话的表演。”[①] 中国的仪式空间同样如此，大型体育赛事中丰沛的仪式的表演性元素可以完善中国人的想象力。仪式可以分为群体性仪式和个体性仪式。群体仪式具有强化合群性的动能，而个体仪式则体现隐秘性。“仪式的‘阈限’有公开性与隐秘性的不同。公开性的阈限常发生在季节性的庆典仪式（如播种仪式、节气庆典）当中，而隐秘性的阈限经常发生在个人的过渡礼仪中。”[②] 仪式的季节性审美特征很明显，几乎可以超越其人为的扮演性美感，这一点几乎成为仪式学家感到极为惬意的地方。“弗洛贝尼乌斯指出：在远古，人首先关注

① 王敬群、张志涛、井凯、马骥：《仪式与心理治疗》，《江西师范大学学报》2012 年第 1 期，第 120 页。

② Van Gennep, A.The rites of passage. 1908. London Routledge & Kegan Paul, 1965: 3. 转引自王敬群、张志涛、井凯、马骥：《仪式与心理治疗》，《江西师范大学学报》2012 年第 1 期，第 120 页。

动植物生命的现象，然后才有关于时空、节候、太阳月亮运行的观念。而终于有一天，他以一出神圣的游戏来表演这一伟大存在所具有的秩序，他在这种表演中并通过这种表演重新实现或‘再造’了那些事件，并由此而有助于维护宇宙秩序。”[①] 受到节气机制的影响，农耕文明时代中国的节庆仪式带有自然性。中国举办的大型体育赛事同样具有契合自然秩序的内涵，是一种对自然、季节、时间、空间的一种再度确认仪式，隐含有对大自然的感恩情怀。大型体育赛事的观念性、信仰性甚至近乎宗教的力量都可以由此而得以发扬光大。换句话说，季节性节律构成了大型体育赛事的节日化的品格。相关人士曾解读过体育赛事的时间节律问题。“我国参加的有冬、夏季奥运会（每四年一届），冬、夏季亚运会（每四年一届），东亚运动会（每两年一届），亚非运动会（每四年一届），友好运动会（每四年一届）。”[②] 体育的仪式化原理就植根于大自然所赋予的时间节律方面。

仪式是自然社会的延伸物，阐释仪式的价值必然要联系到其文化属性。这里需要说到中国特有的风俗。大型体育赛事也是中国传统风俗在现代国家环境中的新的拓展性品种。中国人一向有追求圆满的风俗习惯，报喜不报忧便成为常态。无以否认，大型庆典性盛会在中国文化里一直属于喜事的范畴，2008 年的北京奥运会即属于喜事类仪式活动。在笔者看来，2008 年北京奥运会具有实用性、历史性、象征性意义。它熔铸了大量的历史积淀，是中国百年来所举办的最具有国际性品质的大型仪式，其终

① [荷]胡伊青加著，成穷译：《人：游戏者——对文化中游戏因素的研究》，贵州人民出版社 1998 年版，第 19 页。

② 史国生、邹国忠主编：《体育竞赛组织与管理》，南京师范大学出版社 2008 年版，第 230 页。

极性的意义在于洗涤中国百年的屈辱记忆。只要观察一下2008年的北京夏季奥运会就会发现，数以亿计的中国人一度置身于欣喜若狂之境地。国民参与其中并非仅仅为了获得感官之乐，客观上也重塑了每一个个体与集体之自信心，而政府主办如此规格的赛事则是为了重新确立大国形象，重构权威仪式，并在此基础上再造全国各族人民共同的价值观。在国家权威制约下的中国，其所举办的大型体育赛事都承载着国家仪式建设的功用。

为数众多的中国人对政府主导举办的各类体育赛事持认同态度，因为人们看到了其中积极的仪式化力量。依照中国的国情，假如没有政府出面组织体育赛事，国家仪式建设将长期缺位，而一个丧失了国家仪式的民族很难称得上是一个精神、意志、思想完整的族群。只要看一看全中国大大小小城市中快节奏的生活方式就会发现，中国的经济崛起恰是国民以切实的体力与精神拼争而来。一切仪式都有强化信仰的目的，还有抚慰民众心理的积极功用。美国心理学家艾瑞克·伯恩认为："游戏的功能在日常生活中，亲密的机会实际上很有限，而且某些形式的亲密行为（尤其是激烈的亲密行为）在心理层面对大多数人来说难以实现。因此，在严肃的社交生活中，玩游戏占据了大部分的时间。"[①] 大型体育赛事是一

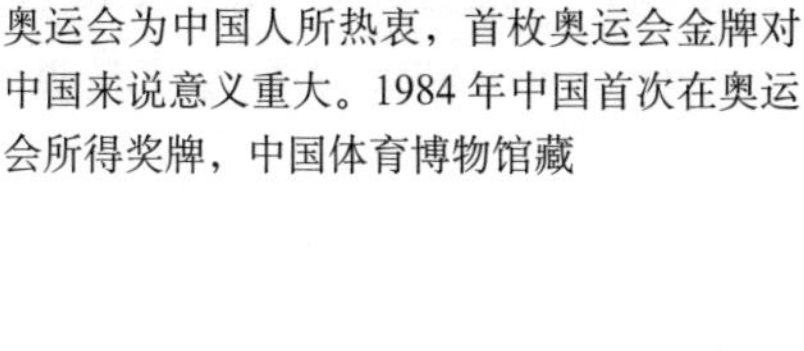

奥运会为中国人所热衷，首枚奥运会金牌对中国来说意义重大。1984年中国首次在奥运会所得奖牌，中国体育博物馆藏

① [美]艾瑞克·伯恩著，汪畅译：《人间游戏：人际沟通心理学》，天津人民出版社2023年版，第57页。

种集竞技、文艺与娱乐于一体的仪式，具有高度的休闲性、休憩性和表演性。“在英语中有两个词汇来表述仪式，一为‘ritual’，二为‘rite’。‘ritual’具有神圣的或宗教的内涵，‘rite’具有世俗的含义。在心理治疗中，因为来访者独特的情况，仪式不可避免地结合了神圣和世俗的内涵。Denzin 在定义仪式时更侧重神圣的内涵：一个共同的传统庆典活动，涉及两个或者更多的人，赋予了特殊的情感和神圣的意义，聚焦于一个明确界定的社会对象，并且表演赋予参与者一种神圣且不同寻常的特殊感受。Rando 提供了仪式一个更加世俗化的描述：它是一个表演者或一个群体通过象征的方式表达一定的感受和思想的一种特定的行为或活动。它可以是习惯性重复出现的行为，也可以是只发生一次的行为。”① 体育赛事本身就是一种社会表演现象，它给仪式参与者和观赏者带来极大的心理安慰。体育不仅给中国最基层群体带来了高品质的娱乐形式，还承续了古已有之的礼仪之邦的国家形态。

任何一个国家的仪式构建都会有强烈的政治取向，且可以帮助提升其全民族的心理能量。“我国的国情却表明，20 世纪我们尚未彻底完成从农业社会向工业社会转型的仪式，封建意识影响还很强大。”②2010 年是中国成为世界第二大经济体的时间节点，这一年距离北京举办完夏季奥运会仅两年，理应是一个与西方世界实现融通相处的仪式展示的理想时段，在这样的时间节点建构一种典型性过渡仪式可谓恰逢其时。仪式具有多元化的

① 王敬群、张志涛、井凯、马骥：《仪式与心理治疗》，《江西师范大学学报》2012 年第 1 期，第 118 页。

② 张清华：《中国新时期文学研究资料汇编：女性文学卷》，山东文艺出版社 2006 年版，第 126 页。

社会和文化功能，仪式学研究者对此多有阐释："在仪式的各种定义中，不难看出它们的共同要素即行为的主体是人，表达的内容是情感或思想，表达的方式是一套象征性的行为程序。不论是神圣还是世俗仪式，有一点是可以确定的：依据来访者的背景和需要，仪式可以用于心理治疗，成为一种治疗仪式。"①西方世界在近代以来压制中国已是不争之事实，中国当下相关的国家机构理应举办若干个大型化的仪式，借以用回忆历史的方法安慰国人，并向原先的西方世界作出一种柔性化、象征性与虚拟性的示威，为此，中国举办的大型体育赛事不惜动用带有强烈的文化动能的仪式形态。体育学者极为敏感地关注了中国现代体育的过渡仪式特质。"自 1895 年我国思想启蒙的先行者严复将中国比拟为'病夫'，到 1932 年澳大利亚墨尔本一家报纸用漫画将中国运动员冠之为'东亚病夫'以来，中华民族期望通过体育竞技的胜利改变'病夫'的国际形象的努力就从来没有停息过，数代体育人为之进行了前赴后继的奋斗，1979 年，经过 20 余年的坚持原则的斗争，恢复了我国在国际奥委会中的合法席位，开拓了中国竞技体育全面走向世界的新局面，1984 年，当许海峰一枪击碎'零的纪录'，走上冠军领奖台时，中国体育军团进军奥运的坚实步伐，向着'更高、更快、更强'的目标，一路高歌，直至在 2008 北京奥运会上一举夺下 48 枚金牌、100 枚奖牌，站在世界第一的高度，傲视群雄，令中国人振奋和倍感鼓舞。"②在如此的语境下，中国现代体育就变成一种极为实用的过渡仪式，中国社会在此仪

① 王敬群、张志涛、井凯、马骥：《仪式与心理治疗》，《江西师范大学学报》2012 年第 1 期，第 118 页。

② 张德利、尹维增：《体育强国建设背景下竞技体育文化发展研究》，《军事体育进修学院学报》2012 年第 1 期，第 25 页。

式中完成了诸多层面的转型。类似过渡仪式给中国民众提供了一种具体可感的镜像。原先带有“污名化”的国民形象变成了健康而活跃的国民形象，原先被动融入世界的人，变成了主动步入现代社会的人，原先具有古典性思维特征的人变成了具有现代性思维品格的人，而此愿望的达成须以一种强大的过渡仪式为支点。

过渡仪式体现了一种积极的生活意志，而且是一种干预人的生活的强力性文化选项。从对人类生活积极意义的促动层面看，人类社会中的转型仪式与表述胜负关系的竞技体育有相同之处，其中以身份转移为常规性符号。体育群体性仪式功能在此得以体现。刘子华曾试图分析中国人参与体育的动机。“自 20 世纪 80 年代中期以来，城市产生一种新的大众体育形式，即社区体育，社区体育在群众健身活动中起到重要作用。在农村，大众体育也有较大的发展。”[①] 国家需要体育展示出具有规范性意义的正向生活价值，这样的程序在远古的转型仪式中也可以找到，而仪式化的体育和人类学意义上的转型仪式都有将处于困境中的人拯救出来的功能。

其实，仪式从来都是实用的，代表中国国家意志的仪式不能长期出现缺位现象。鉴于中国百年来真实的内忧外患的历史，中国人理应补上这种国家仪式课程，而体育工具论的最高境界就体现在仪式的实用性层面。“1979 年 10 月，国际奥委会名古屋会议恢复了中华人民共和国奥委会的合法席位后，我国体育正式登上国际体育的大舞台。体育价值取向也必然伴随着新中国第一次社会转型而由国家政权为本位向以社会为本位转变，体育被赋予了

① 刘子华：《大众体育宏观调控法律问题研究》，知识产权出版社 201 年版，第 36 页。

更多的‘工具’色彩。”[①] 奥运赛事这样的过渡仪式实用价值十分明显，而且没有太大的风险。在此基础上，中国人很容易将自己取得的经济总量世界第二的现象和当年的庆典仪式联系起来，并借以催化成一种良性的心态。当然，中国体育的仪式功能还有固化精神维度的内涵，中国的大型体育赛事融合了仪式化、礼仪和典礼三种元素，且已成为社会风俗的有机组成部分。

中国和世界上许多国家一样，其国民大体属于和平主义者，很少有学者将中国和战斗民族的概念联系起来。于是，在很多时候，中国更喜欢用虚拟的仪式来宣告一种只有战争才可能达成的目的。现在世界上仍有极少数的人和较小的势力敌视中国，鉴于现代国际关系理念以及当今共享和平红利的形势要求，中国无法对其进行真实的报复，却可以借助仪式来实现消弭敌对势力之目的。面对现代性转型的宏大主题，中国在近现代历史上遇到的困难恰是一种常态。大而言之，人类社会特殊的群体都会遇到各种各样的困境。小而言之，在脆弱、纠结、无法兑现又不得放弃的语境下，人们往往会陷入一种极大的痛苦之中，解脱之道有很多种，而仪式往往会成为其中的一种最好的选择。将某种大国间的军事、经济和外交的对抗降低到体育赛事的档位，不失为一种符合各方利益的选项。正因如此，中国人举办各类仪式的集体性诉求始终未曾消逝。于是，一种全新的仪式集群就此诞生。中国在 21 世纪初大密度举办的各项体育赛事，恰是中国的社会性、经济性和大众性仪式匮乏前提下的替代性产物。

仪式本身是人类原始思维的衍生物，因此，仪式很难有单一

① 侯典云、张细谦：《体育大国向体育强国迈进的价值哲学思考》，《山东体育学院学报》2012 年第 2 期，第 10 页。

的世俗形态。只要仔细考察就会发现，中国举办的体育赛事具有国情意义支配下的独有风貌，其最大的功效便是强化了国家信仰。作为东方大国的中国，一直具备对外域仪式改造乃至同化能量。中国举办的各类大型化的体育赛事时而会偏离体育化的方向，时而又朝着复合化的路径发展。2008 年的北京奥运会开幕式和闭幕式已经呈现出国家性、民族性、本土性元素大于体育自身能量的倾向。中国投入巨力举办奥运会，其所维护的是奥运会的尊严，其实也是在捍卫中国自身的尊严。

2008 年北京奥运会再度强化了文艺和体育难以分离的格局，这里涉及仪式的神话起源以及附属的表演性问题。“仪式研究一开始就与神话有着千丝万缕的联系，史密斯认为神话主要是对仪式进行描述，美国‘历史学派’代表人物博厄斯认为，仪式就是对神话的表演。”[①] 中国举办的各类体育赛事都信奉并遵守表演为上的办会模式。仪式不仅有其独立的形态，还有其自身的形式美学体系。文胜于质是仪式的共同特质，而仪式的内在结构同时还是其内容的组成部分。作为传统意义上的礼仪之邦，中国一向重视仪式。现代中国匮乏的并非简单的仪式，而是带有想象性、神话性和自主性的仪式。

三、体育赛事固化并稳定了中国数以亿计人的精神秩序

任何一个族群中的个体都有自己独特的情感、记忆和想象类因素。人类进化到当下，尽管每个族群中的个体的精神世界都很复杂，但都有一种趋同性的诉求，正因如此，带有统一意志

① 王敬群、张志涛、井凯、马骥：《仪式与心理治疗》，《江西师范大学学报》2012 年第 1 期，第 118 页。

内涵的仪式很容易进入族群中每一个人的内心深处，同时也可以在整个族群中形成影响力。而仪式的单向度能量可以强化个体的想象力，仪式的归一性元素则可以消弭个体的孤独感。在庞大的仪式化网络中，个体的力量尽管也可以强大到无以描述之程度，但再强大的个体也无法脱离群体，群体性的仪式可以为任何游离于集团性人群之外的人找到心灵的栖息之所。

涉及体育，古特曼认为："我们可以认为个人体育表现了运动员的自主，而团体体育则表明对他人的依赖吗？有历史证据表明，许多美国人都曾认为团体体育是抑制个人主义过度的有效途径。"[①] 张再林曾从文化功能的角度阐释过团队精神的价值。"真正的体育团队是人类协作精神的集中体现。一个名副其实的体育团队，就是一个以基于身的'手足之谊'方式组成的真正'和而不同'的生命团队，以至于可以说，正是在此意义上，在人类社会中几乎没有什么组织较之体育团队更具协作精神和凝聚力了。这也正是临时组建的所谓的'世界明星联队'往往不敌长期默契配合的世界冠军队的原因所在；这也正说明了何以一个国家的体育代表队能够成为其民族精神凝聚力的集中象征。"[②] 其实，在中国举办的大型体育赛事是一种融合个体与群体意志的国家级别的群体性仪式，它以更为高效的方法将受到仪式氛围感染的人带入群体社会中，并使受仪式者在其中获得心理慰藉，进而成为一名心理高度健康的人。

新时期以来，我们高度认可每一个普通人的价值，承认了商品建立在人类基本需求力这一理念基础上。中国的个体主义开始

① [美]阿伦·古特曼著，花勇民、钟小鑫、蔡芳乐编译，袁旦审译：《从仪式到纪录：现代体育的本质》，北京体育大学出版社2012年版，第179页。

② 张再林：《中国古代神道研究》，生活·读书·新知三联书店2015年版，第252页。

萌芽、复活，至少在经济领域里一度缔造出一种全民性的以个体意志为核心的时代。从根本上说，新时期的中国民众埋头工作，联手创造出人所共知的GDP奇迹，他们热衷于经济生活，在某一时间段内几乎疏忽、搁置甚至遗忘了诸如同心同德、同舟共济、国家至上之类的理念。与此同时，爱国主义、集体主义、协作精神一度退居次要地位。2022年大年初一，中国男子足球队参与2022年卡塔尔世界杯亚洲区预选赛，中国队破天荒地输给了越南队，人们终于看到一种意外镜像——原先在俱乐部里表现尚好的球员到了国家队并无同等量级的表现，人们无法不将这种现象和球员们爱国主义精神的旁落联系在一起。中国在不远的将来仍旧要继续申办各种大型体育赛事，中国人看中的恰是体育赛事所具备的强化国家、群体和集体意志的能量，大型体育赛事为中国人创造出一种集群性地寻求内心安宁的巨大空间，人们借此可以在更大的群体中证明自己的新身份。

仍须回到质疑中国举办大型体育赛事的语境。反对中国举办大型体育赛事者似乎并未感受到体育赛事的仪式学价值，他们更愿意算经济账。“规模膨胀，办赛成本惊人。在奥运会等重大赛事努力谋求‘瘦身’的时代背景下，国内的综合性运动会却逆流而行，各类赛会规模越来越大，耗时越来越长。为数不少的东道主好大喜功、求全责备，以承办一届‘历史之最’的赛会为荣。”① 这篇文章显然忽略了仪式行为的务实性价值，且未认识到中国人追求“历史之最”的行动是一种精神之需，亦未厘清其寄托着中国人古已有之的对完美社会与理想价值的向往之情，更未洞悉仪式的文明性价值的不可或缺性。从根本上说，中国的

① 许立群：《大型运动会是不是太多了》，《人民日报》2011年10月28日。

仪式体系及其价值观是中国人从儒家思想中提炼出来的圆满、完满、和美之类意念，其中浸透了中国人对未来事物完美性的追求意向。

该文还认为："从全国主要赛会规模统计表中可以看出，各类运动会今日的设项、参赛人数已膨胀到最初的数倍，其中不排除事业发展的需要，但也有相当多的水分。'注水运动会'大大增加了办赛成本，给交通、接待、环保和安保等各项筹备工作带来极大压力，办一次赛会几十亿、上百亿元的惊人投入早已司空见惯。毫不夸张地说，中国是全世界最慷慨的东道主，为逞一时风光，不惜一切代价。"[①] 这种观念并不新鲜，在某一个时间节点之内，中国的确有过浪费粮食现象，也出现过公共机构每年用餐费用超过两千亿元人民币的事实，其实，类似的情况在其他领域也存在，如中国用于房地产投资包括土地开发的非常态性的运行资本，其数值同样很大。不难看出，该媒体人是将体育赛事当成一种纯身体的赛事，而忽略了其超体育的仪式学意义。

仪式学是一种内涵极为深邃的学科，其中的私人仪式与公开仪式并不相同。"在公开性阈限阶段，每个社会成员都成为'阈限人'，在仪式进程中表现出正常的社会关系的彻底颠倒（如王公贵族暂时失去权势，平民大众作威作福等）。当仪式一旦结束，人们的社会关系又回到日常状态中。在隐秘性的阈限阶段中，阈限人无贵贱之分，直到阈限期结束后，地位和身份才重新发生变化，使男孩转变为成年男子，使单身成为已婚等。"[②] 中国

① 许立群：《大型运动会是不是太多了》，《人民日报》2011 年 10 月 28 日。

② Van Gennep, A.The rites of passage. 1908. London Routledge & Kegan Paul, 1965:3. 转引自王敬群、张志涛、井凯、马骥：《仪式与心理治疗》，《江西师范大学学报》2012 年第 1 期，第 120 页。

的大型体育赛事显然更近似公开仪式，它在框限国人过度散漫的精神方面起过积极的作用。框限是一种禁忌，而仪式大都以禁忌为核心，一个国家一旦失去了禁忌，其生活的信念或许会进入一种知无不言的孩童世界，却存在民众悖逆一切并进而失去生活重心的可能。当所有的仪式都走进虚无的境界后，人们很有可能将一种颠覆性的社会活动本身当作是一种仪式。

中国举办大型体育赛事遭到媒体人的质疑属于一种常态。必须关注信息传播的非对称现象。从本质上考量，人类社会的信息传导并无完全实现对称传播之可能性，任何一位传播者所传输出的信息都是为了自己理念的有限度或无限度扩张服务的，信息传输者往往是为了实现自身利益的最大化。从信息传输的非对称的角度看，信息传播主体总在扩散自身的价值观。其实，世界上任何一个个体或群体都生活在信息不对等的状态中，如柏拉图所言，人们生活在洞穴之中，只能看到篝火映照下自己的影子，尚无以看到事物的真相，即使看到了真相，也未必人人相信其为真相。人们寻求真相的执着性和摆脱非利己信息的能量几乎相等。换句话说，人们总会自觉或不自觉地选择有利于自己的信息，而摒弃掉其他信息。在此视角下看，所有的信息都很难做到绝对的正确，更难有真实性。新新闻主义者和新历史主义者从来就不承认世界上有真实的新闻或历史。两者都认为世界上任何人都不会看到事物的真相。在新新闻主义者的眼中，新闻的内幕宛如一种见风就化的物质，一旦公布于众，其原先的生态平衡就会丧失。在此意义上观照，新闻的客观性反倒不如新闻的娱乐性更让人可信。

中国是儒家文化浸润过的国家，民众难免有“不患寡而患不均”的心理，高密度举办大型体育赛事以及部分媒体人士对它的质疑都可能被一些人认为是一种出位化的现象。然而，中国的竞技体育依然是具有国际水准的文化品类，否定了处于高端地位的中国强势文化品类并不意味着抬高了中国其他文化类别的地位，其所体现出的是一种对体育赛事文化的价值移植态度。人的社会行为受到传统习俗的惯性影响更为直接，正因如此，在儒家文化的语境中可以更好地看到中国人言行的原初形态。儒家社会中流行一种婚丧嫁娶事件大操大办之习，这种习惯在新中国成立后的一段时间内一度遭到否定与批判，因此，直到现在仍然很少有人从仪式功能的立场分析其存在并风行于世的合理性。其实，人所共知的大操大办现象本身就是一种仪式活动，准确而言，操办大事为存在者之所为，其整体程序有心理治疗作用。

仪式的心理治疗功能十分明显，这也恰是仪式自身存在的核心价值。“仪式行为具有‘虚拟性’：即仪式的行为方式、仪式表演手法、仪式场景布置以及仪式行为者心理时空等的虚拟性，但仪式行为者的情感与心态却是真实的。”[①] 中国古代的仪式种类繁多，而合乎儒家风范的仪式少说也有两千余年的生发、传承与流播史。从《周礼》《仪礼》《礼记》的存世形态及其广泛的社会影响力即可看出，作为主流意识形态代言体的儒家仪式在净化社会空气、挽救民众心理危机以及缓和社会矛盾方面的作用十分显赫。尽管如此，中国历史上仍有大量的御史、乡野文人以及一些否定仪式的务实性价值的人士抨击过中国历朝历代的大操大办的社会风气，亦皆属一面之词。从根本上说，仪式化生活本身有其存在的必然性。

仍有必要对接一下媒体人的言论：“以全运会领衔的国内综合性运动会早已形成一个庞大复杂的竞赛体系，十几个大型赛会

① 王敬群、张志涛、井凯、马骥：《仪式与心理治疗》，《江西师范大学学报》2012 年第 1 期，第 120 页。

分别归属于国家体育总局、教育部、农业部、中国残联、国家民委等不同部门，具有不同的目标和任务。在新中国60多年的发展历程中，这些赛会的诞生都有其特定的背景和意义，并在一段时期发挥了重要的价值和作用。然而，当历史走到今天，一些赛会的功能已逐渐缺失或被其他形式所取代，其存在的历史必然性与现实合理性将如何对接？现有的竞赛体系是继续沿用，还是需要调整乃至打破重构？这需要科学严谨的论证，而且也不是体育部门能够独立解答的，这将是一个重大的社会课题。”[①] 由此可知，中国人只要站在崇尚俭朴的立场上就好像自然而然地占领了道德高地，进而具有伦理学、教化学与终极意义层面的合理性，进而全方位地获得理念层面的优越地位。

在一个物资相对匮乏的社会语境内，儒家的尚俭传统似乎具有统摄一切的合法性，为此，那些抨击奢华化生活的人总会获得额外的收益。整体而言，中国的大型体育赛事属于一种特殊的仪式活动，是一种替代国家教化的新型文化产品，更是对新中国道德教育机制的一种补充。正因如此，部分媒体人的观点只能成为中国国情的注解，它反映出一种极为朴实的尚俭思想，却尚未展示出对现代社会中宏大仪式构建必要性的认知度。媒体人仍在非仪式学的领域内展开想象力，并未理会到大型体育赛事投资是一种教化类投资。如果将此类投资算为教化类投资，其成本并不算高。鉴于唯物论国家的质的规定性，目前国内并无固化的用于国家性、常态化与定向化的教化活动的预算，更无明晰的仪式建设的费用开支。中国所举办的大型体育赛事无疑是对道德教育开支的一种变相使用。在此意味上考量中国举办的大型体育赛事，则

① 许立群：《大型运动会是不是太多了》，《人民日报》2011年10月28日。

更看到其中的合理性、必然性和适宜性。

四、结语

中国历史上的多数王朝属于儒家文化统治的王朝。西汉东汉、北宋南宋、明清两朝，王朝所信奉的儒教并非真正的“宗教”，而是一种社会化的礼俗。于是，中国古代的很长一段时间内，礼俗性仪式替代了宗教性仪式。种类繁多的礼俗性仪式同样有类似宗教仪式的社会功能，并可以长时期起到稳定国民精神之作用。新中国一度出现教化空档现象，因此，不断地用雷锋精神、女排精神、长征精神等榜样性和示范性价值理念作为全社会稳固、单纯、强大的教化力量，呈现出对传统礼俗的承续意向。其实，以礼俗代宗教的做法具有一定的社会效应，却表现出不稳定的态势。法定“宗教”的缺位或许还派生出诸多的社会现象，如中国的年轻人一度在哈日、哈韩、追慕港台明星，显示出对儒家仪式文化的渴求之情。中国人还在消费其他的文化偶像，并在某种神剧中寻求基本的精神解放程序。如此种种，皆为仪式匮乏所致。消费体育赛事也是在消费一种新型的仪式。作为一种身体文化，体育赛事的稳定性、纯色性和持久性都很高。中国当前不仅经济实力在增强，社会和文化也面临转型之大关节，亟须构建出一种足以证明国家地位提升后的大型化的仪式。在缺乏固化性的国家仪式的前提下，以大型体育赛事作为替代性的国家仪式便成了中国政府和民众的必然选择。

第二节　体育赛事的超强维稳功能

中国在21世纪以来高密度举办的大型体育赛事已构建出一道国际风景，造成此现象的原因多种多样，总体上说是中国的国情所致，同时也是政府与民众的共同需求使然。较诸已有数百年商品经济发展史的西方社会，作为新兴市场经济国家的中国仍属于世界经济一体化体系中的新生力量，而世界上所有的新生力量必然存在一些待开发的特定空间。就世界范围内而言，新兴市场经济国家的前身多为欠发达国家，这些国家本身一度都存在经济基础不厚、国家功能较小、现代性元素不足、民众的文化自信力不强等真实状况。中国的情况亦如此，这也是中国改革开放政策实施的缘由。中国属于新崛起的东方大国，国家的策略具有法统意味。由于历史、文化和观念形态的作用，包括中国在内的所有新兴市场经济国家的仪式建设都遭遇过重构性难题。新中国的国家仪式建设在经历了一段探索、再造、固化、定型的程序后，逐渐出现了一种向好的态势，但仍有改进、维护、完善之必要，借以适应世界的变化。近年来中国举办了诸多大型体育赛事，其对中国国家仪式的建设有重要的补充功用。

一、社会转型促使仪式活动进入活跃期

第二次世界大战以后，世界各国政府普遍强化了行政事务的实效动能，其中的主导方向是经济，传统意义上的务虚性理念之争暂时隐退。中国也一样，中国政府的行政策略中也不乏高度务实性的内容，与此同时，各种仪式活动开始成为国家形象的载体，其中不乏闹红火之类的民间仪式活动，亦包括了大型体育赛事式的官方仪式活动，两者都展示了各自鲜明的符号学意义。

“仪式对于仪式行为者来说是有‘意义’的。仪式是一个充满象征的意义世界，仪式中的各种要素（语言、物件、行为等）都被赋予了不同的象征意义，行为者通过‘象征’表现和体验意义。象征通过外部物质世界中的符号显示内部精神世界的意义，它们超过原来可以轻易用语言表达、分类以及理解的概念，是连接物质世界和精神世界的中介。象征符号是充满能量的意念，有了象征符号提供的驱策力，心灵的构造才会从机能不良转化为适应无碍。当新的象征符号出现，新的情感和观念也随之产生。”[①] 从施行国家仪式的角度看，中国体育的举国体制仍有其存在的合理性，其所独有的举全国之力办大事的优势同样体现在举办奥运会、全运会之类的大型体育赛事方面。

21 世纪以来中国政府中的相关部门联合举办的大型体育赛事属于一种集约主义理念主导下的仪式，中国的竞技体育领域正是因为得到了举国体制的保障才展示出其国家符号价值。中国体育代表团在 2020 年东京奥运会上所获金牌数量为 38 枚，位列美国之后，处于世界第二的位置。2022 年北京冬奥会，中国获得 9 枚金牌，金牌数位列第三。从现场的情况看，仍有很多中国人高度关注中国体育代表团的金牌数量，与此同时，人们对中国在未来可否保持这样的水准表示出了一定程度的担心。现代中国人大多已经将中国拿金牌第一、第二或第三当作了唯一“正确”的结局，很难接受金牌数大幅度旁落的结果。在“吉祥至上”思想的统摄下，很多中国人已然习惯了“中国”成为永恒胜利者的角色，而无法接受其他任何结果。中国人的这种心态显然并非观看

① 王敬群、张志涛、井凯、马骥：《仪式与心理治疗》，《江西师范大学学报》2012 年第 1 期，第 120 页。

体育的正常态度，而是一种对待道德教化体系的心态。然而，中国的文化性以至文明性再度成为时代焦点。在很多中国人看来，除了高度道德化的符号，世界上没有任何一项事物可以给类似理念的信奉者带来恒常性的仪式感。

有必要探讨一下人类社会中道德及信仰体系的起源问题，以便更好地解读当今社会中诸多的仪式活动。为了对付族群的心理危机，人类发明了各种各样的信仰体系。较诸庞大而固化的宗教类体系，道德体系更有灵活性。如前所述，中国人恪守的道德体系带有浓重的模范性特质，它包含了地理模范、概念模范以及人物模范之类，其中影响较大的是带有偶像性的人物模范。这便涉及人类学领域中有关人物偶像的崇拜问题。不妨从新中国的偶像体系及其体育观和文艺观说起。偶像崇拜不仅仅是一种简单的心理感应状态，它也需要有明确的仪式作基础，换句话说，仪式是一种权力的人格化演示、流播以及阐释手段，同时也是一种人类个体间交换信息的流程。从宏观的角度看，仪式活动包含了人们喜闻乐见的艺术、体育以及各种娱乐行为，其中不乏反映人性中自然属性的元素。新中国的仪式行为就带有很强烈的人格化特质。从根本上说，新中国主流思想的人格化叙事无法或缺，其与国家体育与文艺发展状况有关联。大型仪式都有权力秩序重构的效能。任何一个国家可以没有固化的信仰条则，却不可以没有示范性的偶像机制，换句话说，偶像机制的空缺会给族群带来程度不等的精神危机。人类世界中的任何族群或许可以有限度地忽视固化信仰的符号性，却绝不可以忽视偶像及其衍生体系在人际行为中的直接功用。人类社会中的某个族裔共同体如果无法缔造偶像，这样的族裔也会在其他文化体中寻找到合适的偶像。新时期以来的中国青年人先后膜拜过港台明星、日韩明星就是明证，而新时期以前的中国民众则一度出现膜拜其他类型的人格符号的潮流。强大的偶像崇拜需求使得中国偶像市场得以扩大，而直接的获益者则是扮演定向性意义符号的各类体育与文艺明星，其中便包括了人所共知的英雄崇拜现象。

近现代的历史表明，探索一种发展道路充满了艰辛感。中国领导人从未忘记与时俱进的道理。习近平在一系列的外事活动中已然展示了大国领导人的形象。习近平于2014年3月27日在巴黎发表演讲："拿破仑说过，中国是一头沉睡的狮子，当这头睡狮醒来时，世界都会为之发抖。中国这头狮子已经醒了，但这是一只和平的、可亲的、文明的狮子。"①习近平最终还是提出了"世界都会为之发抖"一语，可以看作是对一度压制过中国的西方世界的一种回应。那是一种对中国和欧洲百年恩仇关系的和平回应，更是一种充满了豪情的了断之举，它展示了一整代中国人精神自然性的呈现诉求。事实也是如此。"习近平主席的'新狮子观'是对拿破仑'狮子观'的现代文明诠释，是对世界和平与发展的庄严承诺，彰显了大国责任担当精神。和平的狮子，体现了中国的发展是世界和平力量的重要特征。"②习近平强调的是一种强者之姿，而这种强者之姿恰好是对特殊的国际风潮的一种积极回应。偶像是一种以人格形象来象征超越性事物的符号，它也一直都是健全社会中民众的精神依赖对象。当某种独特的个体表现与民众的诉求保持高度一致之时，一种均衡、稳健、务实、健康的国家级的偶像自然会跃然而起。就中国语境来说，精神的人

① 习近平：《出席第三届核安全峰会并访问欧洲四国和联合国教科文组织总部、欧盟总部时的演讲》，人民出版社2014年版，第25页。

② 韩刚：《读懂中国：变化世界中的中国与我们每个人的生活》，湖北教育出版社2015年版，第147页。

格化实体是包括体育明星在内的偶像群体，场域性扮演足以构建出一种高效的偶像机制，而英雄主义精神的生产动能则在于对集体记忆的唤醒。毋庸讳言，在强大的国家力量的衬托与映照下，中国新型的民族偶像也一定与英雄主义的内在精神相关联。

在国家至上的立场上看，背负着游戏名号的体育并非国家头等大事，但是，从偶像或模范生产的角度上看，体育又绝非小事。当人物模范生产工程不被强调时，民间的偶像生产活动就会顺时而起，其中的道理很简单，人类社会中的任何一个族群都无法脱离偶像崇拜的心理机制而长期存在。风靡中国的行业性的吉祥符号生产机制就有非常直接的世俗性功能。吉祥符码生产机制可以暂时忽略历史或现实的真实性而独立存在，任何一个族群中的个体只要获得自己心理的验证，即可获得一种看似永无失落的吉祥符码。20 世纪中叶以来中国人的人格化偶像崇拜热以及现阶段的体育及影视明星崇拜热都是这种仪式的转移形态。中国是个崇尚喜庆、团圆、圆满意向的国度，民众将诸如失败、亡故、失利之类的主题预设为禁忌内容。中国足球屡屡遭人否弃而中国乒乓球却屡屡遭人追捧，就和中国人的现实需求有关。在很多中国人的心目中，前者在较长一段时间内都是一种失败者的符码，无以担当民族或国家保护神的功能，而中国乒乓球被描述为一种稳定性较强的胜利基因，它也因此被大众媒体确定为一种以其名字命名的超体育的价值观。“乒乓精神”的提出恰好反映了中国民间的精神空缺性需求。

体育具有多维度的价值，当乒乓球员们走下神圣化的境地之后，则又会缔造出另一番社会风貌，人们在此更容易看到其本真的情态。高奇指出了中国乒乓球的超验性价值：“一个个乒坛巨星承前启后，一个个奖杯奖牌鲜有旁落，中国乒坛唱响世界的最强音。人人心中都有着一个疑问：中国乒乓球队究竟有着什么绝密的制胜法宝呢？其实制胜法宝就是：胸怀祖国、放眼世界、为国争光的精神，发奋图强、自力更生、艰苦奋斗的实干精神，不屈不挠、勤学苦练、不断钻研、不断创新的精神，同心同德、团结战斗的集体主义精神，胜不骄败不馁的革命乐观主义和革命英雄主义精神。正是这些被人们传颂的中国乒乓精神，激励着中国健儿在世界乒坛上前赴后继、勇往直前。”① 固化的符号信奉者和非信奉者的最大区别在于对信奉符号之外的价值观是否排斥。骆寅看到了中国乒乓球队的精神发展到高度符号化的过程。“中国乒乓球队在‘授技育人’思想的指引下，不断发展和丰富，这一理念已升华成为乒乓精神。这种乒乓精神与中国的乒乓事业是相挽相随的，是中国乒乓球事业铸造了乒乓精神，而乒乓精神则成为中国乒乓球事业从胜利走向新的胜利的精神动力。”② 中国人中有不少无固化信仰符号论者，但中国也不乏追求外在信仰物的人，很多一时找不到固有信仰符号的中国人会临时性地聚集到体育的周围，进而将一些媒体曝光度较高的体育明星当成信仰符号。

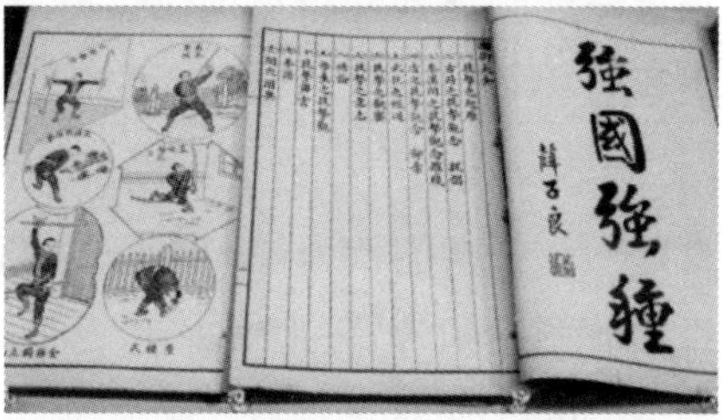

体操对中西方人士来说都是一种基础性体育项目。中央技击学会编，1929 年出版的《国术大全》，中国体育博物馆藏

① 高奇：《中国荣耀》，济南出版社 2019 年版，第 13 页。

② 骆寅：《现代乒乓球运动理论与实践的再剖析》，原子能出版社 2018 年版，第 154 页。

在一个国家主流信仰符号未曾完全固化的社会，任何一种涉及情爱、英雄以及智慧的媒介人物都可能迅速赢得大量的接纳者。相当数量的中国民众对待文艺、体育以及其他类型的明星的态度就体现出这样的规律。仍以足球为例。中国球迷对中国足球的期望值很高，而中国的邻国印度的情况则相反。人们从未听说印度人为印度足球队冲不进世界杯决赛圈而犯愁，其中的道理很明了，印度人大多信印度教，信教者对外界的任何符号性存在物往往持排斥之态度。印度对现代体育的排斥大体和儒教占据统治地位的近代中国相似，亦与近代德国对英国式现代体育的排斥情况略同。18 世纪的德国仅仅捍卫本国体操的至尊地位，对现代奥运会持否定态度。古特曼曾经关注德国近代体育的转型现象。“德国体操运动员，作为浪漫民族主义的拥护者，变成了现代体育的敌人，他们认为现代体育是自由的、理性的、国际的，并且是‘非德国的’。德国体操运动员对现代体育的拒绝是至关重要的。他们的报纸《德意志体操报》指责拳击和赛跑，并且谴责现代体育是闪米特人的（原始的、落后的）。当奥林匹克复兴的消息传到德国时，《莱茵－威斯特法伦人报》表示反对：‘任何一个参加甚至是亲临观看这些竞赛而使祖国蒙羞的德国人或是体育俱乐部都应该被其愤慨的同胞所抛弃。’”[①] 纳粹使得传统德国人的信念产生了巨大转变。“从 19 世纪晚期开始，直至希特勒统治下德意志体操协会的解体，一直都在控诉，控诉体育是英国的，不是德国的，是自由国际主义的象征，是对祖国本土上德国人民的浪

① [美]阿伦·古特曼著，花勇民、钟小鑫、蔡芳乐编译，袁旦审译：《从仪式到纪录：现代体育的本质》，北京体育大学出版社 2012 年版，第 94-95 页。

漫主义统一的一种威胁。”[①] 现代体育最终为彼时的德国所接纳完全属于一种偶发性事件，而此偶发性事件使得希特勒及其新的认知体系泛起。古特曼曾经讲述过二战时期的欧洲体育与强权的叙事链。“一件有悖常理的具有历史讽刺意味的事情发生了，阿道夫·希特勒，这一浪漫民族主义最无理性、最具破坏性形式的化身，被说服放弃最初的犹豫，赞助1936年奥运会。为了使作为元首的希特勒能够宣传其政变成功，现代体育最终得到了德国的崇拜。”[②] 认知体系的剧烈变更极易导致诸如体育之类的文化形态迅速成为一种偶像制造实体。现代体育也是如此，其在特定的语境中会轻而易举地超越普通文化传播的藩篱，直接走到信仰体系变革的全新领地，最终也会因此而获得不同的意义符码，并就此走进世界各国民众的内心深处。

二、仪式的名分品格激发出中国人举办体育赛事的热情

儒家文化尚吉祥的文化惯性强大。在很多中国人看来，在竞争过程中的获胜则是一种最为朴素的吉祥。在追求绝对胜利的心理趋势映射下，普通中国人对中国体育人失败的否弃之情较深，主要原因就在于中国人的心目中一直寄托着一种弃绝非吉祥性符号的诉求。这里需要分清楚普通的体育观众和体育信众的差异。普通的体育观众观看体育赛事重点看过程，不一定十分在意谁胜谁负。而体育的信众观看体育则完全不同，他们坚信自己心仪的体育人一定有不可失败性、不可战胜性和永世霸权的特性。这便

① [美]阿伦·古特曼著，花勇民、钟小鑫、蔡芳乐编译，袁旦审译：《从仪式到纪录：现代体育的本质》，北京体育大学出版社2012年版，第95页。

② [美]阿伦·古特曼著，花勇民、钟小鑫、蔡芳乐编译，袁旦审译：《从仪式到纪录：现代体育的本质》，北京体育大学出版社2012年版，第95页。

造就出一种特别的文化景观。中国体育明星人物一旦获胜，信众类观众就会获得一种如常性的温馨感；中国体育明星人物一旦失利，信众群体就会有心理恐慌感。这是中国体育界人士需要重新思量的特殊情境。

从观众心理角度考量，中国的部分体育观众由于没有其他强力型信仰符号作为寄托，他们比有神论国家的体育观众更容易体验到赛事失利后的压抑感。这便将中国的体育竞技者置于一种更为艰难的境地，他们并无太多的选择余地，只能在国际顶级的体育赛事中拼力一搏，借以给国民带来一点安宁与平静的心态。从社会运营成本的角度看，中国政府用于民众心理抚慰的预算很高，且呈现出不太如常的态势。在此基础上看，那种批评中国高密度举办体育赛事的观点所忽略的恰是体育的仪式价值，体育赛事所展示的是一种超仪式学的简约化生活理念，它也很容易融入中国社会的基本教化类价值体系。媒体人认为："越来越多的国际赛会'落户'中国，一方面是因为大型运动会的综合价值与规模效应大大激发了各地的办赛热情，另一方面综合国力的提升也令更多城市具备了办赛条件。当然，还应看到，国人的好客与侠义也在为办赛潮推波助澜。"①其实，中国并非法定意义的任何一种世界级体育赛事的拯救者，在失去偶像崇拜的前提下，中国体育人只能临时性地借用一下那些来自赛事文化中的获胜符号，借以满足一下民众对英雄类偶像的崇拜心理。这便是中国全力举办大型体育赛事的群体性心理和社会性动因。

媒体人对体育场馆的资源问题也有质疑："大体量的运动会势必需要大批量的场馆设施，而在硬件建设上竞相攀比、追求

① 许立群：《大型运动会是不是太多了》，《人民日报》2011 年 10 月 28 日。

奢华之风也在各地愈演愈烈。被冠以‘奥林匹克中心’响亮名头、动辄数万人座席、耗资不菲的大型体育场馆在全国遍地开花，说是赛后可以服务于全民健身，但基本无法兑现。”[①] 作者仍旧站在体育赛事的立场说事。“说到底，为赛会而生的场馆与全民健身需要的设施，具有天然不同的属性。群众健身需要的是就近便利、小型多样、质优价廉的场馆设施，而大型场馆往往建于人们难以到达的偏远郊区，且运营维护费用极高，越开放越赔钱。因此，大赛落幕后，很多场馆都关门闲置，造成了资源的极大浪费，并衍生出一种极为怪诞的现象，一方面是我们拥有的超豪华、高档次的场馆数量堪称世界之最，一方面却是群众健身依然缺乏最基本的场地设施保障。”[②] 这里所说的仅仅是问题的一个很小的侧面。持论者尚未厘清文化性行为与体育赛事行为的边界。大型体育赛事在中国并非纯然的体育竞技，它至少蕴含三重内涵，分别为身体性竞技比赛、综合性文艺表演、礼制性庆典仪式。因此，中国举办的大型体育赛事的预算包含了体育生活、文艺表演和庆典仪式的费用。媒体人对一些小型运动会也作出批评：“先看一则近日媒体热议的新闻，2011 年 10 月 20 日，广东省第二届农民运动会在江门市开幕，深圳市没有组队参赛，只派出一些代表以观摩形式出席。深圳方面解释，因为本市已没有农民，为了不搞形式主义，所以不参加本次运动会。”[③] 这种现象其实并无反常之处，任何一种单一的文化产品都有盛衰周期，而仪式却一直维持着其相对的稳定性。由于语境的变化，中国的传统节日除却春节以外，其他节日都受到过不同程度的冲击，其中的

---

① 许立群：《大型运动会是不是太多了》，《人民日报》2011 年 10 月 28 日。

② 许立群：《大型运动会是不是太多了》，《人民日报》2011 年 10 月 28 日。

③ 许立群：《大型运动会是不是太多了》，《人民日报》2011 年 10 月 28 日。

少数节日一度因为丧失了仪式性内容而淡出了人们的视线。中国国务院于2007年12月7日第198次常务会议通过了《修改〈全国年节及纪念日放假办法〉的决定》，规定清明节为法定节假日，除此以外，端午节、中秋节等节日也受到了重视。中国举办的体育赛事是一种新型的节日，为数众多且种类纷杂的体育赛事皆具有节庆特性。仪式还有丰富的社会关联属性，中国人一度失去了社日节、寒食节、重阳节的仪式，却可以在大型体育赛事的文化语境中找到相应的文化连接点。节日的变迁涉及仪式的改革，而既定的仪式在通过节日的催化后释放出了多姿的风采和强大的社会性能量。

从表面上看，中国竞技体育给民众带来的是一种简单而直白的欢乐，其实是一种仪式的新质以及隐含在外域仪式背后的现代性内涵。相关媒体人以辩证思维的方法分析了中国竞技体育的成绩，同时在总体上对此事表示否定："毋庸置疑，各类综合性运动会的定期举办，对推动我国体育事业乃至各项社会事业的发展，起到了很大的作用。但不能忽视的是，近年来赛会上的浮夸之风以及办赛过程中的一些非理性现象也日益突出，引发了人们的质疑和不满。"① 媒体人将中国举办的体育赛事说成是一种浮夸与非理性行为，此论当属于一种错位性判断，准确地说，是一种认知误区。媒体人显然将仪式行为当成无意义的活动了。其实，仪式活动属于精神建设项目，正因如此，任何一种仪式活动都需要适当的预算支撑，这种预算一方面来自财政收入，另一方面源于商业化运作产生的费用。我国已举办的奥运会则大体属于前者，而职业竞技基本上属于后者。国家用于仪式文化建设的预算尚不

① 许立群：《大型运动会是不是太多了》，《人民日报》2011年10月28日。

可定性为浪费现象，否则人们就很难解释博物馆、图书馆、展览馆预算的合理性问题。

作为一种仪式文化的体育赛事延续的是举办国的民族习俗，中国举办体育赛事的花销完全属于仪式构建的常态消费，而国家仪式经费从古至今都是行政开支的一部分。此外，与体育赛事相类似，中国的许多公务开支都带有分解式投资的意义。中国的公务员一年的招待费用已达数千亿元人民币，这笔开销其实也是行政开支的一部分，它有效地解决了很多相关产业人士的就业问题，不能因显见的负效应就否定整体的政策本体。其他行业的情况也大体如此。但凡投资总会带来附属性效益。中国耕地流失并非因为修建了过多的体育场馆，中国各大学的扩招运动其实也连带掀起了一阵扩建新校区的运动，每所大学兴建新校区的费用动辄数十亿元人民币甚至更多，但它也同样可以带动建筑业、餐饮业以及其他服务行业的就业。再以中国的媒体界为参照系。中国媒体人也无法脱离国情而独立行事，一段时间以来，中国新闻圈子中的车马费、通稿费之类的费用一度十分流行。中国的国情已然缔造出一种庞大而独特的文化体系，各种投资的良性化指标与非良性化指标犬牙交错，尚难在短期内统一于一种单一性的指标体系。再以足球为例，中国足球界一度存在的违规现象仅是冰山一角，但它已然显示出现阶段中国足球行当的专业化发展状况。目前，中国的很多问题属于改革开放以来的实验性问题，中国社会中的个体性、集体性和政府性职权边界一度模糊，而法系、权益以及行业内的隐性规则仍在发挥作用。媒体人士披露出来的体育运动员虚假比赛、运动员身份造假、年龄造假、兴奋剂以及黑裁判现象亦为改革进程中出现的暂时性现象，就目前而言，类似现象仍带有超行业的普泛性，但非中国体育界所独有。

相比较而言，当年中国足球界无序交易的数额并不大，只因足球是媒介高光披露的对象，类似的事件才显得十分耀眼。其实，中国体育赛事中的失范现象尚可纠正，中国首先需要确立法制的权威性，更需要建设一种严明的法律制度，还应要求每个中国人也要迅速养成一种严格遵守法律的习惯。

世界文明的发展趋势使然，中国文化同样面临两千年未有之大变局，此变革的程序同时也是一个需要开拓性实验且不断调整的过程。对体育赛事过度密集现象的抨击属于一种单向度批评行为。人的行为模式属于人类文化中的活跃因素，且都带有一定程度的先锋性，中国体育就是中国文化领域中的先锋。世界各国的文化发展都会出现类似的现象。在理想主义者眼中，任何一种微小的社会错位现象都可能算得上是一种社会性过失，而在跃进主义者看来，任何一种过失现象都未必值得同情。在人性解放等同于消费推力的时代，任何一种有利于拉动消费的事物都不应成为一种随意否弃的对象。中国体育赛事竞办活动真正的推动力仍然源于国家的仪式建构之需，而不太可能有其他的建构动因。

出于构建新的道德体系之需，新中国一度流行过充满想象力的价值观，其中不乏理想主义、浪漫主义、跃进主义的元素，三者的合力一度占据了中国文化的主导地位，而其核心仍是一种道德仪式。其实，道德仪式仅仅在艺术审美的范畴内具有意义，它一旦跃出如此的语境，就会呈现出超越自然理性的效应。中国一部分知识精英一度以为纯洁的文化理念更符合道德秩序，却未曾考虑，一味强调文化的纯洁性可能会导致消费停滞，甚至进一步引发人性化元素的急剧消隐。其中的道理很简单，消费源于人性的合理性需求，而纯洁的文化理念源于对需求的筛选，其外延要小于需求。纯洁的文化理念源于人的自律，尚有人认为，凭借人的自律能力便可解决人世间所有问题，事实并非如此，自律是一种反需求行为，过度的自律会迟滞消费，并衍生出相反的社会效应。人们最终在成熟的现代性语境中找到了一种更有价值的行政范式，且在高度理性化的法律序列中看到了其稳定的运行态势。符合自然人性需求的消费会给社会带来繁荣，同时也会对个体或群体的自律性提出挑战，这便对法制提出了更高的要求。且以发达国家为例。日本的文明来自严明的法律执行度，新加坡良好的社会秩序更多的是来自中国法家式的法制威力，美国很少发生校园霸凌事件亦与青少年犯罪同成年人一样入刑的条例颇有联系。

相关媒体人所说的体育赛事的确会给民众带来一定程度的审美疲劳现象，那也属于人们对新生事物感知强度的问题，其所检验的是人的想象力的极限感，和举办大型体育赛事并无关系。仪式是人性自然性的延伸部分，具有简单明了的意蕴，任何一个族裔在构建自己的群体仪式时都十分自然顺畅。德国人类学家扬·阿斯曼曾说："每个凝聚性结构的基本原则都是重复。重复可以避免行动路线的无限延长：通过重复，这些行动路线构成可以被再次辨认的模式，从而被当作共同的'文化'元素得到认同。在逾越节晚餐中我们也可以清楚地看到这个原则。在希伯来语中，'seder'的意思是'次序'，在此处指的是，节日庆祝仪式中所使用的规范必须严格遵循规定的次序进行。"① 从文艺学的角度出发，大型体育赛事的确会给人带来审美疲劳。如果从仪式学的角度出发，那些赛事则不可能给人带来任何的疲劳感，因为仪式是一种节制性力量，带有重复性、复制性与守成性，属于一

① [德]扬·阿斯曼著，金寿福、黄晓晨译：《文化记忆：早期高级文化中的文字、回忆和政治身份》，北京大学出版社2015年版，第7页。

种周而复始、循环无度的文化形态，办会模式的千篇一律现象反映的恰是仪式的固有特质。“每次庆典都被与之前的那些庆典联系到了一起。这样，每次庆典都依照着同样的‘次序’来不断地重复自己，就像墙纸总是以‘不断重复的图案’呈现那样。我们可以把这个原则称为‘仪式性关联’。”① 体育赛事的仪式也不例外。中国的仪式除却具有稳定的形态外，还有其特别的历史寓意。“仪式将我们的过去、现在和可能的未来，文化和社会紧紧联结在一起。在举行仪式过程中就叙述了整个民族或族群的族源和先祖的历史（如纪念性仪式）。在社会经历了灾难之后，仪式以叙事的方式讲述了集体共同经历的不幸与伤痛，加深彼此的情感联系、缓解哀伤的情绪同时抚慰受伤的心理。”② 仪式承载着人类的群体生活的基本构架，因而也有超稳定的品格，作为仪式的体育赛事和体育赛事中的仪式皆如此，两者很难有太大的突变空间。

三、高密度的体育赛事成为重构民族共同体的一种理想工具

受到仪式的质的规定性限制，某类仪式往往维持着一种恒定不变的本性，它象征着日月星辰、天地人间，具有周而复始、循环往复、永恒不灭的固定性价值，而那些指责体育赛事仪式雷同的观点显然少却体育学和仪式学的知识。仪式具有泛文化的特质。人类社会之自然性的游戏给体育和文艺送来了源源不断的养料，反之也会看到其相反的一面。中国文艺创新乏力现象

① [德]扬·阿斯曼著，金寿福、黄晓晨译：《文化记忆：早期高级文化中的文字、回忆和政治身份》，北京大学出版社 2015 年版，第 7 页。

② 王敬群、张志涛、井凯、马骥：《仪式与心理治疗》，《江西师范大学学报》2012 年第 1 期，第 120 页。

是个体意志隐遁于群体意志的结果，其与体育并无直接的关系。胡伊青加曾说：“艺术和文学，一旦在浪漫主义之‘最初的、美好的、自然的狂喜’被耗尽之后，似乎也作为并不十分可敬的东西而失去了它们与游戏的古老联系。现实主义、自然主义、印象主义，以及其余的沉闷的文学样式与绘画圈子，所有这些，比起早先任何一种风格来都更缺乏游戏精神。”[①] 米兰·昆德拉曾说，政治化与组织化是民间艺术的两大死对头，其中阐释的是自由意志与艺术的自发性互动关系，其中含有不确定性的意味，但是，政治化与组织化却是族裔仪式构建的前提，其行为主题有确定性，由此可见，仪式秩序与民间艺术具有明确的错位性。以体育赛事为代表的现代大型游戏也具有高度的自发性，具有纯正而卓越的自发性元素，正因如此，游戏走进高端的理性世界之后，便会面临终结的命运。提纯于中国传统武术的竞技武术在现时代所面临的异化性处境就是明证。当一种文化失去了传统与市场的双重促动、激励与选择的机会之时，其社会性功能也会减小，其所凸显的仅仅是一种相对孤立的符号意义。类似的情况还整体性

武术属于自然之学，亦更适宜于个人修炼。 竣仪 2021 年 5 月 19 日摄于惠山

① [荷] 胡伊青加著，成穷译：《人：游戏者——对文化中游戏因素的研究》，贵州人民出版社 1998 年版，第 247-248 页。

地出现在中国的体育界和文艺界。依照胡伊青加的说法，体育和文艺皆具有高度的自由游戏的特质，都很难成为规划类项目。尚需说明，体育与文艺又有差异，体育是一种可以在群体意志中获得充分生长空间的文化类别，而文艺则每每是一种纯然的个体化的行为，它和想象力、自由度、私密性、个体性的联系更为紧密。美国学者布赖恩·特丁·克瑞蒂曾说："据欧利克说，毛泽东主席曾教育人民只有提高自己的运动水平，才有可能与其他国家进行友好的体育交往，按毛的原话说，即是'增进中国人民与世界人民的友谊。'因此，中国鼓励体育教师培养学生参加积极健康的体育活动的兴趣。不论工人还是学生每天都做广播体操。大多数人都骑自行车。体育馆或其他运动设施都得到利用。"如果说音乐是一种个体性游戏的话，那么，体育就更多是群体的游戏。相关媒体人将当下中国高密度举办体育赛事的现象定性为一种赛会乱象，并认为已经到了必须谋求变革的阶段，笔者认为这样的观点缺乏强韧的逻辑链支撑。体育本身就是一种仪式，如果中国的相关部门拿不出更为独特新颖的仪式奉献给民众，以体育赛事作为一种宏大仪式的现象一定还会在中国流行。

不少人看到了中国举办大型体育赛事的市场效应不稳定现象，但中国体育市场的不稳定状态并非体育自身的问题，它仍然属于早期市场经济发展的伴生性现象。"体育市场总量、规模与质量反映出体育市场的成熟度。我国体育市场总体规模不大、质量不高，这一方面说明在我国作为朝阳产业的体育产业，其本身还处于发育和发展的过程中；另一方面则表明……我国体育产业还处在发育期，因而具有较大的发展潜力与扩展空间。"[①] 现代中

① 李崇飞：《中国体育产业发展研究》，武汉大学出版社 2016 年版，第 294 页。

国仍然需要高强度的体育赛事，借以补足国家仪式的类型，这是中国的仪式市场决定的，而非少数人的喜好可以左右。14 亿人的仪式需求本身就是一种强大的拉动文化市场的能量。其实，在国家仪式构建的刚需面前，体育的商业性相对而言并不重要。中国体育的市场失范现象会随着法制化进程的深入而消亡，中国体育的无可替代性则会一直体现在其固有仪式治疗价值层面，其文化学和社会学意义要大于其娱乐学的意义。

媒体人士还认为："我们有没有必要办这么多运动会？如何真正实现节俭办赛、让赛会回归体育本源？如何让赛会更有效地服务于中国体育事业以及经济社会的发展？"① 笔者认为这仅是依照普通社会学的认知结果。如果进入仪式学的观照领域即可看出，仪式并非意识形态，但可以递进为一种新型的意识形态，或可为意识形态提供更为强大的感性化的资源。意识形态的品质无法用商业规律来衡量，如果一味追求所谓的节俭效益，则会忽略掉高端的国家仪式的独特社会价值。忽略举办大型体育赛事的想法并不符合国家道德仪式文化构建的规律。

中国的仪式理念有其独特性，仪式的施行者更像一位超级心理治疗师。"心理治疗中，治疗师可以通过积极鼓励来访者在治疗仪式中为他们自己建立象征：他们的精神创伤、他们的丧失、他们的将来、他们的智慧、他们感到安全的场所、他们新的自我等的象征来增加仪式的治疗力量与意义。治疗仪式中新的象征物、新的仪式行为的出现，意味着来访者形成新的行为模式及人际关系，新的意义就开始建立。"② 中国的仪式学最为恒定的做法

① 许立群：《大型运动会是不是太多了》，《人民日报》2011 年 10 月 28 日。

② 王敬群、张志涛、井凯、马骥：《仪式与心理治疗》，《江西师范大学学报》2012 年第 1 期，第 121 页。

是在仪式中追求圆满性，这种圆满性包括了富贵、福禄、寿喜之类的吉祥符号。类似的仪式理念贯穿在中国的各种大典仪式活动中，中国人始终认为它是中国人的符号性象征。中国人自古以来所追求的“福禄寿喜”的理想境界早已转化为一种国民潜意识，具有根本性的信仰元素，那是一种带有教化性质的几乎不以特定人士的意志转移的观念。追求富贵的观念一度遭到浪漫主义者的否决，但很快就恢复如初，这说明人性的自然性往往要大于观念的非自然性。追求富贵还是中国经济建设的初级动力，如果扬弃这些传统文化的基因，中国的经济活动会在第一时间受挫。传统文化自身本来隐藏着现代性的元素，人们理应让赛事回归仪式化的本体。现代体育是以赛事为核心的，赛事本身也是现代体育之源，而仪式则是赛事之源。这里同样涉及审美、教育、娱乐、享受之类的概念体系。在很多情境下都会如此，体育的炫技性只有通过赛事的检验后才可以释放出来，观众也只有沉浸在赛事中才可以获得直观的审美享受。将体育赛事与和经济建设活动对立起来的做法可能会使体育孤立化。从根本上说，体育无法摆脱仪式的控制，体育的仪式化内质也是其独立性的意义标志。

体育赛事本身的仪式性正在得到越来越多人的认可，而仪式一向具有超时代的意义。德国学者阿斯曼曾经精细地阐释过文化的记忆功能，他认为仪式与文本是承载文化记忆的两种重要的媒体：“文化记忆构建了一个空间，上述三个维度或多或少地可以无缝对接到这个空间中。如果摹仿性的行为惯式是以‘仪式’的方式出现的，即是说，这个行为除了有一定目的性之外，还具有某种意义，那么这个行为就已经超出了摹仿性行为记忆的范畴。仪式属于文化记忆的范畴，是因为它展示的是对一个文化意义的传承和现时化形式。”[①] 在各种各样的仪式活动中，节日更适用于文化记忆功能的发挥，也较为适用于文化储存和交流，因为所有的节日都具有高度的公共性和群体记忆性。节日的文化功能不仅在于其内部性的文化认同与社会整合功能，还在于其具有的对外文化输出与民族同化的职能。现代体育赛事之类的仪式活动是一种复合性文化品类，且已然转化为现代中国社会中除却传统类节日之外最重要的节庆时光了。有鉴于现代中国人独特的历史记忆，现代体育赛事具备了更多文化象征性品格，且具有更为鲜明的开放性、普惠性和民族性。

中国传统文化的诸多类型都带有仪式的成分。礼、乐、诗分别演进为礼教、乐教和诗教，此处所言之“教”，有教育的成分，但主要还是指仪式，有示范之意。类似的文化惯性一直延伸到近现代中国的体育领域。从文化互动层面上说，体育也会对中国的仪式文化作出反哺。当今中国的礼仪文化建设很难完全脱离体育赛事而另呈面目。积极发挥体育赛事的仪式功能，可以在很大程度上唤醒民族共同体的集体记忆，并使之在美学、教育学与伦理学的高度上形成新的共融点，从而使固有的仪式成为一种非传统性的节日。人们可以在遵循仪式学基本规律的基础上对其进行适当的改良与创新，借以使之更加适应当下中国社会。从聚会学的角度看，深圳市在 2011 年拒绝派出代表团参加广东省农民运动会有其合理性，因为这类体育赛事本质上是一种休闲行为，它更强调参与者的休闲度、舒适度和惬意度。深圳大运会的举办时间是 2011 年 8 月 12 日至 23 日，而在广东江门市举行的广东

① [德] 扬·阿斯曼著，金寿福、黄晓晨译：《文化记忆：早期高级文化中的文字、回忆和政治身份》，北京大学出版社 2015 年版，第 12 页。

省第二届农民运动会的时间是2011年10月20日至28日，两项赛事距离的时间过短，深圳市未组队参赛，而仅仅派出代表以观摩者的身份出席，这已表明深圳市民的一种务实的态度和对休闲类体育赛事的尊崇意向。深圳方面认为本市已无真正的农民，为了杜绝形式主义而不参加省级农民运动会也合情合理。结合具体情况，任何人都不应将其作主观性拔高或贬低。媒体人一度对此有过评述："暂不论深圳到底还有没有农民，至少深圳对一次行政运动会的公开拒绝，不禁令人思索，是否一些赛会的适应性与吸引力正在衰减。"① 如此论点其实是将体育看成一种艺术性产品，其所忽略的恰是体育的仪式性特质。中国体育界正在构建一种新型的体育和经济、文化的关系网络，并试图给三者带来活力。詹姆斯·托马和劳伦斯·查里普解读了现代体育管理的延展维度。"趋势分析本身就是一个根本的管理方法。在畅销书《大趋势2000》中，纳斯比特和阿伯德恩预计了会改变21世纪的10种趋势：世界经济繁荣、艺术兴趣增加、社会主义市场的发展、民族文化主义、社会福利私有化、太平洋沿岸国家的重要性日益加强、妇女领导人数增多、应用生物科学的迅速发展、宗教的复兴、个人主义的发展。分析这些趋势对国际体育的影响是十分有意义的。结合国际体育管理我们还将探讨的一个趋势是：参与体育与观看体育的矛盾。"② 参与体育为的是健身，而观看体育为的是仪式。前者具有身体学的意义，后者具有教化学的意味。具体到中国而言，体育的教化功能其实一直体现得十分鲜明，它超越了体育的表层意义，进入另一种观念语境，且在中国社会的现

① 许立群：《大型运动会是不是太多了》，《人民日报》2011年10月28日。

② [美]詹姆斯·托马（James E.Thoma）、[澳]劳伦斯·查里普（Laurence Chalip）著，王艳等译：《国际体育管理》，人民体育出版社2000年版，第259-260页。

代化转型的过程中发挥着日渐重要的作用，体育的教化功能往往就是其仪式化的功能。

中国高密度举办体育赛事的确给中国的主流民众带来了千年未见的奇观，媒体人士对此表示出的疑虑显示出媒体人的敏锐性，高密度举办大型体育赛事对任何一位中国人来说都是新鲜事，而任何新鲜事物都有深度检验之必要，否则就难以规避其中的风险。中国现时代的媒体人和世界上其他国家的媒体人士一样，所选择的是一种以文立身的职业，其首要任务便是重拾铁肩担道义的高尚的社会职责，以便唤醒民众的社会批判意识并提升全民族的人文理性。媒体人更需要跳出绝对的个体性感知的语境。任何一种持刻板印象观点的人都拥有一种相对独立的思维体系，持此论者也因此可以击败很多持论公允者。正如一位诗人所言，偏颇可以战胜平庸，偏颇却难以战胜更大的偏颇。惯常性评述源于一种底层意志，它本身要比逻辑类思考更为率真。惯常性评述者却难以获得逻辑链环的支撑，亦很难生发出终极性的社会成效。执念式意见或许更易于为其他执念者所感知，进而演化为另一种大众语境中的推理游戏。

四、结语

百余年来，中国的大型化仪式活动一直充满了隐性的活力，这种活力始终徘徊在两种极点之间，其中最为稳定的两种文化潮流则是保守主义和跃进主义，两大极点又呈现多元化的解读维度。体育赛事有其仪式化展示意义，但它同时也是一种受到资本支配的文化产品。对认同体育的仪式观的人士来说，大量举办体育赛事仅仅是一种仪式活动，且是一种富含教化主义意念的行为。对任何一位将举办体育赛事视作经济活动的人士来说，大量举办赛事可能是一种财力铺张行为。两派人士都看到了对方的激进性。其实，跃进主义和保守主义都有其存在的合理性。整体来说，跃进主义的滋生土壤是社会剧变语境，而保守主义的衍生基础则是稳定的秩序化空间，两者都显示出了既有价值，却又会在不同的社会环境中遭受否弃。体育仅仅是一种高度仪式化的文明形态，在现阶段而言，体育的仪式化和仪式的体育化已成常态，两者已成为现阶段中国公共生活的主体元素。正因如此，中国举办大型体育赛事之举仍有合理性，体育赛事不可能摆脱其仪式化的工具理性和理性化的仪式内涵。

第三节　中国体育的仪式演示原理

历史的际遇注定了新中国的体育不可能完全是一种游戏性体育。国情所致，中国的体育到目前仍然是一种国家仪式化的体育。在可预见的未来，这种仪式化的体育仍具有存在的合理性、合法性和合情性。国家体育总局的前身是国家体育运动委员会，于 1952 年在北京成立，属于国家行政类部门，当时的行政级别为正部级。国家体育总局成立之初，沿袭的是苏联体制，从 20 世纪 50 年代以来就一直是中国体育政策的规划者，并负责组织高水平竞技活动，还兼顾全民健康的具体工作。新时期以来，受到世界主流国家体育体制的影响，其功能发生了微妙的变化，尤其是 2008 年北京奥运会之后，由国家体育总局主导的奥运增光战略逐渐显现出淡化之迹象，国家体育总局的工作重心开始向群众体育领域倾斜，然而，鉴于国家仪式与国家精神的建设之需，国家体育总局在短期内尚无法彻底放弃优先发展竞技体育的策略。

一、全民性的战争思维强化了大国体育政策的合理性

19世纪后半叶以来，世界各国都成立了官方的或民间的体育组织。“第一个全国性体育组织成立于19世纪中期的英国。到19世纪末，国际组织迅猛增长，国际奥委会也于1894年成立了。到20世纪，几乎每个现代国家都建立一个政府体育机构来援助、支持、管制本国的体育，或是代替19世纪的志愿性联盟。甚至沙俄也有专门的俄罗斯人民体育发展总监制办公室。这里美国又有点特殊了，美国政府没有体育部长，另外必须补充的一点是，美国的业余运动员也不受单个志愿性协会管理。然而，必须肯定的是，一个专事管理的权力机构，不管是私人的还是公共的，都将很快出现。1977年总统委员会关于奥林匹克体育项目的报告就是朝着这种方向迈出的重要一步。”[①] 国家体育总局属于中国的部级机构，它的出现体现了中华人民共和国行政体系的创造性，其中的理由十分简单，国家体育总局自身便是国家上层建筑中的一种创新性机构。

尚需回顾一下中国国家机构的设置历史。帝制时期的中国并未有一种类似国家体育总局的机构。汉唐及宋元明清各朝代中也从未有过主管体育或身体行为的部门。清朝有教坊司、南府、景山、承平署，也仅仅管理和体育略微相近的戏曲，并无真正的体育类管理部门。在整个帝制时期的江湖社会中一度存在杂技、武术、戏曲、幻术之类的娱乐活动，也有假托神异现象的各种形式的民俗性表演活动，但这些活动仅仅是民间风俗的一部分，并未纳入国家机构的管辖范畴内。中国的武科科考制度可谓一种将民

① [美]阿伦·古特曼著，花勇民、钟小鑫、蔡芳乐编译，袁旦审译：《从仪式到纪录：现代体育的本质》，北京体育大学出版社2012年版，第50页。

间身体活动纳入国家机器关注范围之举措，但也仅此而已，其他的身体性、表演性和娱乐性活动全然属于一种民间活动，未曾列入国家机构的管辖范畴。尽管明清时期武举考试已成常态，但武举人数较少，且考试规制亦略低于文举。明清两朝科举归礼部管理，而礼部还须管理祭祀、教育和意识形态，武科考试仅仅是礼部管理的很小一部分内容。

仅从国家管理的角度考量，当下的中国国家体育总局属于一种带有创新性的职能部门。演进到21世纪时，这一职能已包容了一种更为复杂的内涵。2008年北京奥运会之后，不少中国体育人如梦初醒，人们似乎意识到了一些原先无法感知的问题。当人们追求的金牌数量达到世界第一高度的时候，许多事情就会水落石出，人们担忧体育代表团所获得的超量金牌数会像一个谜语的谜底，当谜底揭穿之后，人们往往会萌生出一些精神的解脱感。真实的情况也是如此，无以计数的中国人几乎在一夜之间获得一种貌似意外的满足感，进而导致精神的顿悟。中国体育人获得了貌似巨量的金牌数，却付出了超常的代价，人们高度尊崇体育场域中的胜利仪式，却淡化了对体育本体价值的敬意。

书法的张力与武术的张力是同一种张力。
路云亭摄于2018年6月8日

问题还在延伸，这里不妨列举出三方面的问题。其一，人们看到了巨量的金牌数额高悬榜单，却忽略了更为精彩的竞技细节。人们听到了一种金牌数报单，而遗忘了真实的运动参与感。人们似乎不再留恋比赛中精彩纷呈的身体组合意象，转而对金牌数飙升的速率产生了兴趣。正因如此，中国获得金牌的含金量无法完全以感验性的符号展示出来，人们看到了一个完全超乎想象的金牌数，却也将自己推进一种更为陌生化的语境，人们仍旧在自己的记忆巷道里左冲右突，最终只能获得一种相对抽象的数字概念，而无以关注鲜活而富含美感的运动细节。其二，少量运动员得到了金牌，而大量的中国人并无参与基本体育活动的习惯。其三，中国的金牌分布大多为西方非主流项目，中国的举国体制极为巧妙利用了奥运会金牌分布的自然特性，以一种人为规划的计算性能量获得了金牌主义层面的亮眼度。正因如此，人们反而开始怀疑起中国的举国体育的诸多极限阈值，并对那些获取了金牌的运动员展开了全面的审读。一部分人士开始生发疑问：中国的体制内运动员的人格是否健全，体制内运动员的知识结构是否合理，其心理世界是否健康……类似的问题几乎让人无以回应。事实也是如此，举国体制的体育几乎放弃了人的全面发展的要求，走向了一种单科突进的道路。这样的现象也引起了很多人士的担忧。“中国拥有很多金牌，但少有堪称体育天才的运动员，如美国的菲尔普斯、牙买加的博尔特、俄罗斯的伊辛巴耶娃等。体育训练与教育制度一样，不转变指导思想，不改变训练体制和方法，只能造就文化素质低下的冠军，却培养不出高素质的天才。”① 由此可知，来自西方的体育在中国仍旧停留在规划性的层面，体育的整体性形态在中国难以完全彰显，体育自身的完整性已然受损。就体育传播的历史来说，自从苏联、东欧解体以来，体育的孤立化、碎片化和浮泛化存在状态已经消失，继之而起的便是中国式仪式体育的崛起。这种情况值

① 刘道玉：《我们离真正的体育强国有多远》，《同舟共进》2008 年第 10 期，第 20 页。

得关注。

大型体育赛事属于一种功能强大的仪式活动，它本身就具有医治大众心理创伤之功效。正因如此，还需回溯一下中国近代历史。中国是一个国土与人口大国。中国近代曾经经历过两次鸦片战争，第一次发生在1840年6月至1842年8月。第二次鸦片战争从1856年10月开始，直到1860年11月结束，延续了四年多时间。两次鸦片战争过后，晚清政治制度的内锁性特征完全暴露出来，政治体制落后、管理手段僵化、文化更新缓慢，中国的大国地位开始跌落。有关帝国衰微、人民受辱、国土流失的记录比比皆是。仍以晚清为例，在国家仪式短缺的前提下，部分中国人甚至一度失去了国家的概念。冯敏飞曾对此作过解读。“鸦片战争时，英国海军和清军水师在镇江交战，岸边有大批百姓围观。当清军舰船被击沉时，岸上百姓不仅不悲愤反倒喝彩。英军登陆后缺乏食物和淡水，百姓争相卖给他们，而不是想方设法将那些入侵者渴死饿死。英国军官困惑得很，忙问中国翻译。翻译回答说：‘国不知有民，民亦不知有国！’”[①]已然有学者试图分析中国人对参与公共事务缺乏热情的缘由。“海斯勒说：中国人，被隔绝在对自己生活影响最重要的公共生活之外。正是这种对公共事务的隔绝，使得国人内心价值丧失，形成了卑微渺小的人格。在小时候被要求听话，长大了被要求服从，没有机会参与公众事务，因而缺乏责任意识。只知道一味地服从，因而丧失了独立意志。不敢越雷池半步，不知自由精神为何物。这导致他们的条件反射系统极为发达，独立思考能力匮乏。”[②]对一些中国

① 冯敏飞：《家天下是如何倒掉的：中国十二个王朝的最后10年》，新华出版社2015年版，第306页。

② 雾满拦江：《谁的成长不是险死还生》，现代出版社2019年版，第191页。

人来说，公共事务是极少数人的职责，与自己并无关系。如果将个体的意志完全搁置，就会造成人格短缺现象。“他们的人格是虚弱的，是玻璃体的，禁不住外界的压力。而他们的自我过于微小，形同于无。这种内在的空虚反弹出夸张的举止。从极度的自卑到极度的自大——许多人终其一生，那空虚的内心始终未能得以填充。”[①] 从本质上说，数千年来频繁的王朝更迭使得中国社会中的忠诚、信任、仁爱教育的难度很高，并导致全民性的看似永无治愈可能的各种心理疾患。中华人民共和国成立后，政府为此付出的治愈类成本也居高不下。正如身体疾病的医治原理一样，精神医治也需对症下药。现代中国人所理解的大型体育赛事本身就是一种理想的群体性心理治疗工具，而中国国家体育总局以体育大国、体育强国等策略顺应并支持了这种群体心理需求。

不妨以 2008 年北京奥运会为例。北京奥运会获得的金牌数位列第一，这便是一种最佳的数值符码。当年，中国人为此极度陶醉。于是，一种貌似陌生的现象顿然出现。经过如此大规模仪式活动的浸润后，中国人对“东亚病夫”一词的感受度趋于消失，然而，随之而至的现象给人带来了更大的思考空间。2008 年以后，金牌主义体育带来的教化性光环迅速褪色，民众几乎在一夜之间获得了一种精神洗礼，并进而得到了一种平常心。换句话说，在 2008 年北京奥运会强大的仪式治疗功能的辐射下，中国人几乎在一瞬间便丧失了对体育仪式本性的接受意愿。问题随即出现，在民众普遍不再需要体育的仪式治疗的前提下，体育的精神性、符号性、象征性价值退位，而大规模操持此道的技巧、经验、举措都已显得多余。其实，中国的精神文化建设呈阶梯状递

① 雾满拦江：《谁的成长不是险死还生》，现代出版社 2019 年版，第 191-192 页。

进形态，金牌至上主义仅仅是一种仪式治疗的外向表征，其所替代的是一度存在过的自恋主义、躁动主义和跃进主义的风潮。从宏观的角度看，自恋主义退出历史之时，金牌主义自然也会失去其存在的价值，中国便会进入科学主义的全新时代。

2008 年北京奥运会刚一结束，中国民众就表现出对规模浩大的体育盛会的不适感。民众几乎在一夜之间将体育的国家治疗价值遗忘，而执意强调其娱乐、健身和艺术欣赏的价值。人们开始大声疾呼，进而质疑起了举国体制存在的合理性。其实，质疑中国的举国体制的力量无可忽略，而且其中蕴含了一定的合理性。质疑举国体制者列举了奥运金牌的成本核算问题。薛涌在评述刘翔获得 2004 年雅典奥运会金牌时说："这次奥运会中国队虽然战绩赫赫，但一枚金牌的成本达六七亿。估计到了 2008 年，成本还会上涨。我们这么一个穷国，老百姓的体育设施如此之差，这样一掷千金地'过把瘾就死'是否道德先不说，这样的代价，恐怕难以永远付下去。"[①] 张小林也从资本核算的角度对中国的举国体育体系虚拟作出了剖析。"事实上除了奥运会等大型全球性赛事外，对竞技体育投入国外与我国有很大的差别。相对于中国的国家'全包干主导式'的运动员培养体系，发达国家则大多将这个任务交给社会，或者只是适当给予'资助'。如英国文化、媒介与体育部作为主管全国体育工作的政府部门，并不对竞技体育实施直接管理。美国、德国、日本等众多发达国家也如此。这些国家并没有放弃对基层竞技组织的投入，只是大多采取市场化的奖励制度。如美国每年就对大学体育特长生和教练有高达数十亿美元的奖学金资助，并且还有国家奖励基金为一些项目的普及

① 薛涌：《中国文化的边界》，云南人民出版社 2006 年版，第 150 页。

提供帮助。而对于一些市场化程度较高的运动项目，政府则是在其合法经营范围内完全不干预。”[①]类似的质疑还在延伸。“金牌虽然并没有7亿元那么贵，但透过人们对金牌成本的关心可以发现，其实人们争论的真正核心，并不限于国家对体育的巨额投入，更多的是接受并使用巨额投入的体育举国体制。实行了50多年的举国体制，在取得骄人成绩的同时也正在接受人们的质疑。举国体制，反映了绕不过的历史和国情。今天的人们不会像20年前女排五连冠时那样举国欢庆，但熬夜观看奥运女排夺冠的人数也依然不少；田径、网球的金牌也往往成为好几天人们谈论的热点；新浪网上对奥运专题的评论达到了破纪录的70万条。”[②]人们最终拿起的是成本核算的巨型武器，并将锋刃对准了举国体制的本体核心。“在讨论举国体制的利弊时，很多人强调举国体制对北京‘奥运会’取得优异成绩的巨大作用，并因此主张在北京‘奥运会’后继续坚持举国体制。我们不否认举国体制对我们在‘奥运会’上取得佳绩的非凡作用。但我们同时也要质疑举国体制到底能够保障我们多长时间一直保持‘奥运会’金牌第一的成绩？我们体育的群众水平还很低，在这样低的群众水平上我们还能保持奥运金牌第一多少年？”[③]在质疑体育领域中的举国体制的相关研究文献里，还出现了一种议论仪式体育存在合理性的观点。“遥望2008年举全国之力铺排的体育盛宴，今天的诸多不协调实在很刺目。中国体育曾经作为中国计划经济和陈旧体制的典型而屡遭诟病，但它似乎还要在畸形制度的

---

① 张小林：《精英体育，国家难以承受之重——当前我国体育模式的缺陷与社会质疑综述》，《体育学刊》2007年第6期，第17页。

② 游海燕、肖进勇等编著：《体育生态论》，四川科学技术出版社2008年版，第168页。

③ 雷红编著：《公共服务型体育体制研究》，电子科技大学出版社2009年版，第27页。

推动下坚持走到2008年。”[①] 只要略加观察就会发现，质疑举国体制式体育的文章大部分出现在2008年，如此的境况其实正是对2008年北京奥运会内在功能的一种最为自然的反思。值此之际，人们几乎全然遗忘了大型体育赛事的仪式治疗功能及其对中国的独特超体育价值。中国社会中抵触乃至抗拒仪式治疗的思潮逐渐显现出来，人们的思想出现了短暂的空白，面对纷繁的世界秩序，一时也找不到更为稳妥的心理归位图式。

体育赛事固然有治疗人的内心疾患之作用，但在人的心理疾患治愈之后，没有人会对治疗手段产生太多的依赖性。这也是人之常情。体育的心理治疗原理很简单，即利用象征性的征服代替实际的征服，以虚拟的战争代替真实的战争，以假设的胜利代替真实的胜利，借以对原先冒犯过自己的人实施虚幻性报复，因而成为群体性心理治疗或心理建设的选择。2008年北京奥运会对中华民族便是一次整体性的精神疗愈。近代以来，世界地缘政治版图剧变，各国的社会体制也随即变更，而中国也属于社会体制变革很大的国家。中国人在走向近代化的过程中一度受挫。当前的中国社会正面临两千年未有之大变局，当一切负面性事物降临之时，人们会暂时性地失去安全感，不仅如此，人们在短时间内还无法找到维持内心安静的替代品。身处当下社会中的中国人仍旧无法摆脱真正的心理忧患感，中国人在完全进入现代社会之前，类似的精神忧虑感将会一直存在。这便涉及心理治疗问题，竞技体育仍然是民族心理建设的理想工具。

① 陈齐、于涌：《论金牌大国不等于体育强国》，《山西师大体育学院学报》2008年第1期，第1页。

二、中国的仪式化体育源于民众对近代战争的负面记忆

仪式治疗的本质是表演治疗，而表演的本性是模仿。具体而言，体育赛事的治疗原理来自对战争的模仿。潘忠党认为：“战争是最基本、体验最深、在符号表现系统积淀亦最丰厚的人类活动。因此，战争活动所赖以组织和开展的类别系统、空间与时间的建构和人与人之间关系的建构，就成为我们思考和表述其他大规模、有组织的社会活动的一个基本的隐喻式概念系统。”①战争是一种终极性的竞争裁决方式，它可以消除所有的竞争后果，呈现出一种决定性的本体意义。战争可以给战败国的民众带来终极性创伤记忆，也可以给战胜国的民众带来终极性自豪感。当一切的竞争方式统统失效之后，战争便成为了断一切纠结的最后手段。事实也是如此，二战以后，中国人对美国、苏联并不敬畏，因为中国在二战前后并未输给美国和苏联。美国在二战以后至20世纪末发动的对外战争很多，除却朝鲜战争和越南战争外，美国取得了全胜，输掉的两场战争中主要对手均是中国。中国军人曾经于1969年3月和苏军在珍宝岛打过一仗，取得了胜利。胜利后的中国军民一直有一种自豪感，这种自豪感为一个国家的国民恢复正常化心理奠定了基础。

相对而言，中国民众对日本的心结则呈现出一定程度的复杂状态，其中有信服日本的工业产品的因素，亦有接受日本成功的企业文化的缘由，但最深刻的原因还在于中国和日本在近代以来有三次大的冲突，在这三次冲突中，中国并未获得完全性的胜利。这里需要将近代以来中日之间的三次战争或冲突行为陈述

---

① 王铭铭、潘忠党主编：《象征与社会：中国民间文化的探讨》，天津人民出版社1997年版，第72–73页。

如下。其一，甲午战争，中国未获胜利；其二，北伐革命时期，日本在济南屠杀中国民众与革命军人，中国人受到一定程度的伤害；其三，抗日战争，中国在美国和苏联帮助下取得了胜利，但付出了巨大的代价。客观而言，仅就伤亡数量看，日军和中国军人的伤亡数量差距很大。“据日本援护局调查统计，至1946年初，死于中国战场的日军50.2万人。”① 相关人士也统计过中国军人的伤亡情况。“中国军人伤亡330万人，民众伤亡1800万人，日寇侵略对中国造成的直接损失达313.3亿美元。”② 仅从军事角度看，由于在武器装备、军人素养以及战争组织力、军人斗志等方面差距巨大，中国军人处于劣势，其中显示出农业国与工业国之间的代际差距。中国军人在整个抗战时期的正面战场上很少获得完全胜利。中国取得了抗日战争的胜利，其中不乏美苏等工业化国家援助的因素，而中国在此期间付出了极大牺牲，民众的创伤记忆很深，且一直延续至当下。

再以发生在2013年的中国东海的岛屿事件为例。中国人认定钓鱼岛属于国家固有领土，而日本右翼分子则持相反的观点，这便涉及对二战后的既有地缘版图的态度问题。依照惯例，战败国并无资格占领战胜国的领土，中国的民间论者也都提及警惕日本军国主义复活的观点，此事件不仅激发了中国民众的尚武精神，还再度促使人们对仪式威权功能的思考。其实，战争可以提升战胜国国民的自信力，也可以压制战败国国民的民族自信力，并使其产生一定程度的心理自卑症、判断力错位症以及情绪失衡症。王冲批评了中国部分人士所具有的弱国心态。“中国处

① 解放军报《报刊文萃》编辑组编：《报刊文萃》，长征出版社1988年版，第370页。
② 钟少华：《进取集 · 钟少华文存》，中国国际广播出版社1998年版，第338页。

在东方，和西方是完全不同的文化体系，又是社会主义国家，也是最大的发展中国家，人口最多的国家，这样一个大国的崛起，必然会面对诸多猜疑、误解，甚至打压，这是我们不得不面对的局面。面对猜疑，改变自己固有的形象来予以迎合，求得所谓理解，这是不自信的表现，也是弱国心态的表现。”[①] 真实的情况也是如此，纵容、推崇、追捧某种超实用的价值观或许是一种矫枉过正之举，而其副作用同样明显，随着时间的推移，中国人理应在更为理性的平台上全面审视自己的历史选择，其中包括对体育心理治愈功能的有效性、时限性乃至局限性的思考。

近代以来，中国时断时续地出现的思想启蒙运动长达百年，其中不乏跃进主义的因素。中国的跃进主义者在很长一段时间都在扮演一种绝对理念捍卫者的角色，这样的人士在全媒体时代极有可能成为大众心目中的意见领袖。在跃进主义者所宣布的高亢化的言论的背后往往隐藏着一种简单的选边站式思维模式。从中国的现代历史中可以看出，跃进主义者的角色并非社会和文化进步的主导者，他们在很多时候更像一群文化发展潮流的局外人，且已屏蔽掉大量值得人类留恋的东西，其中包括非尚武的礼仪习惯、艺术传统以及文雅有致的行为风范。世界各国皆如此，跃进主义者在毁灭了诸多美好的东西以后，历史最终会否定掉跃进者自己的价值选择。人们最终还会看到一种文化的均衡性时代的景观，而其中的折损性成本值得令人思量。

早有学者看到了中国近代启蒙运动的片面性。贺麟曾说：“在思想和文化的范围里，现代绝不可与古代脱节。任何一个现代的新思想，如果与过去的文化完全没有关系，便有如无源之

① 王冲：《差距》，东方出版社 2013 年版，第 227 页。

水、无本之木，绝不能源远流长、根深蒂固。文化或历史虽然不免经外族的入侵和内部的分崩瓦解，但也总必有或应有其连续性。”[①] 姚国华认为：“如果说，‘封建’一词背后的陷阱，只要经人点化，大家都能意会的话，那么，‘启蒙’一词背后的陷阱，显得更加隐晦。”[②] 中国的启蒙主义一度成为中国近代民主革命的前奏，并促成了社会巨变，而参与其中者不乏严复、孙中山、鲁迅、胡适等启蒙先驱，但是，在维护本土文化合理性的新国粹主义者看来，启蒙本身带有西方向东方的文化输出现象，具有天然的非对等性。“德语中相应于‘启蒙’的词是‘aufklaerung’，比较清晰地揭示了它的本意，与英语、法语中启蒙的意思不一样，它指的是自我成长、自我发育、自我进步的过程。但是，当今大多数中国人理解的启蒙，知识分子鼓吹的启蒙，基于认定中国人的现状是蒙昧、黑暗、落后的，需要用外面的光芒来改造自己。说穿了，就是要以西方的先进思想来改造中国人。”[③] 新国粹主义者试图维持中国文化的稳定地位，并为中华本土文化的永续存在提供新的论据。然而，中国社会变革的动能并未消减。在改造中国人精神世界的潮流中，仍有不少中国人自觉地将启蒙当作一种提升自己国家进步的必由之路。“这种启蒙，一厢情愿地将所谓先进的思想灌输进我们的大脑，让我们走向‘光明’，这与西方原创的启蒙完全是两码事。在这种情况下，人是受动的，在所谓的光明面前，只不过是一个被改造的对象。这种启蒙恰恰造成了今天中国的许多平庸，并因此被动、挨打。中国人越来越缺乏创造力，越来越丧失个性，越来越没有了主动能力，‘启蒙’观

① 贺麟：《文化与人生》，商务印书馆 2005 年版，第 4 页。

② 姚国华：《概念陷阱与思维误区》，《天涯》2006 年第 4 期，第 43 页。

③ 姚国华：《概念陷阱与思维误区》，《天涯》2006 年第 4 期，第 43 页。

念上的陷阱，可能是根源之一。”① 启蒙主义在中国的风行其实是近代中国连续战败之结果。其实，启蒙之“蒙”便是一种历时性概念，而历时性概念一旦遇到现代主义的终极竞争都会被淘汰，因为先进者很难失败，唯有落伍者才要遭受厄运。战争具有终极性地裁定所有纠结之功能，中国人在漫长的百余年时间内很少考虑启蒙的不合理性，其中的原因就在于中国人的思维经历过剧烈的战败仪式的定向压迫，民众内心深处已然出现了大量创伤记忆的碎片，从而未能给自然而健全的精神分析机制预留足够的空间。

战争可以使一个国家的国民获得自强感、优越感和自然感，也可以使一个民族失去平常心、判断力和绝对理性。

由于受到西方列强的形态各异的侵害，近代以来，中国少部分人士一度出现群体性的判断力错位现象，此类人士为了及时纠错，进而产生激进心理，发展出跃进主义思想，而为了补救跃进主义思想造成的非理想性后果，又推出了新的激进化措施，造就出一种过度矫枉之现象。如此连锁性的文化承续链条都无可避免地损害了中国的社会和文化本体，而要恢复一种常态化的思维，则需要强大无比的仪式治疗活动。这种活动绝不是寻常的节日类仪式庆典之列的甜蜜性、温和性、轻柔性的仪式，而一定是一种征服性、复仇性和压制性的仪式。当其他的仪式都无法治愈中国人的集体心理创伤之时，竞技体育就成为一种必然性的选项。竞技体育的社会化功能在此得到了很好的体现。

在此语境中解读中国体育的举国体制就容易切中主旨。受本土文化传统的影响，中国的国家体育总局生发于特定的历史语

① 姚国华：《概念陷阱与思维误区》，《天涯》2006 年第 4 期，第 43-44 页。

境，它的存在本就是一种特别的社会现象，国家体育总局在很长一段时间显示了其既有的价值，其社会功能的有效性也超过了很多人的预期。中国的国家体育总局营造并正向推动了中国社会与文化的走向，还在行政体制上引发了一场革新运动。从本质上讲，国家体育总局诞生的学理基础简单而明了，具有一种无法假定、搁置、撼动的历史真实感。中国人一直有一种对仪式治疗的渴求情怀。潘忠党曾引述过美国社会评论家苏珊·桑塔戈对于战争隐喻的观点："桑塔戈指出，现代西方医学往往采用军事词汇或概念来谈论疾病，可以说，在一定意义上，军事概念的泛化和具体应用使得医学思想有了突破性的发展：疾病是由表症和造成这表症的'入侵'之微生物或病毒组成的，西方现代医学界的思维取向是首先要诊断，即通过'侦察'的方式确认入侵之微生物和病毒，其次要医治，即通过药物组织起防御和进攻力量以抵御入侵，维护健康肌体，并击败入侵者，必要时可以采取手术放弃已被侵蚀的肌体部分。"① 战争为生死之道，隐含有身体存失之重大主题，人们无法摆脱战争、身体、竞争、竞技之间所构造出来的一种紧张状态。

三、中国体育仪式威权性的文化缘起

医学和仪式治疗学分别研究的是人的身体性和精神性疾病。就其在战争的场域而言，两者的作用同样明显。如果说医学是一种对战争中之伤病员实施身体性治疗之手段的话，那么，体育仪式则是一种治疗由战争负面结果所致的心理疾患的最佳方式。在

① 王铭铭、潘忠党主编：《象征与社会：中国民间文化的探讨》，天津人民出版社 1997 年版，第 73 页。

近代中国遭受列强欺凌之类历史信息的影响下，很多中国人对本土政治制度、文化传统以及信仰体系失去了信心，更难说崇敬。中国的近代革命就在于推翻既有体系，其目的就在于辞旧迎新，建立一种更为优越的社会制度。然而，任何一种体系构建存在诸多意想不到的难点。当源于古典时期的宗教、教化、思想、文化隐退之后，中国国民的文化认同感也开始消减，人们开始将对外界事物的反感之情转移到对本土文化的批评方面。中国人在百余年的近代史中开创了一波又一波的异常剧烈的社会变革运动，值此之际，人们不断地刺激由自己设置出来的精神创伤。人们一度看到一种令人悲观的现象，中国人开始失去了民族自信力。一个丧失文化自信力的个体很容易听从他者、强者以及征服者的训导。一个类型相似的国家的国民群体也会出现类似的情况。近代中国一边倒地学习西方就是明证。台湾大学哲学系的王小波认为：“‘封建’是共产国际送给中国的；而‘现代化’则是美国中央情报局送给全世界的。”① 姚国华对王小波的观点作了更为详尽的解读：“当年，共产国际的东方执行部，为了让中国、朝鲜、越南等国家跟着它走，就说既然人类都要由原始社会、奴隶社会、封建社会、资本主义社会和社会主义社会向前发展，中国还处于半殖民地、半封建社会，西方社会已经是资本主义社会了，比你们高级，而我们苏联，已经超越了资本主义，到了社会主义阶段，所以你们看着办，到底是跟着西方走，还是跟着我们走？跟着我们走，你就可以跳跃一级。于是，我们就自觉将自己定位为封建社会，在苏联老大哥的带领下，朝着社会主义的方向迈

① 姚国华：《概念陷阱与思维误区》，《天涯》2006 年第 4 期，第 45 页。

进。”[①] 从个体、国家乃至政党关系的综合性层面重新解读历史显得十分必要，历史只有在这样的语境中方始呈现出更为真实而丰满的面貌。

国难所致，近代中国的部分人士一度难以维持常态化的心理秩序，罹患了诸多的心理病症，而许多心理疾患的形成都有共同性，亟须进行仪式治疗。20世纪八九十年代是一种最佳的治疗期，当时很多中国人对中国竞技体育的优胜性信息有很高的心理依赖度，人们开始接受一种大型化、全民性、举国性的心理治疗程序。其实，每一个群体或个体在医治心理创伤方面都需要有符合自己隐情的独特方法。“当西方心理治疗师在开始探索使用仪式进行心理治疗时，一些人仍然把它归为魔法或迷信领域。随着仪式在心理治疗中研究成果的积累，仪式作为心理治疗的一种新手段也越来越被心理治疗师所接受。各文化中众多传统仪式历经几世纪以来的检验与修正，可谓是心理技术学的大汇集。”[②] 中国精英阶层中一度存在的民族自卑感导致其有更强的符号性征服的诉求，其中包括对外来强势集团的象征性征服的意念，而寻找认可的客体、仲裁者、典型符号则来自西方世界。中国人很快就对自己的制度、信仰、理念作出更新，并以西方的范式为榜样。丧失了文化自信力的后果很严重，它很容易使人联想到一个人系错了第一颗扣子，从而进入一种连环误区。在姚国华看来，中国的反封建、启蒙以及现代化三重观念都属于一种文化误区。“现代化概念同样基于社会达尔文主义所强调的单一进化逻辑，基于对达尔文进化学说的误解。封建、启蒙和现代化三个词语的误区，

① 姚国华：《概念陷阱与思维误区》，《天涯》2006年第4期，第45页。
② 姚国华：《概念陷阱与思维误区》，《天涯》2006年第4期，第45页。

都在于我们中国人在这一百多年来，都处于时间错乱的状态，我们的历史记忆被外来文明彻底瓦解了、模糊了，我们没有自己的时间坐标了，只知道跟着别人走。这种状况，我称作百年中国的思想脑震荡。”① 文化误区只能给所在国的民众带来更大的反常态化的心理惯性，并最终给这个国家的社会机制和文化传统带来一种无以完全预知的损害。其实，中国在近代化过程中广泛吸纳西方制度与器物文明的做法并非所谓的误区，由于实践主体心理的形变性所导致的接受错位现象反倒是当下人士理应重新审视的问题。

仪式有许多功能，仅在治疗意义上看，它是一种人类社会特定族群实行灵魂或精神自救的方式。通常而言，自卑情结是竞争的产物。纯粹的老庄哲学的信奉者从来就没有自卑心理，因为他们放弃了竞争。竞争难免导致失败者产生自卑心理，而任何人都无法保证在所有的竞争中全部获胜。正因如此，所有的竞争者都有可能产生心理自卑症。人类经常陷入一种行为的困惑当中，人类社会充满了竞争，而竞争又诞生于一种特殊的场域，在此特殊的境遇中，如果不想将自己放置到弱者的地位，就必须时时刻刻成为强者，而快速且永恒地变成强者的唯一方法只能是带有虚幻性的教化式想象，而比教化式想象较为便捷的便是公共空间中展示出来的大型仪式行为。

仪式活动一度是人类知识体系的雏形，并带有天然的原始威权效能。仪式在现代社会仍旧效能十足，就是在意识形态的领域内，仪式也属于一种务虚性与务实性的融合体。带有远古威权隐喻的仪式并非一种假设、想象以及虚拟之物，而往往是一种可

① 姚国华：《概念陷阱与思维误区》，《天涯》2006 年第 4 期，第 45 页。

视、可感、可触的大型演艺活动。仪式活动可以暗示出自己的强者心理，而要达成目的的社会成本很低，且效果极佳。无以否认，对人的心理环境改善强度最大的则是那种寄托了大众理想的胜利仪式。“在举行仪式过程中，人类增加了对外界的控制感，相信自己有能力应付超自然力量保护自己。患者获得了积极的心理暗示，相信与外部世界的冲突正通过仪式得到调解，获得了心理支持，减轻了内心的压力。因此许多引导心灵的仪式可以用于治疗多重人格障碍、上瘾、焦虑、抑郁。仪式作用的方式是在履行仪式的人身上见效的，其后果‘客观地’取决于‘魔法仪式的强大主观效用’，即仪式是通过调动仪式行为者的主观能动性起作用的。”① 除却战争庆典，目前世界上最大和平式胜利仪式就是竞技体育本身及其附属的多元化的程序性元素。无以否认，现代媒体给体育注入了超强的覆盖力，体育类的仪式治疗由此而具有了巨大性、震撼性和超凡性。在作为胜利仪式的竞技体育出现之前，中国人一度将那种仪式治疗的主体移植到中国的主流思想层面。仪式的终极性元素是一种崇拜性心理。从精神现象学的角度看，人们崇拜竞技明星与崇拜其他偶像的原理大体一致。中国的体育精英和中国的其他类型的偶像一度都是一种世俗性和非世俗性结合体。

还应回到战争的领域说事情。以中国人的民族本位立场看，在中国人百余年来所讲述过的战争故事中，抗美援朝战事最值得人们反思与回味。从新中国国民的精神成长史的意义上看，抗美援朝战争便成了中国新国民的成长仪式，那场战争所缔造出来的

① 王敬群、张志涛、井凯、马骥：《仪式与心理治疗》，《江西师范大学学报》2012 年第 1 期，第 119 页。

各种精神产品都因此而获得了仪式性价值。中国有很多的抗战英雄，他们都值得人们纪念。笔者认为，抗美援朝时期涌现出来的英雄更有特殊的意义。抗美援朝战争是中国从鸦片战争以来取得的第一场高品质的对外战争的胜利。这样说的理由很简单，中国当时面对的敌人是以美国为首的 16 个国家的联合国军。相关资料显示了当年联合国军进朝作战的情况。“参与的有美国、英国、加拿大、澳大利亚、新西兰、荷兰、法国、土耳其、泰国、菲律宾、希腊、比利时、哥伦比亚、埃塞俄比亚、南非、卢森堡等 16 个国家。其中美国经常保持 7 个师的地面部队，1000 余架飞机，300 多艘舰艇，占‘联合国军’兵力的百分之九十以上。英国 2 个旅，加拿大和土耳其各 1 个旅。其他国家只是象征性地派出 1 个排到 1 个营或 1 个空军中队。韩国不是联合国成员，但 7 月中旬，将军队交给了‘联合国军’指挥。”① 对新中国而言，抗美援朝战争是中国近代对外百年战事的转捩点。这场战争具有独特的价值，它是中国军人第一次在本土以外的地域取得胜利的战争，而且中国当时的主要对手是美国，那是一个刚刚参加了第二次世界大战且取得绝对胜利的世界头号军事强国。抗美援朝战争在中国近代战争史上享有崇高地位，它至少在残酷仪式的场域矫正了中国人在国际社会中的心态，也在局部扭转了中国在世界历史舞台上的被动地位，并清算了中国百年受辱历史中的部分积债，因此，抗美援朝战争具有里程碑式的意义，且在仪式学的场域产生了良性的后续效应。

美国学者理查德·利博认为：“理性只是国家间相互交往的

---

① 臧修臣：《志愿军颂：纪念抗美援朝六十周年》，中央文献出版社 2010 年版，第 50 页。

足球场内的旗帜体现出对史前“部落冲突”的模拟形态。路云亭 2017 年 6 月 21 日摄于上海虹口足球场

一个因素。荣誉、恐惧和逻辑在国际关系中也扮演重要角色。”①

时下的教育类读本记述：“抗美援朝战场上，气候寒冷，战斗激烈残酷，情况复杂多变，任务紧急繁重，各种困难重重。我志愿军以大无畏的革命精神，与敌人奋战，创造了惊天动地的辉煌战绩，涌现出 30 多万名英雄功臣和近 6000 个功臣集体，充分体现出视死如归、无私奉献和对祖国和人民的无限忠诚的精神，为了人类和平与正义事业而奋斗的国际主义精神。抗美援朝战争中，中国人民以自己的优秀儿女组成中国人民志愿军向朝鲜人民提供了无私的支援和帮助。”② 在很多人士看来，英雄主义精神乃中华民族主体精神的内在组成部分。抗美援朝战争的意义并不局限于保家卫国的范畴，也兼具释放本民族百年压抑的价值。然而，历史也在循环，中国以完整的备战姿态几乎彻底击毁了世界上最为强大的战争机器，而对手却并非曾经严重加害过中国人的日本，而是几成中国代理性复仇对象的美国。

仅从仪式治疗的角度看，抗美援朝的积极作用称得上巨大。2021 年，由陈凯歌、徐克、林超贤联合导演的《长津湖》在国内

① 凯莉·布朗著，王晓雄译：《日媒：有情绪特色的中国外交》，《环球时报》2013 年 8 月 21 日。

② 金立昕编著：《战斗精神》，河南出版社 2014 年版，第 115 页。

外放映，产生了一定的影响力。电影《长津湖》同样展示出强大的仪式扩张功能。

仔细分辨就会发现，中国人在1949年到1976年之间面对的主要社会和文化问题并非失去了民族自信力，而是经济上的短缺现象和思想上的跃进主义之类，原因在于那一时期的中国人有来自政府的强大的意识形态作精神后盾，而意识形态本身就有群体性仪式治愈的初始性功能。当年的中国民众并不缺乏民族自豪感和文化自信力，那种自信力虽然带有虚饰性，却在中国人的思维深层真实地存在过。中国人的精神激变现象出现在1977年之后。面对西方文化的强势进入，中国人的价值观一度出现了多元化、自主化、分散化的态势。随着儒学以及其后续的主体思想淡出信仰领域，中国人的信仰始出现了一定程度的不稳定状态。从信仰填充、精神自救以及教化自主的视野上看，作为一种强大的仪式主体的竞技体育正是中国原有的主流思想淡出后的顺延性替代品。中国传统文化中的乐观主义价值体系与当下的竞技体育体系所播扬出来的精神的强大感、寓意的征服性和信仰的震撼力都十分相似。两者都构成了一种宏大仪式，一种是想象的仪式，一种是演示的仪式，两种仪式都具有治疗中国人百年战争创伤之功能。从根本上说，作为信仰的思想和作为胜利符号的仪式皆有治疗人的精神空白症的功能，历经百年患难境遇的中国人无法释怀那种精神的诱惑力。

四、结语

作为国家仪式形态的大型化的体育赛事的存在意义具有多元性，而其主导性的功能在于顾全全民族的集体利益，其中包括对全民族物质性和精神性灾难的排解性功能。中国的国家体育总局是中国既已参与的所有大型体育赛事的主导性机构之一。任何一个健全的国家管理机构的职能都会将鼓励社会进步当作工作重心。在国家仪式匮乏的前提下，中国的国家体育总局仍然担负着构建国家仪式且为国民寻找精神家园之功能。在此语境下来说，当下的中国国家体育总局的职能还有可能在不远的将来得到强化。现代中国人大约生活在两种极端性生活方式的中间状态。高强度的体育生活唤醒了中国人的公平竞争意识，而非贵族化的生活习惯又将很多中国人置于一种过度简单的生活轨迹中。当中国的仪式文化构建完成之时，国家体育总局的历史功用方才可以有限度地实行转型。鉴于体育仪式化社会效应的巨大作用，中国的国家体育总局所主导的体育赛事不仅具有的仪式治疗功能，还会在今后较长时间内一直有效，且在不远的将来有望得到更为细致化、分解化和类型化的改良与强化。

第四节　体育在中国的超文化价值

中国体育仪式化程序的策划主体是国家体育总局，因此，作为一种大国仪式主体机构，中国国家体育总局的社会功能极强。由于竞技体育具有天然的传播效应，中国国家体育总局一直就是媒介关注的对象。受到国家既有国情的影响，中国国家体育总局在今后很长一段时间内都会是中国体育秩序的主导者、体育活动的策划者和体育赛事的组织者。在仪式永恒、治愈有理的朴素原则支配下，中国国家体育总局的职能无以替代。中国的国家体育总局并非一种游离于共和制国家制度之外的务虚性实体，而是一种具有实用性的主体性管理机构。从仪式治疗的意义体系中考量，体育总局可谓一种特殊年代遗留下来的制度性产物，一向担负着象征性矫正中国人屈辱记忆的主体性功能。国家体育总局的价值显然已经超越体育的范畴，进入仪式治疗学之境地。

一、体育承担有竞争仪式的特殊使命

包括国家体育总局在内的新中国的各种行政机构的设立因袭了苏联体制，类似机制皆为中国近代革命的产物。1840 年以来，中国社会经历了多次变革，多维度的变革具有双重功能，它可以激发一种国家潜能，缔造出一种和谐、高效、美好的社会制度，也可以制造一种反复变动的局面，蚀灭掉国民的元气，导致持久的乱象，而支撑这种乱象的则是国民内在的创伤记忆。美国传播学家詹姆斯·凯瑞曾说："行为在法则的调节和强制之下塑造而成，或者由前逻辑功能、前意识冲动、创伤（scar，如某种自卑情结）、权力意志塑造了行为。"[①] 人人皆知民族创伤的严重后果，却很少有人认为作为体育仪式或作为仪式的体育可以有效地治疗民族创伤。人类社会中的文化一向有清晰而稳定的传承性。治疗心理创伤的实用性原理来自古代仪式治疗的实用性传统。

心理治疗大多来自心理暗示，而精神力导致肉体发生物理性改变也一度见诸各种文献报道。美国成功学家奥里森·斯威特·马登曾记述笃信某种信念人的独特遭遇："那些有圣伤痕迹标记的人的经历，可以向我们生动地展现出心灵暗示的力量是多么强大。很多僧侣多年来一直努力要过上耶稣那样的生活，感受他所遭遇的痛苦，将心智的能量完全专注于耶稣所遭受的痛苦

① [美]詹姆斯·凯瑞著，丁未译：《作为文化的传播："媒介与社会"论文集》，华夏出版社 2005 年版，第 30 页。

上，心灵中生动地想象着他们的伤口，导致他们的思想真的改变身体组织的化学成分，最后发现他们的手脚都出现了钉子的痕迹，还有一个像耶稣基督被钉在十字架上的长矛伤口。”[①] 奥里森·斯威特·马登旨在阐明精神力的巨大作用。马登并未使用仪式的概念，但在心理暗示的意义上说，仪式的暗示带有日常性。其实，任何人都有施行仪式治疗的动能和需求。近代中国遭受过西方列强的侵凌，国民施行精神自救之道更具多样性，其中的道理并不复杂。很多国家国民的创伤记忆都带有丧失自信力、逻辑力、判断力的因素，而一旦出现了上述状况，人们会在特定时空情景中失去正确主导自我意志的动能。有创伤就必然有治疗的需求，而带有强烈胜利动机的竞技体育及其强大的仪式化动能一直是治疗人的精神自卑症的最佳方法。心理治疗过程都带有恢复患者的生活勇气、自信心以及绝对理性的内涵，其中无法完全脱离仪式思维的灌输作用。

仪式活动不同于仪式思维，仪式活动有其特定的生发时空，而仪式思维潜藏在人类每一个个体的心理世界，弥漫于人类社会的任何一个共同体中。中国人最终选择体育赛事作为治疗民族心理创伤的器具并非偶然。于是，社会与文化的自然均衡性再度呈现。远古时代流行的仪式活动在现代社会仍旧流行，所不同的仅仅是更换了一些术语而已。人们很容易看到体育的强大的仪式学价值，却鲜有人会想到它可能是来自一种远古的仪式表述实体。中国的体育学者敏锐地看到了体育的这一潜在功能，并在准允的范围内极大程度地宣传了竞技体育的伟大作用。“中国是10亿人口的大国，她的体育运动的发展为世界所瞩目。在中国人被

① [美]奥里森·斯威特·马登著，佘卓桓译，孔谧校：《奋勇向前》（下），现代出版社2014年版，第552页。

称为‘东亚病夫’的年代里，体育事业的发展几乎停滞不前。旧中国一共参加过三次奥运会，由于国民党反动政府的腐败和国力的衰竭，第一次只去了一名运动员，以后两次人虽然多了些，但均未获得好成绩，却遭受了许多屈辱。”[①] 中国国民对国家体育总局的存在价值寄予厚望，原因就在于民众满怀对大国尊严的向往之情。在一种独特的历史语境中，中国国民对胜利仪式的渴望远超过对金牌成本的关怀度。中国人如此不计预算成本地获取体育金牌的动机极为简单，他们只想构建一种实用性的仪式体系，借以完成身份的转移，从而忽略掉其中的紧张性元素。在仪式治疗的意义上说，金牌战略是对古老的仪式治疗的一种革新。过渡仪式都带有强烈的紧张感，中国的过渡仪式则以充满悬念的竞技体育为替代品，换句话说，体育仪式随即成为一种过渡仪式的改良形态，它一改前非，由原先原始性的残酷游戏递进为在国际赛场上拼杀抗争的竞技活动，中国竞技者可以借此而摘取金银牌，获得一种富含符号感的加冕性荣誉，其所完成的是一种带有强大的胜利寓意的仪式程序。人是仪式动物，正因如此，包括原始仪式在内的所有仪式在数千年的演进过程中始终未曾脱离其本体的规程。

任何一种极限式竞争都带有程度不等的残酷性，体育亦然。体育和战争的暴力元素都十分丰沛。中国的国家体育总局发起的赛事也类似一种充满战争隐喻的行为，亦近似一种对战争的模拟行动。如果将体育看成是一种没有硝烟的战争的话，中国奥运战略俨然是一种精神战役的精心策划、组织和施行。克劳赛维茨曾

① 晓夏：《朝着世界体育强国迈进——访国家体委副主任徐才同志》，《世界知识》1984 年第 1 期，第 18 页。

说："物质暴力的充分使用绝不排斥智慧的作用，因此，不顾一切、不惜流血地使用暴力的一方，在对方不这样做的时候，就必然取得优势。因此对方也不得不这样做，于是双方就会如此以至于趋向极端，这种趋向除了受内在的牵制力量的限制之外，不受其他任何限制。"① 中国人无法释怀战争行为，而在现实世界里又难以实现自己的复仇梦想，于是，虚拟一种在战争中的获胜仪式就成为一种必然。中国人以日本为假想敌的习惯也体现在足球领域。广州恒大于2013年9月26日在日本以4∶1战胜柏太阳神队，中国网民欢呼雀跃："另一件是中国的足球队竟然在日本的主场，连捅了东洋人'四刀'，据说这是自甲午战争以来，中国人对日本的第一次征服。"② 中国的国家体育总局还是这样一种系列性、象征性体育赛事的发起人，而类似的举动与自然社会中的战役十分相似。詹姆斯·凯瑞认为："由于把传播技术的每一次进步都当作为政治、经济提供机遇，我们就差不多毫无保留地献身于政府和商业性事务，很少把这些进步视为扩大人们学习、交流思想和经验的权利；由于我们主要根据政治、经济的潜力来看待教育，结果把教育变成一种公民权、一种职业主义或消费主义的形式，继而越来越成为一种心理疗法。"③ 在此语境下考量，中国的国家体育总局在和平时期选择了竞技体育，执意要将这种虚拟的战争胜利无限放大，并将其传输到世界各地的华人世界中。摩罗认为："西方学者指出，宗教及其理性只被少数有教养的上层人所拥有，底层社会却一直处于巫术状态，即使他们普遍地接

① [德]卡尔·克劳赛维茨著，艾跃进编译：《战争论》，中国工人出版社2015年版，第4页。

② 李桐@江湖：《TRUE MAN的世界和TRUMAN的世界》，网易日志，2013年9月26日。

③ [美]詹姆斯·凯瑞著，丁未译：《作为文化的传播："媒介与社会"论文集》，华夏出版社2005年版，第21页。

受了某一种宗教，他们也只是以巫术的方式和态度接受之。”[①] 好在中国人所持有的仪式活动或仪式思维依然有正面意义，它再现的是拯救国民心理自卑症的积极价值。仪式活动并非一种简单的表演行为，仪式一度是人类知识体系之总和，其实用性、积极性意义已然得到人类学家的高度认可，它几乎带有全人类社会底层人士的心理原色，其积极性意义也在这样的阶层共鸣的状态下展现出来，并显示其固有的勃然生机。

二、和平年代的英雄主义精神载体

奥运战略同样显示出了治疗战争创伤的积极作用。潘忠党曾经阐释过文化学意义上的战争思维问题：“作为人类历史中最古老的，也是最有影响的社会活动，战争自然也成为人类文明的重要组成部分，这不仅表现在考古、历史或战争博物馆中展现的琳琅满目的战服和兵器，不仅表现在文学和传说中激动人心、扣人心弦的战争故事，也不仅表现在适用于战争的行为标准被用作一般社会行为的道德标准（譬如临危不惧、临死不屈），更重要的是表现在我们在习以为常的思维和话语中将战争作为一种隐喻的运用，并以此构筑成了一套社会生活中内部十分统一的意义和表述系统。”[②] 潘忠党显然看到了战争的喻体价值和强烈的象征意义。在近代以来很长一段时间内，战争思维成了一些中国人的一种思维习惯。人们隐约可见，好战类思想在民间仍有其隐性的存在基因，它迫使现代学者对中国人的过渡仪式再度反思。

由于历史过于悠久、王朝更迭频繁，中华民族的成人仪式变

① 摩罗：《巫术符咒与政治口号》，《书屋》2001 年第 12 期，第 35 页。

② 王铭铭、潘忠党主编：《象征与社会：中国民间文化的探讨》，天津人民出版社 1997 年版，第 64 页。

动较大，人们目前感受最为深刻的则是新中国的过渡仪式。新中国过渡仪式的英雄性同样体现在战争方面。中国出版的系列连环画曾经传扬过黄继光、杨根思、罗光燮的英雄事迹，而关于红军长征历经千难万险始获成功之故事亦广为流行，以八路军和新四军抗战为主题的各种战争题材的影视剧仍旧是现代中国影视业界的主流题材之一。新中国成立以来，中国最好的战争题材电影是《上甘岭》《英雄儿女》以及近年拍摄的《长津湖》，这些影视作品无不体现出中国人对战争残酷性直接或间接的体认度。显然，新中国的战争题材影视剧具有教育年轻一代走向具有固定意义的成人社会的仪式化内涵。美国社会学家格瑞恩认为："战争一度是被男人接受了的互相沟通暴力的一种形式。战争能够'使男人站在同一条线上'，'能够让他们在对付敌人的过程中得到沟通'。"[①] 中国的媒介人士已经意识到其中的危机，并表示出极大的担忧："网上流行的夸大中国军力的时髦，其实也是弱国心态。动不动就是某某中国新兵器震撼美国让美国佬吐血，人家哪里会吐血？简直是井底之蛙。国内还很喜欢沉浸在所谓'朝鲜战争胜利'（客观地说，美军是签订了停战协议而不是投降书）的喜悦回忆里，完全无视今天我们的军力与发达国家的巨大差距，简直是夜郎自大。弱国心态的病根在思想文化观念，其现象需要读者慢慢品味……"[②] 当年的那纸停战协议对中国、朝鲜、韩国影响都很大，它使得朝鲜一直难以摆脱战争阴云。因为当年双方签署的是停战协定而非投降书，所以，在签署停战协定后的很长一段

① [美]格瑞恩著，郑文雪、施庆译：《男孩的困惑》，上海教育出版社2002年版，第197-198页。

② 周旭东、唐远清：《新闻评论精要与案例评析》，中国传媒大学出版社2014年版，第330页。

时间，中国难以摆脱隐性备战的行事框架，朝鲜仍处在自我设定的危机当中，韩国则一直难以实现真正的国家独立的诉求。中国是地缘大国，国民能感受到的竞争压力不太大，但并未完全进入松弛状态。中国人一度罹患的精神亢进症或许是不良历史记忆所致，抑或为信仰或缺之结果，还可能为常态性的国家仪式空白所造就，因此，利用举国体制争取回来的大型体育赛事举办权让人联想到了当年风靡中国的各种群众运动，两者至少在聚会学的意义上是一致的。不得不说，这是一种国家仪式的更新换代过程，一切迹象表明，中国正在恢复自然性，且已拉开了走向现代国家的序幕，借以彰显出现代国家的诸多信息。

竞技体育和战争有相似之处，两者在各自场域内都可以不同程度地伤害对手，同样也可以驱除自身的受伤害感。整体而言，竞技体育和战争的伤害感都源于暴力行为，而受到伤害者排解受辱感的直接方法仍然是一种暴力行为或暴力游戏。Van Gennep 曾经对此作出释例性解读。“Gilligan 描述了这样一个案例：R 遭受与儿童时期身体虐待有关的问题困扰。有一件事特别能代表他遭受的精神创伤。他回忆道，在一个圣诞节，他的父亲反复殴打他，因为在他徒劳地寻找一辆玩具火车的小零件时不小心将火车弄坏了。Gilligan 和他的来访者一起创造了一个仪式，让 R 摆脱了其受害者的身份且变得更有力量。经过长时间的准备、写日记、挑选象征过去和未来的物品，R 和 Gilligan 在十字路口举行了横穿铁路的仪式。在铁轨的一侧，R 阅读和销毁象征玩具火车的信件和照片，然后将碎片抛向空中，接着跨到轨道的另一侧。正是在这另一侧，他大声朗读象征未来和新身份的信件。来访者通过治疗仪式摆脱困扰自己的精神创伤和受害者的身份，获得了新的生命。仪式相对于言语来说更容易进入人格的潜意识里，因此仪式提供了强效的手段，便于我们获得重申事实、运用原型的能量，顺利度过转型阶段而获得新的角色。”[①]游戏性使得战争和体育的边界模糊了，尽管两者存在着根本的差异，但在人类自然心理的层面，两者却体现出极为接近的一面。时间可以疗伤，用遗忘之法摆脱受辱历史也是一种自救之道，然而，任何一个敢于面对历史或现实的国家都会利用独特的仪式来完成拯救本民族精神之任务。

凯莉·布朗已然意识到现代中国人在国际事务中很难长时间地保持平常心的历史和文化缘由：“我们已拥有根据不同治理模式绘制的世界‘政治地图’。而21世纪需要世界‘情绪’地图，来告诉我们哪个地方拥有愤怒的民族回忆。澳大利亚、欧美的怒气可能小于中国等国。中国的愤怒源自历史，源自其不被认可为大国。尽管中国的经济地位有所提升，仍遭到日本等竞争国的漠视。尽管日本前首相多次就侵略历史对华道歉，仍无法减少中国人对日本的怒气和不信任。”恰是在这样的现实境遇下，中国人开始了仪式自救。因此，与其说新中国一直致力于新文化的建设，不如说在不遗余力地构建一种新型的国家仪式。新时期以来的国家仪式多种多样，大致可以概括为两种体系。其一，春晚体系。“春晚表达与塑造的是国家权威。早有学者认为，表演性的宏大仪式并不只是国家的政治手段，它是国家的目标，甚至就是国家。因为国家是看不见的，它只有在各种象征性的仪式、会议或庆典上，才能被民众真实感知。于是，各种仪式也因此成为传播政治神话的最佳方式，它用情感力量，影响着人们对现实

① Van Gennep, A.The rites of passage. 1908. London Routledge & Kegan Paul, 1965: 3. 转引自王敬群、张志涛、井凯、马骥：《仪式与心理治疗》，《江西师范大学学报》2012年第1期，第119页。

的理解和对国家合法性的认可。经过二十多年的演变，春晚早已被成功地改造成了一种国家仪式，所以它的模式化也是一种必然。”[①]时至今日，人们对春晚的认知度越来越清晰，对其仪式属性的甄别也极为精准。“春晚只是一场隐蔽的国家仪式而非民间仪式，春晚搞得轰轰烈烈、经久不衰，是国家仪式扩张的胜利，而非民俗的胜利。”[②]春晚的国家仪式作用堪称巨大，它其实替代的是旧时代的戏曲表演体系，而那个体系一度是中国古典时期国家仪式的主体内容，作为新型的国家表演体系的春晚就此而重新确立了其至高无上的地位。其二，榜样体系。榜样体系指的是由社会中的人递进或演化为偶像或榜样、样板之类的现象。中华人民共和国成立以来，随着旧有崇拜对象的废黜，新型的崇拜对象开始出现，它大致分为四种类型。第一，英雄性榜样，如杨靖宇、杨根思、邱少云、黄继光、狼牙山五壮士之类。第二，道德类榜样，如雷锋、焦裕禄、张思德，而来自西方的白求恩也位列其中。第三，技能类榜样，如时传祥、王进喜、李素丽、包起帆等。第四，体育类榜样，如李宁、郎平、姚明、刘翔。上述四种类型榜样的认定都带有充分的道德至上主义的倾向，但是，这种由道德性榜样转化成的大众偶像经过了媒体的价值提纯后，已然具有了符号学的内质，它是中国古已有之的礼乐文化的另类延伸形态。如果说春晚的仪式体系代表了中国带有季节流转内蕴的固化类仪式的话，那么，榜样主导的仪式体系则散见于各类宣传媒介中，具有一定的自然性、随机性和人为性。相对而言，榜样类型中最为稳定的是后起的体育明星，体育明星有时候也加入春

① 叶匡政：《格外谈》，商务印书馆 2013 年版，第 218 页。

② 向继东选编：《2008 年中国杂文精选》，长江文艺出版社 2009 年版，第 188 页。

晚，成为固化的季节类仪式和非季节类仪式的双料偶像主体。

中国古代礼乐文化构建的核心是国家的神圣意念，而新中国构建的仪式体系则是国家至上主义和绝对的爱国主义。美国哲学家詹姆斯·克里斯蒂安曾说：“在古希腊罗马宗教中，众神变得如此全神贯注于国事，以至于它们不再有时间去关注普通人的需要。罗马帝国时期，罗马万神殿的众神服务于国家仪式，得到皇帝和其他政要的祭拜。它们变得离普通人是如此遥远，以至于农民和商人早已忘记了它们。”① 中国体育人已然成为新型的仪式人，其抨击非议体育仪式属性之举在传统文化的氛围中或许可以理解为一种超越性行为，但在仪式学的场域内，其所作所为则是一种维权现象。中国的体育精英也在做着和其他行当的偶像相同的事情。任何一位中国的金牌获得者置身于国旗升起或国歌奏响之境，都会自然而然地萌发一种国家正义的思想。国家正义思想和国家神圣观念大致一样，同样体现出一种以国家为归属的理念。从虚拟性众神的消亡到国家神圣观念的萌生，从国家正义思想到现代社会中的职业偶像系列，任何一种政治体系的国家都无法忽略对神祇与偶像的作用。体育明星的产生有新陈代谢的特质。毫无疑问，姚明、李娜、刘翔，都属于中国人形象的体育明星。“随着姚明、李娜和刘翔的退役，中国体育似乎已经到了一个偶像缺失的年代。在田径圈，因为苏炳添的这一次爆发，很多人会把他视为新的接班人，来填补刘翔退役后的缺失。苏炳添也一直将刘翔视为自己的偶像．而且这次创造历史仿佛也有刘翔给他带来的‘运气’作用在里面。给自己确立明确的目标，不轻易

① ［美］詹姆斯·克里斯蒂安著，赫忠慧译：《像哲学家一样思考》（下），北京大学出版社 2015 年版，第 658 页。

被别的事情搅扰，这是苏炳添最敬佩刘翔的地方。”[①] 从人类学的角度看，国家榜样或许可以暂时性消亡，而国家神圣观念、国家正义理想、国家偶像群体皆无以或缺。

三、中国式体育偶像的构建原则

仪式是一种伴随着人类社会出现而不断演化的群体性行为。“自从有了政治，仪式就非常重要。大部分国家的仪式为的是显示强大、统一，而英国的议会开幕式，女王和国会却一丝不苟反复演戏，表示遵守规则。仪式本是封在琥珀中的符号化石，越是年代久远，越是不对应实际，越是价值连城。重复仪式，就是回溯历史留下的意义。煞有介事、有模有样地一次次重复，表示今天的游戏依然倚重旧规则。传统成为仪式符号后，抽象而不具体，可以在一个安全距离上发挥意义作用。”[②] 中国古代的仪式活动基于种族认同、神祇共享以及宗脉同源，而现代中国的仪式则基于同族信仰、共同偶像和家国祭祀等内涵。

西方学者对游戏的研究具有系统性。田永峰认为：“第一个提出游戏说的赫拉克利特就认为这个世界就是‘火的自我游戏’：这个宇宙，亦即万物，既非某个神，也非某个人制造出来的，而过去、现在、未来都是永恒的活火，在一定的尺度上燃烧，在一定的尺度上熄灭。还比如，柏拉图除了继承其老师苏格拉底的‘对话游戏’以外，还指出了游戏对于教育的重要意义，并强调了游戏的神秘性，并已经把游戏与艺术、审美联系了起来。特别需要指出的是，柏拉图《理想国》中用以说明他的‘现象世

① 江泽丰编著：《黄种人跑入 9 秒 99：解码亚洲新飞人苏炳添》，广东人民出版社 2015 年版，第 110 页。

② 赵毅衡：《趣味符号学》，重庆大学出版社 2015 年版，第 23 页。

界’‘理念世界’理念的‘洞穴之喻’，已在某种程度上暗喻了世界人生的游戏性质以及这个游戏的神圣性。”[①] 新中国的仪式构建一直受到非仪式类观念形态的限定，国家仪式未被提到普适性精神学的高度来认识，但是，新中国的国家道德理念不仅未曾退位，且一直具有高度的灵活性和可操作性。任何一个国家的组织构架都有历史承续性，中国亦然。从国家机构的功能转化的角度看，中国的国家体育总局、教育部、文化部等部门皆近似古典时期六部中的礼部的承续性机构，至少带有制礼作乐的附属性功能，其所完成的是一种构建国家道德建设的任务，借以用新的社会主义的国家仪式代替旧有的儒学类国家仪式，其中国家体育总局构建的是强力类榜样系列。受到古典时期科举考试传统的影响，当下中国的教育部也不时地构建出一种文儒类榜样系列，文化部所辖的文学艺术家部门则很可能对缔造情爱类榜样更为擅长，后者与中国的固有的乡土类风俗较为贴合。

中国的国家体育总局有其存在的特殊性。新时期以来的中国国家体育总局客观上担当着为全社会创造场域范畴内国家英雄榜样的任务。“现有的竞技体育体制束缚了主流项目的普及，竞技体育的‘举国体制’把有限的人力、物力投入到优势项目上，使我国在体育国际舞台上不断取得金牌突破。优势项目投入越多、实力越强、夺冠呼声越高，越需要投入更多，而夺金无望的项目逐渐被边缘化，由此形成恶性循环。”[②] 这已涉及仪式治疗与体育惠民的理念冲突问题。体育学者更愿意从体育学的角度看问题。“跳水、举重等群众基础薄弱的项目成为夺冠热门，而群众基础

① 詹石窗主编：《生命哲学研究》第 1 辑，商务印书馆 2021 年版，第 162 页。

② 田英、李文川：《从劳伦斯世界体育奖镜鉴中国竞技体育强国之路》，《上海体育学院学报》2013 年第 1 期，第 51 页。

好的项目如足球却发展不尽如人意。像高尔夫球、网球等项目完全市场化，对普通人来说费用较高；因此，我们应清醒地认识到，崛起的中国不再需要用体育证明自己的强大，体育项目的多元化发展是我们走向国际舞台的必由之路。”[①] 作为一种群体主义的载体，现代中国的国家传播媒介集团及其所具备的造星功能堪称巨大。1981 年度中国足球队击败科威特足球队，同年度的中国女排击败日本女排首获世界杯冠军，其所以引发的举国狂欢现象完全得力于传媒的作用。体育人和传播业的联合为当年的中国人带来了一种狂欢性、娱乐性与神圣性体验。

受到社会进化规律的影响，国家行政管理的模式化特征很明确。类似中国这样的榜样生产与扩张机构在世界各国都存在，不同之处仅在于称谓及生发主体。很多国家将其称作偶像制造机构，而制造机构也经历过生产原始性偶像、集团性偶像以及商业性偶像的不同发展阶段，却从未在历史上的任何空间完全消亡。随着技术的进步，新中国的媒体在缔造新型榜样方面的效率得以提升，中国的榜样群体中已经出现了非牺牲类的偶像。新时代的李宁、姚明、刘翔、朱婷代替了过往的战争英雄，新崛起的榜样不仅具备人间气息，还带有时尚的品格。姚国华曾于 2006 年解读过中国的金牌战略生成的文化缘由。“体育牵系着国人的自尊，因而也上升为政治，体育明星被视为国家英雄。世界上由政府组织体育运动，并且完全由国家财政支持竞技体育的，主要是中国和原苏联体系的国家。有人统计，中国财政投入体育的绝大部分经费，都是为了在国际比赛中争夺金牌。每获得一枚奥运金

① 田英、李文川：《从劳伦斯世界体育奖镜鉴中国竞技体育强国之路》，《上海体育学院学报》2013 年第 1 期，第 51 页。

牌，相对应的四年间国家投入的成本，是七亿元，这个比例是俄罗斯的二十八倍。”① 姚国华尚未关注到中国体育的仪式功能，而仅仅将其看作是一种商业行为。一个时期内，中国的体育没有发展为纯粹的商业性、身体性和非精神性的运动。榜样只能奉献给信奉榜样的群体，而无以成为全民族的崇拜对象。坚持体育商业化发展道路的人士认为：“投入几十万、几百万来增强某一技术设备是家常便饭。可以想象，这么多的钱‘打造’出来的奥运金牌，主要靠高技术以及一切可能的外在手段，与身体锻炼的原旨相去十万八千里了。所有这些努力和流水一般的经费，都是为了在看得见的名次上，给我们面子上的满足。世界第三、第二、第一，一个失去信仰的民族，内心世界就需要这东西来支撑。”② 为社会进化律，在信仰高度自主化的现代国家，人们无法抹掉包括体育偶像在内的诸多人物榜样类的文化功用。徐国琦认为：“参与体育可以是对个人的民族认同感、政治取向或者文化的表达。在某种程度上甚至可以说，人们如何参与和推广一项体育运动可以描绘出整个民族的特征，反映出它的文化和历史中的一些关键部分。”③ 在没有主流信仰体系干预的前提下，中国用竞技体育来缔造英雄类榜样，并在对榜样的解读性信息中注入爱国主义、集体主义、国家主义之类的道德性符码。

进入 21 世纪以来，中国体育及其铸造出来的体育榜样也在发生潜在的变化。西方不少体育社会学家都认为，偶像比金牌

① 姚国华：《概念陷阱与思维误区》，《天涯》2006 年第 4 期，第 48-49 页。“原苏联”当作“苏联”。

② 姚国华：《概念陷阱与思维误区》，《天涯》2006，第 4 期，第 49 页。

③ [美] 徐国琦：《奥林匹克之梦：中国与体育 1895-2008》，广东人民出版社 2019 年版，第 41 页。

更重要，比如马拉多纳，几乎以一己之力覆盖了全世界足球的光芒。人们未曾记住阿根廷究竟在历史上获得了多少枚大型赛事的金牌，但人们不会忘记马拉多纳。马拉多纳比数不清的体育金牌获得者更有价值。中国有自己的国情。通常情况下，舆论会在体育明星身上冠以意识形态或国家意志类符号。新华社曾于2016年公布过新的“新闻报道禁用词”。“对文艺界人士，不使用‘影帝’‘影后’‘巨星’天王’等词汇，一般可使用‘文艺界人士’‘著名演员’‘著名艺术家’等。”[①]它再度阐明了中国的媒体主管部门对由仪式行为缔造出来的榜样的管控诉求。从行政管理学的层面出发，中国的体育和文艺政策都带有一定程度的观念性内涵。在观念至上的语境中，体育与文艺政策服从于观念形态，而观念形态则要服从于更为抽象的道德化理念。在国家道德理念的统摄下，任何一位中国人的体育思想都处于一种同一性的框架之中。

新时期以来，国家体育总局开启了一种在奥运会等大型国际赛事中夺取金牌的漫长的征程，国家体育总局为此还专门制定了战略性规划。“任何战略都体现了时代的背景与特点，新中国成立60年、改革开放30年来，中国人民在共产党的领导下几经沉浮，终于在世界舞台上占有了一席之地，这中间不仅包括经济、政治的快速发展，同时包括着体育的蓬勃发展，中国从‘东亚病夫’一跃成为体魄强健的伟大民族，影响着世界竞技体育的发展。然而，这过程是经过几代人的不懈努力才得以实现。”[②]出于仪式功能扩散之需，国家体育总局展示出了自己无可替代的

① 尤建忠编：《现代校对实训教程》，浙江工商大学出版社2016年版，第102页。

② 吕婵：《我国由体育大国向体育强国迈进的对策研究》，《哈尔滨体育学院学报》2011年第2期，第41-42页。

价值。中国古典时期的尚武类人物榜样如关公、岳飞逐渐退出了仪式主角的竞争序列，邱少云、黄继光等英雄人物一度成为新型国家仪式化人物的重要符码。大批量竞技体育明星纷然出现给新时期的中国带来了新型的仪式符号。中国体育明星的出场犹如古希腊诸多仪式主角现身，新时期中国体育的出色成绩帮助国家完成了如同古希腊仪式主角重构一样的重大使命。

中国现行的国家运行秩序依赖的是全体国民的向心力，而国民向心力的培育与建构既需要一种宣传、劝诫与说教力量，也需要一种表演性、炫目性和娱乐性的寓教于乐的文化品类。古典时期的中国一度是庞然的大帝国，但新中国在告别了古典时期之后，已演进为一种新型大国，并时刻维护着自身的文明性发展肌理。其实，中国既继承了古典社会的传统遗存，又代表着一种现代社会的新兴力量。中国在现代社会里尚未完全进入青春时节，还需要一些先知的现代人为自己的民族建构一种成人仪式。社会形态的转变其实仅仅是一种群体仪式形态的转变过程，而社会的变奏则必然涉及仪式的更新，这里寄寓着中国体育仪式存在的合理性，中国步入现代社会必然要引发诸多的文化变易现象。其中包括仪式形态的剧烈更迭。仪式原本就包含了治疗性元素。仪式治疗并非一种禁忌，恰相反，它折射出一种人性的自然性。如果说中国体育仪式治疗之道是一剂精神良药的话，由社会体系变动所导致的文化信念的断裂现象则更像是一种巨大的社群性精神病灶，且绝非单纯的行政性的程序可以根治。中国人无法忽视竞技体育的仪式治疗功能，中国人拿起竞技体育作为治疗国民的信念缺失症的方法已见成效。

这里还要说到 2008 年超时间概念的隐喻功能。毫无疑问，2008 年北京奥运会之后，中国人开始俯视寰宇，并以一种新生者的态势出现在世界面前。如此征象恰好说明，中国人罹患百余年的心理疾患已然痊愈，从此以后，中国人终于不再依赖耗时费力的仪式治疗程序，并在一种仪式治疗的过程中展示自己并不完整的形象。一个心理上更为健康的中华民族开始真实地出现在世界的东方。2022 年的北京冬奥会是中国体育的又一个里程碑，人们终于看到了一种坦然平和、自然优雅的中国人的整体形象。如果说 2008 年之前的中国人尚未完全摆脱精神疾患的话，那么，2022 年北京冬奥会举办时的中国人则普遍性地展示出一种平和性的自然心态。《人民日报》总结了 2022 北京冬奥会精神："胸怀大局、自信开放、迎难而上、追求卓越、共创未来。"① 从仪式学的角度看，2008 年的北京夏季奥运会彻底祛除了中国人的百年屈辱史，进而打造出一种喜悦性中国人的形象。2022 年的北京冬奥会强化了中国人的平常心，进而塑造出一种健康儒雅的中国人的形象，彰显出中国民众所向往的安详、和谐、圆满、自在的传统文化理念。显而易见，北京冬奥会仍属于一种提升版的典雅式仪式展演形态，人们从中不仅可以看到一种祥和之气，还感受到一种礼乐齐鸣的壮阔场面。中国体育的仪式治愈能量在此得到了经典性显现。中国是一个拥有深厚礼仪文化的大国，其所施行的仪式治疗事宜本身就带有惠民意味。中国体育经过了多年的演进，最终仍旧步入了一种更为全面而完整的与民实惠的大境界，中国体育的惠民政治理念由此可见，而由国家体育总局所倡扬的体育道德理性亦在此得以彰显。

---

① 杨依军、高鹏：《圆梦再出发——习近平总书记出席北京冬奥会冬残奥会总结表彰大会侧记》，《人民日报》2022 年 4 月 10 日。

四、结语

中国近代革命导致近乎翻天覆地的社会变革，新中国的国家仪式亟须有效构建。国家体育总局的建立为中国体育仪式的构建与生产提供了便利，并使得中国的体育仪式走向一种独特的发展道路。人们看到了两种格局，中国体育大体上与世界保持同步发展的格局，而中国的体育仪式则独具风貌。中国的国家体育总局的出现遏止了儒家文化长期以来对体育人的隐名化趋势。体育总局属于一种以仪式表演的方式改善国民精神的特殊的文化机构。作为一种仪式实施机构，它一向以爱国主义、民族主义和英雄主义为主体信念支柱，中国国家体育总局相比于文化教育之外的国家机构更为明显。国家体育总局一直在致力于用身体展示的方式演绎一种国家价值观，并由此体现出其积极、实用的社会功用。中国体育人优异的竞技成绩不失时机地展示出了新中国人民当家作主的体系优越性，这其中蕴含着对民间仪式的本体性认知维度。中国历来是一个务实的民族，中国人也无法超脱到一个虚饰的精神境地，更无须长期留滞于一种单一性的价值定位状态。中国现代体育不仅展示出其与传统的礼仪文化精神的密合度，还显示出既有的惠民思想，它使得无以计数的中国民众获得了仪式抚慰的益处。正因如此，作为一种仪式组织机构，中国国家体育总局至少在仪式学的领域内依然会发挥其无法替代的社会与文化功用。

后记

仪式充满了游戏理性，其在整体上归属于社会学、文化学和人类学，这些学科皆非我的专业。好在我受过系统的戏剧学学术训练。仪式学和戏剧学是姊妹学科，两者具有同源性。我于2007年在华东师范大学中文系获得了博士学位，我的博士学位论文研究的是义和团和戏曲的关系，初名为《义和团与戏曲》，出版时一度想改为《义和团的仪式生活：1896—1902年间华北地区的戏巫活动》，但在最后阶段，我将其改作《义和团的社会表演：1896—1902年间华北地区的戏巫活动》。

仪式学、游戏学、身体学是解决我博士学位论文的学术关键点，也自然而然成为我近年来难以释怀的思考重心。本书初名为《从治疗仪式到惠民思想——体育强国战略的文化诠释》，复改为《从象征主义到惠民理想——体育强国战略的媒介维度》《从仪式治疗到大国复兴：东方式体育强国的诞生史》《体育仪式的治愈功能：作为道德载体的国家竞技体系》《从武士到游戏者：体育强国的生成机理》《中国的游戏者群落：体育强国的生成机理》《中国游戏者民族志：体育强国的生成机理》《从道德符码到惠民政治：中国仪式体育的形成机理》，又改为今题。一切皆在还原，我的书名也在还原。

其实，给自己的书起名和给自己的孩子起名一样难，但总会找到历史的融合点。2013至2016年的3年多时间里，我集中时间完成了本课题，其间断断续续写过一些有关足球、武术之类的文章。2016年11月28日，就在修改完本书最后一行文字的当晚，我写诗的瘾头又犯了。我从梦中惊起，挥笔疾书："我只是依赖这旖旎的街，才走到这里。于是我看见了漫天的灯火，以及你永不消逝的倩影。"其实，我实在说不来诗的主人公是谁，我只知道眼前闪现着一节很好看的字迹。狂野的草书，蔓萦于素淡的墙壁，唤醒我蛰伏已久的春天。这几年，我反倒不愿意追思往事，再好的往事也只能是一种情怀，一种砥砺，一种生命本体的微小的叹息之声。值得一说的是在写作的收尾时段，我每隔几天就要到上海体育大学新教学楼旁侧的湖畔观荷。尽管是初冬季节，那里的荷花还在挺立，我为此获得了对生命动能的诸多思考点。

这本书原计划在2017年出版，因故耽搁。以后的几年，我忙于写我的足球系列，这本书的书稿也便进入一种自然沉淀、缓慢发酵、柔化成长的状态。2022年3月23日，我重拾旧文，开始对本书稿施行较大程度的修改。2025年1月，我又对原文作了修订，值此之际，距离初稿完成已有将近8年的时间。2018年以后，我阅读的重心转到英文文献方面，受益也大。有了国际视野之后，可更好地看到此书稿原有之不足处，借此机会得以补进。

还要说一些我想说的话。本书的出版得到了上海市教育委员会的资助，在此致谢。仍须感谢上海体育大学良好的学术传统，使我在写作之时获得了多重性的保障。杨红女士参与了个别小节的资料收集和初始研究工作，在此致谢。书中的部分章节已经在《体育与科学》《南京体育学院学报》《青年学报》《体育科研》《河北体育学院学报》《体育成人教育学刊》《哈尔滨体育学院学报》等刊物上发表过，感谢程志理先生、吴驷先生、刘宏森先生、高力翔先生、尹晓峰先生、王相飞先生、马国义教授、尤传豹先生、袁庚申先生、梁维卿先生、费郁红老师的帮助。

拙著存在诸多不妥之处，敬请方家指正。

路云亭

2025 年 1 月 28 日甲辰除夕于上海